推动中国汽车向前进

谨以此书

献给红旗品牌诞生60周年!

献给中国改革开放40周年!

献给为了梦想努力奋斗的人!

新红旗

重启中国第一豪华汽车品牌之路

贾可◎著

中国工人出版社

前 言

从花园酒店向远处眺望

在写作本书的最后关头，也就是2018年6月，有超过半个月的时间，我就在“汽车厂”（一汽总部和家属区的人对一汽集团的习惯性称呼）的花园酒店居住。我是特意选择住在这里的，因为我需要一种氛围，一种能够让我沉浸，同时又能引领我的氛围。这种氛围由昔日辉煌的回忆和明日成功的呼唤交织而成，让我觉得写《新红旗》这本书是值得的。

花园酒店具有这种魔力，这是由它的地理位置决定的，它周边的一切充满了对昔日的回忆与对今日的期望。

花园酒店的南边、马路对面是著名的共青团花园，这也是酒店得名的由来。1958年8月2日，红旗样车驶出装配车间，沿着一汽厂内的中央大道经东风大街行驶一圈后，就来到了位于共青团花园里的临时搭建会场，红旗品牌正式诞生。

与花园酒店东边有一墙之隔的是著名的一汽 74 栋，最初这栋楼是为苏联专家服务的招待所。在“文化大革命”期间，原一汽第一任厂长、时任二汽厂长饶斌从十堰被揪回一汽批斗时，就住在这栋楼里。后来耿昭杰厂长同大众集团前 CEO 哈恩（Carl H. Hahn）的初次见面，以及与一汽—大众召开的第一次董事会都发生在这里。

2002 年，我去一汽采访的时候就曾经住在 74 栋，当时这里给我的感觉是一个三星级宾馆。后来，这里重新改造成为一汽政务中心，一楼则建成了中国一汽展馆。2017 年，徐留平掌舵一汽后，红旗 L5 的定制中心也设在这里。而徐留平本人刚来一汽展开雷霆改革时的暂住地则是 74 栋后院的专家宾馆，同花园酒店也是隔墙相望。

74 栋再往东，也就是距离花园酒店三四百米的地方就是著名的在这次改革中被摘牌且引发全行业关注的一汽技术中心。现在，这块地方归属解放事业本部的商用车研究院。

而花园酒店往西的创业大街上还有着同样著名的归属于一汽的机械工业第九设计院。一汽刚刚建厂时修建的一号门和竺延风时代新建的双子座总部大厦则要穿过锦程大街，来到东风大街才能看到，但它们都离坐落在创业大街北侧的花园酒店不远。

1987 年 10 月 20 日，当哈恩（Carl H.Hahn，当年的大众集团董事长）第一次踏上长春的土地时，长春给他留下的是这样一种印象：一个庞大的身穿棉袄的欢迎委员会和一辆中国产的加长红旗在等候我们，宽阔的大街上是没有尽头的、沉默地骑着自行车的人流。

花园酒店的诞生和德国人的到来密不可分。它曾经是非常辉煌的四星级酒店，是一汽—大众的德国人的下榻之地，酒店一楼的德国啤酒坊现在看起来都很有情调。酒坊里面的啤酒很正宗，肘子也如同德国人做的那样地道。

不过如今，花园酒店在硬件设施方面已经落后，不能和两三公里以外的华天酒店和开元酒店相媲美，但它的底蕴还在。从我住的房间往外远眺，前方左侧是浓荫中的创业大街，而前方右侧则是一座小区，是第一代一汽领导人如今密集居住的地方。

民族精神、时代奇迹和历史经典

就在这样的地方，我展开《新红旗》的写作，希望借此能够连接过去、现在和未来，找到当年“共和国长子”真正能够成为“长子”的那种精神、那种气质。那种精神和气质，我不知道是不是乌托邦，但我特别喜欢如下两段文字对1956年刚刚建成时的一汽的描述，因为它传达出了我想寻找的那种精神和气质。

> 新建的汽车城宏伟壮丽。一座座高大的厂房在工厂区矗立，一栋栋红色的宿舍楼在生活区鳞次栉比。工厂一号大门坐南向北，一进大门就是宽阔的中央大道。大道中间是草坪和花坛，两旁栽种着成排的松树、柳树、桑树和桃树。那一簇簇美人蕉、西潘莲、野菊花和大片的万年红，在草地的映衬下鲜艳动人。中央大道两侧排列着主要生产厂房，如果不是花丛中传出的机器轰鸣声，你根本不知道这竟然是一座工厂。
>
> 新建的生活区，设施齐全，环境优雅，住宅楼之间有宽敞的绿化带、街心花园。在通往厂区的林荫道上有有轨电车、公共汽车；街心广场周围有百货公司、新华书店、邮电局、银行…… 傍晚，成群结队的职工伴随着广播里悠扬的歌声走进文化技术学校。

到现在还值得人们玩味的除了老厂房，还有那些红色的宿舍楼。那些宿舍楼全部是砖木结构，墙有四层砖那么厚，墙面为红色，室内是松木长条木板地以及水泥楼梯。外观装饰有露天阳台、浮雕、腰线、瓦檐、彩绘、翅檐，局部装饰虽有些西洋化，但是整体趋向简约、浑厚、沉稳、大方且凝重的感觉，营造出的是一个有中华韵味的人居环境。这些红色宿舍楼是长春市首批保护历史建筑之一。

一汽初建的那个年代过去了，那种精神和气质也过去了吗？

代表一汽当年那种精神和气质的不只是这些厚重的厂房和住宅楼，还有当年独特的、物化的存在，如今却几乎变成符号的中国最顶级汽车品牌——红旗轿车，或者说是“大红旗”轿车，尤以CA770系列最为典型。

几年前，一本名叫《收藏》的杂志在红旗车专辑里将红旗的象征符号意义进行了三大概括，我觉得它代表了我所设想的一汽或者说红旗应该传承的精神和气质。

> 红旗是民族精神。在一部红旗轿车身上，人们可以看到一代伟人的期望，可以看到一代知识分子的心血，可以看到无数劳动者的激情。这种期望、心血、激情在红旗身上得到了高度统一——独立自主，创造我们自己的工业文明。这种不屈的精神，是一个国家在百废待兴、面临封锁时所表现出来的高贵品质。
>
> 红旗是时代奇迹。轿车是集现代工业之大成的产物。20世纪五六十年代，那样的历史环境，那样的世界格局，那样的工业基础，没有现成的图纸，甚至没有一个总设计师，在短短的时间内，一汽人凭借着自己的双手，凭借着一个团队的汗水和智慧，打造出了一部辉耀时代的轿车。把这个过程放在世界汽车史乃至世界工业史上衡量，都堪称奇迹。
>
> 红旗是历史经典。红旗轿车的诞生速度惊人，但它蕴含的内容

却是那个时代的极致。从工艺技术、工业设计，到机械设备、内饰装配，无不是竭尽所能，每个细节都是不断否定自我、不断突破极限的产物。因为追求着超越时代的最高标准，所以才能造就出一代经典。这样的历史经典，必定可以跨越时空展现它的绝代风华，必定值得永世传承。

这种民族精神、时代奇迹和历史经典，在历史的长河里几经沉浮，历经喜怒哀乐！

1955年7月，一汽厂长饶斌在民主德国一个汽车厂参观时，德国汽车厂厂长问他："中国工厂的工人，业余时间的学习热情如此之高，是如何发动起来的？"在民主德国这家汽车厂内，职工业余时间开党团小组会都很困难，组织学习就更困难了。饶斌觉得很奇怪："你们这里开展这些活动困难吗？"当时，每每想到一汽工人的学习精神，饶斌就觉得中国的汽车事业很有希望。

当年民主德国这个汽车厂厂长的发问似乎也可以反过来问后来的一汽，很长一段时间，红旗和一汽被置于国人和媒体的热评之中，当然主要是质疑：有称"花几百亿也没有搞出一个像样的市场化的红旗"的；有称"红旗已经是扶不起的阿斗"的。一汽人虽然不少次对红旗发起"冲击"，但结果多为失败，这样，红旗就成为国人尤其是一汽人的心头之痛。

如何让红旗振兴，既是一个老生常谈的问题，更是一个当下的迫切问题。当然，红旗的挫败已经不是一两天了，也有不少人的神经已经麻木。

"科学加奋斗"的精神和气质

一段时间来，已经无人愿意唱衰红旗，这不是因为它慢慢变好了，而是因为人们已经对之不感兴趣，这是比有人还愿意唱衰红旗那种景象更为难堪的局面，它意味着外界对之的放弃，意味着它的不可救药。

但是，如果你以为这个品牌要彻底沉沦了，那就是低估了它的底蕴。

2017 年 8 月，徐留平来到一汽，展开“红旗大讨论”，再一次开始一汽老厂长耿昭杰所言的“屡战屡挫”的振兴红旗任务。结果如何不好说，但这个老话题，无疑又触碰了业界和一汽人的敏感神经，也激发了我这个长期关注红旗发展的人的兴趣。

一直以来，我多次来到长春，试图同步见证和观察红旗的发展，对之作一个多视角的深入探究。这一次，我想更近距离地看看红旗振兴的可能性，或也可以“满足一下”业界的盎然兴致。

更重要的是，我想通过这本书来追忆呼唤“曾经伟大的”那种精神和气质，来坚定那些在改革面前还犹豫不决者的决心。当然，最好也能够鼓舞那些已经充满智慧和勇气的改革者，做永不放弃的乐观主义者。

本书一共九章，第二章、第三章、第四章、第五章是对红旗历史的回顾。这四章写我体悟到的红旗当初为什么能够成功，以及成功之后又为什么逐渐被边缘化的历史。当然，限于本人水平，错误纰漏难免，敬请汽车界专业人士批评指正。就我本人而言，我是尽自己最大的努力来还原历史事实，以求得对每一个关键历史节点尽可能客观的判断。

在我看来，一汽历史上最辉煌的时期是其发展的前三个时期，这也是红旗诞生并顽强发展的三个时期。

第一个时期是从 1953 年 7 月 15 日一汽破土动工到 1956 年 7 月 15 日第一辆国产解放卡车诞生，这是一汽的建厂初期。

第二个时期是从 1956 年开工生产到 1978 年年末，这是一汽的成长和发展时期。这个时期解放卡车年产能从 3 万辆上升到 6 万辆，这个时期也正是“乘东风，展红旗”制造国产轿车创举的时期。

第三个时期是从 1979 年到 1988 年年末，这是一汽解放卡车的换型改造时期，被一汽称为第二次创业时期。这个时期，红旗面临被要求停产和进口轿车风靡的不利形势，但还在努力求存。

在上述三个时期，尽管经历了十年“文化大革命”，但是一汽骨子里的那种精神和气质并没有消散，就是一种“科学加奋斗”的精神和气质。

很多人知道一汽有诞生 3 年就出车的壮举，但并不太清楚从建厂之初，一汽副厂长兼副总工程师孟少农就建议饶斌厂长研究建成后的生产和管理问题，这是无法靠蛮力而是要靠智慧才能成就的事情。

为此，在一汽的要求下，负责支援一汽建设的苏联斯大林汽车厂有关职能处室挑选业务精通的专家，利用一年多的业余时间完成编辑《生产组织设计》。1954 年年末，这一系列书稿陆续来到长春。

该系列书稿分两部共 62 本，翻译成中文 160 多万字，汇集了斯大林汽车厂组织汽车生产和管理企业方面丰富的实践内容。

它的理论基础源于美国的泰罗制和大量生产方式的原理，强调的是专业分工和部门之间的相互制约，培养熟练的工序工，组织高效率、低成本的均衡生产。在那个年代，这些生产方式和管理制度是先进的、科学的，并具有很强的可操作性，即使在当时的西方国家也被广泛采用。

1955 年，一汽开展了为期 8 个月的全厂范围内学习贯彻《生产组织设计》活动，由饶斌厂长在中层干部中进行动员，由刚从苏联实习回来的郭力副厂长具体主持。一汽把这项活动作为迎接1956年7月15日开工生产前的一项重要准备工作。

这套被称为“汽车厂企业管理的百科全书”的书，对迅速建立起一汽的生产组织体系和科学的管理工作秩序，以及规范多年以后的企业管理工作，都起着举足轻重的作用。

红旗轿车诞生也是这种“科学加奋斗”的精神和气质的体现。本书第二章和第三章的内容会让读者领会到这种精神和气质。

非常可惜，这种精神和气质随时间的推移，因历史环境的变化，并没有得到始终如一的贯彻和创新。我猜想，这或许也是红旗“屡战屡挫”的重要原因之一吧！

一半是海水，一半是火焰

一汽发展的第四个时期，是从1988年到2001年年末，被称为结构调整时期，又被称为以发展轿车、轻型车为主要标志的第三次创业时期。第五个时期是从2002年提出实现“规模百万化、管理数字化和经营国际化”的“三化”新目标开始。这两个时期，有成功亦有磨难，有胜利同样更有挫折。

我将这两个时期红旗的历程形容为“一半是海水，一半是火焰”的发展阶段。“火焰”指的是经过一汽人上下不懈的努力，一汽—大众合资公司成功建立并运营，这是成功、辉煌的一面；“海水”是指红旗等自主乘用车没有随之发展起来，这是困难、挫折的一面。本书第三和第四章详细分析了这一阶段。

在这一阶段，合资为自主品牌的发展培养了制造和管理人才，提升了零部件配套能力；在这一阶段，红旗也保留了自主阵地，比上海汽车放弃上海牌轿车要略胜一筹。但坦白地说，在这个阶段，红旗由于其艰难，已经不是一汽力量倾注的焦点，或者说是一汽没有找到倾注力量的着力点。

这可能不能苛责一汽的领导人，因为这与整个中国汽车工业发展的大环境息息相关。

20世纪80年代初期，中国汽车对外引进技术与合资合作的目的如时任国务院副总理薄一波在中汽公司成立大会上所言，“我们的基点是靠自力更生”。出发点虽好，但1983年5月成立的中国第一家中外合资企业北京吉普汽车有限公司，后来演变为汽车企业靠“合资赚钱”的方向。于是，合资虽有好处，但也带来了“自主不振”的问题。

由北京汽车制造厂和美国汽车公司合资组建的北京吉普汽车有限公司约定，合资公司生产北汽第一代产品BJ212轻型越野车，同时建立合资公司技术中心，引进美方新型四缸汽油发动机。在此基础上，北京吉普自主研发第二代产品BJ213。

显然，北京吉普和其后成立的大多数中外汽车合资公司截然不同，中方从一开始就掌握了产品开发控制权，立足于打造自主品牌。合资公司原计划在合营后第五年开始生产第二代产品BJ213，第六年全部取代老产品BJ212。

时任中国汽车工业公司董事长饶斌坚持要三年拿出第二代产品，他强调说：“合资企业出二代车不能超过三年。看合资企业业绩主要不是看出多少车，赚多少钱，而是看何时出新车。”

饶斌为何要求尽快拿出二代产品？恐怕这位先知已经察觉到了行业内某些即将发旺的火苗：自主开发艰苦且漫长，拿来主义唾手可得，苦乐两较，择易而从。他的担心不幸变为现实。

北京吉普的中方人员拿出了BJ213的模型车，美国人一看，提出了一百多个问题，千方百计说这个产品不行。

在这个时候，原北京汽车工业联合公司总经理、曾经参加北京吉普合资企业谈判的中方代表郑焕明对我说：“我们的个别同志就看上了美国刚刚上市不久的切诺基，希望把这个车直接引进合资企业。”

这在当时引发了两种对立观点。一种观点认为，应该按照合资企业确定的方针，按照合资的初衷开发自己的二代车；另一种观点认为，现成的产品来得更快，引进了就完成任务了。

后来的结果，已为大家熟知，这里不说也罢。

1984年10月，北京吉普特别董事会同意以CKD（全散件组装）方式引进切诺基车型。经过这一事件的攻防转换，中美双方就合资公司下一代产品的控制权就此易手。

就这样，北汽集中力量生产切诺基，二代车没有再开发。合资企业本来要开发二代越野车，结果弄成了直接生产外国汽车，初衷改变了。

郑焕明说："后来始作俑者也感慨道，当时是患了技术饥饿症。如果按照当时饶斌同志所要求的，我们集中力量开发二代车，也许北京吉普今天会是另一个样子，我们也不至于为了引进技术而不能自主开发。"

直接引进现成的产品看起来是一条坦途，挣钱也相对容易，但对于自主品牌的发展来说，却是百味杂陈。而在2022年取消乘用车外资股比限制的政策笼罩下，这条坦途是捷径还是死胡同，则更加值得深思。

如果认为我们的能力不足以做到，那就看看韩国汽车工业的发展路径。韩国发展汽车工业是1963年以组装进口零部件生产整车的方式起步的，在改革开放前比我们落后许多。但在我国改革开放后，中国汽车工业有了合资的依靠后开始患软骨病，而韩国汽车则坚决通过技术合作发展，终于成就了现代汽车集团。

德国大众汽车公司前董事、曾经担任上海大众汽车公司第一任德方副总经理的马丁·波斯特（Martin Posth）在他的《上海大众1000天》里讲到了他和哈恩一行1987年10月参观一汽后所受到的震撼，这或许能为放弃自主品牌发展所带来的遗憾做一个注脚。

> 就面积而言，一汽是世界上最大的汽车制造厂，拥有近100%的生产深度。也就是说，他们的卡车、大客车和红旗牌国宾车的所有零部件几乎都是自己制造的。
>
> 在考察生产情况时，我们吃惊地认识到这样一个事实，即一汽的生产技术水平已经到了何种的高度。此情此景，让外国人认为中国不可能自行研发或生产轿车的看法烟消云散。

新红旗为什么行

当然，对于中国自主品牌发展路径，谁都有一个认识的过程。形势比人强，2007 年年底，当竺延风离开一汽之际，他已经坚定地要开拓自主品牌乘用车的发展道路，如果继续按照他的方向走下去，也许能走出一条自主强大之路，因为那时正处在中国自主品牌发展的黄金时期，广阔的市场虚位以待。

但是很可惜，继任者徐建一没有真正大力劈波斩浪，把红旗和自主乘用车快速发展的时机耽误了。

2015 年到 2017 年是徐平掌舵时代，应该说他是临危受命，搞好廉政建设、稳定人心、稳定大局是关键，核心是拨乱反正，对巡视发现问题进行整改，让一切从无序回归到正常轨道，使生产经营正常运转，并稳定住自主品牌阵脚。无疑，这些目标都成功实现了。

这一段时间被称为一汽发展的第五个时期，自主品牌的发展跟优势汽车集团相比，远远落后了。本书的第五章详细分析了这一段历程。

接下来的四个章节，从第六章到第九章全面分析了当下的一汽，或者是徐留平到来后进行的改革和发展探索，尤其是红旗品牌未来发展的新方向。

我通过大量的采访和当事人的分析，详细讨论了这一次一汽或者红旗进行的一系列变革，涉及战略、运营、组织人事、体制机制和人的心态，试图探究新时代下新红旗或新一汽未来成功的可能性。

应当讲，中国汽车市场的黄金时期已经过去，自主品牌发展的最佳窗口期已经结束。但是，新的机会突然又出现了。全球汽车业正处在我所谓的“汽车四化”（电动化、智能化、电商化和共享化）的转折时期，而当下中国的消费群体也日益年轻化和精英化，中国品牌也正呈现出越来越被认可的趋势。这些给汽车行业带来了更多改变的维度，过去落后的力量，现在新生的力量，一下子都有了机会。

传统车企因为习惯于在一些非常固定的维度上进行渐进式的优化迭代，对重建基础体系的思考太少，汽车真正的进步越来越有限。而且，随着领先车企规模越来越大，大家关注如何把规模转化为利润胜过关注产品创新。

有人据此认为，这些都在制约传统车企进行产品定义的勇气，从而让传统车企错失太多创新的机会。而且，因为很多传统车企的人习惯在自己分工的有限范围内思考问题，不愿审视全局，导致传统车企在应对今天这种创新要求的时候，显得非常僵化和生硬。

财经作家吴晓波在2005年作过一个判断：未来十年内，中国传统制造业80%的企业都会被淘汰。他认为，今天仍然是变化巨大的时代，中国产业变革正在进入下半场。这要求我们重新定义企业的核心能力，即重新定义产品，重新思考“城墙”与“护城河”，重新构建组织生态。

我想，徐留平在一汽的大动干戈，想要颠覆掉的不仅是僵化的体制、机制，更有传统的汽车边界，这将在很大程度上有助于重构汽车业或者说人类出行的未来新图景。既然上一个风口已过，那就在下一个风口准备飞扬。也许，这就是徐留平的真正打算。当然，这一切都有待时间和结果来验证。

当下汽车界，真正有意义的革命其实是重新定义汽车这个产品的内涵和外延，即思考汽车在整个交通领域的定位或者作用机理是否可以被重新定义，或者研究汽车在用户生活方式中的角色，甚至用户的生活方式是否可以被重新定义。

换句话说，一旦红旗所要重新定义的汽车产品明确为一种商业模式，他们就能够围绕这一模式重新构建自己的组织架构和管理流程，让整个体系真正围绕这一模式运转。这种跨界思维和视野，并不为汽车界所常见，但却是未来汽车业所必需的。

比如，要定义某种面向未来的智能驾驶舱，就不能再像过去那样让电子电器、总布置、内饰设计等部门各自为政，而需要把围绕智能驾驶舱的体验诉求和功能诉求梳理清楚，然后按照目标重新设计分工模式。供应商也不能按照此前的边界进行合作，而是大家携手解决很多新的课题。

汽车产业生态环境的改变对作为后来者的红旗来说，既是挑战，更是发展的巨大机会。这或许将让有过辉煌历史的一汽重生，也将让创造过奇迹的红旗重生。通过将近一年来对一汽的近距离观察和采访，我相信，红旗这一次有很大概率能新生；我相信，业界也乐见其成！

英国历史学家阿诺德·汤因比在《历史研究》中谈到一个文明怎么能够延续几百年、上千年时这样回答："对一次挑战做出了成功应战的、创造性的少数人，必须经过一种精神上的重生，方能使自己有资格应对下一次、再下一次的挑战！"

虽然不能说红旗品牌复兴梦想一定能够成功，但1958年诞生的红旗正在认认真真重启中国第一豪华品牌、世界著名豪华品牌之路。

2018年6月29日深夜，在长春闭关写作结束前，我从花园酒店出发，穿过创业大街，步行到共青团花园，再穿过锦程大街到东风大街，沿着正在施工的人行道，向西前行到第一汽车集团公司曾经作为总部大楼的双子座大厦，最后站到一号门前的广场上。

我第一次在华灯之下观看毛泽东1953年7月15日为开工建设题写的"第一汽车制造厂奠基纪念"巨石，心中别有一番感慨。尽管是在夜色之中，但巨石左上角的裂痕还是清晰可见，恐怕没有多少人注意到这个细节。据说，这是曾经有人试图将它挪走，在搬动中不慎磕碰导致的结果。后来，它又被重新安放到原处。

这个故事现在听起来真是意味深长。不忘初心，方得始终。在这里，让我们一起期望并祝愿新红旗在新时代能够闪耀骄人的光芒，让我们继续观察和记录新红旗新征程中每一处走向未来的足迹！

北京顺义马坡

2018年7月13日

目录

▲ 2018 年 1 月 8 日晚上，人民大会堂，中国殿堂级三大男高音歌唱家莫华伦、魏松、戴玉强（从左至右）合唱《红旗飘飘》，成为中国一汽红旗品牌战略发布会的压轴戏。

▲ 汽车产业界、科技互联创投界、文娱体育界和新闻媒体界近千名嘉宾来到红旗品牌战略发布会现场。尽管天气寒冷，北风阵阵，但人民大会堂内热气腾腾。

红旗
旗 让梦想成真
汽红旗品牌战略发布会

▲ 徐留平在人民大会堂举行的“新红旗，让梦想成真”红旗品牌战略发布会上发表演讲，阐述为什么红旗要复兴而且能够复兴的逻辑。

► 中国风舞蹈演员的绝佳代表黄豆豆，阳刚而又激情地出场，用手中充满力量的红色绸缎表现出红旗品牌未来将乘风破浪、披荆斩棘的姿态。

▶ 1959 年由著名画家傅抱石和关山月合作的《江山如此多娇》是人民大会堂里最大的一张国画。它的前面被一汽集团布置成参加红旗品牌战略发布会嘉宾的留影点。

▲ 红旗品牌战略发布会上，新红旗将“尚·致·意”确定为全新的设计语言。▼ 它展现的概念车模型雕塑显示出传承经典的“大红旗”设计思路，贯通式旗标的设计灵感来源于北京中轴线，充满气魄、壮美的中式对称之美。

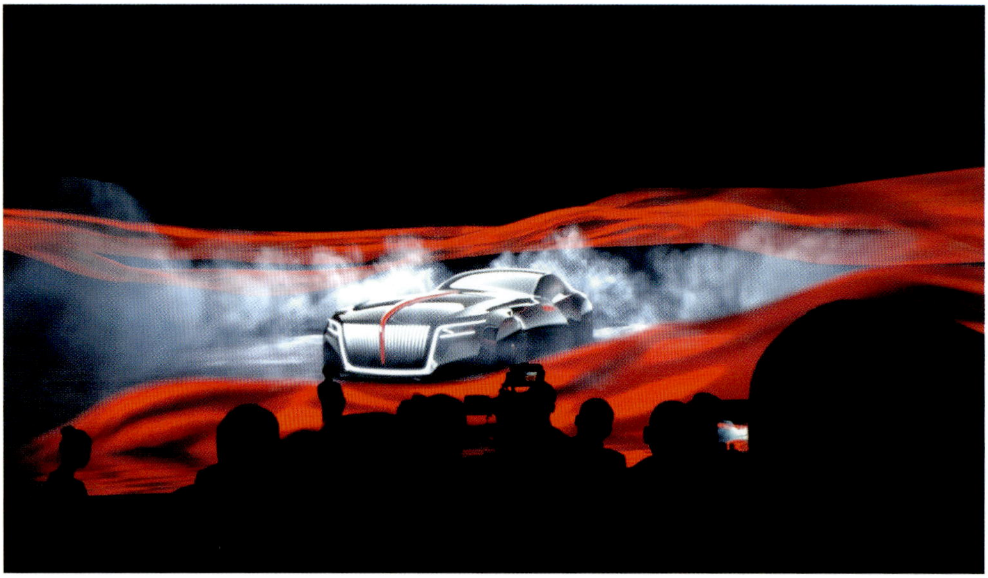

▲ 钢琴大师李云迪演奏了中国作曲家吕其明创作的交响诗《红旗颂》。此曲融入了《东方红》《义勇军进行曲》和《国际歌》的旋律，表现出了新红旗面向未来的气概。

▼ 一汽集团旗下子公司或合资公司的高管也都以“红旗人”的身份，来表达对做好新红旗的看法。一汽—大众在微信朋友圈广发了用“红旗”体字组合而成的一句口号：众志已成城，大展红旗新伟力。

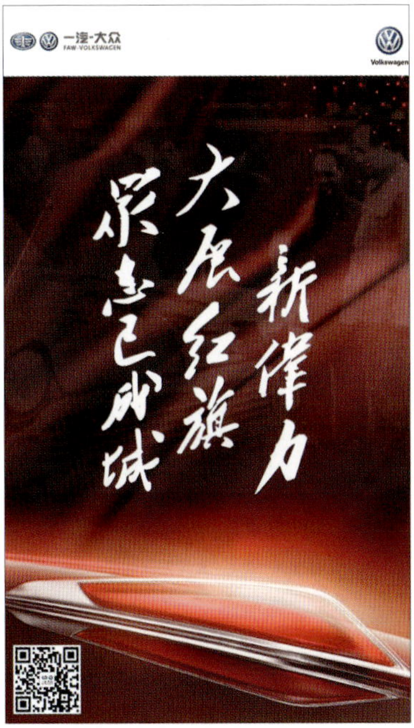

▼ 中国女排教练“铁榔头”郎平（左二），著名建筑设计师马岩松（右二），红旗品牌代言人、著名演员靳东（右一）上台，用“我挺你”“我敬你”“我爱你”写出了对红旗的情怀。

▲ 2018 年 1 月 8 日晚上 10 时 45 分，人民大会堂东门外台阶上，在送完了所有前来参加发布会的嘉宾后，在凛冽寒风中，徐留平坐上一辆黑色红旗 H7 离开。

第一章

梦想闪耀时刻

我这双眼睛有生之年终于看到了红旗振兴的希望，我没有遗憾了！

——贾延良

人民大会堂

历史仿佛又回到了起点。

1958年8月1日，历经33天奋战，第一汽车制造厂造出了中国第一辆高级轿车。随后重新设计试制，第二年首批20辆红旗CA72轿车开到了北京，不仅参加了当年新中国成立10周年的阅兵式，还用来给中央首长换车。

那天是1959年9月29日，20辆崭新的红旗轿车停在9月24日才落成的北京人民大会堂东门外台阶下。下午5时左右，一连开了两天的新中国成立10周年庆祝大会散会，中央首长从里面走了出来。

按照事先安排，一汽给部分中央首长换车。

第一批送京的红旗轿车有7种颜色，当时送车过去、后来成为一汽副厂长的范恒光说："当最后一辆红旗轿车离开我视线时，我突然有种送战友出征、送亲人远行的心情。"

现在，已经渐行渐远的红旗轿车有了回来的可能，几乎模糊的面貌渐渐清晰。

2018年1月8日，一场"新红旗，让梦想成真"的中国第一汽车集团有限公司（亦可称"中国第一汽车股份有限公司"，下文简称"一汽集团"或"一汽"）红旗品牌战略发布会在人民大会堂举行。

多少年过去了。当时，人民大会堂是新的，红旗轿车是新的。现在，人民大会堂还是傲然挺立、宏大威严，而红旗轿车却已历经磨难和挫折。

据2011年1月25日的《第一汽车集团报》报道，2011年1月21日，时任国家副主席习近平到一汽调研考察，留下了这样一句话——盼望着更多的中国人能坐上中国一汽产的红旗牌轿车。

2013年，中国政府礼宾部门恢复用红旗轿车来接待外国领导人。2013年4月25日，法国总统奥朗德访华，他乘坐了红旗L9礼宾车，成为第一个享有此项待遇的西方国家元首。

受此利好的影响，在当日沪指整体收跌0.97%的情况下，红旗L9车型的生产商——一汽轿车股份有限公司股价上涨8.81%，且一度几近涨停。

红旗L9礼宾车采用的是V12发动机，以后不再生产。现在主要生产改用V8T发动机的L5礼宾车，但车身尺寸不变。L9礼宾车是迄今为止中国自主品牌推出的最高级别的豪华轿车，属于可以和劳斯莱斯、宾利相媲美的车型。

但是，除了用来接待外国元首和供中央高层领导乘坐的少部分L系列红旗轿车仍在使用外，在市场上销售的红旗H7车型已经上市多年，每年却只有不到5000辆的销量，可以说经营惨淡。

2017年8月，徐留平出任一汽集团董事长、党委书记，他决意让红旗轿车再现当年的荣光，并发誓要将之发扬光大。

在红旗品牌战略发布会举行的当天上午，法国总统马克龙抵达中国进行国事访问，他乘坐的就是红旗L5礼宾车。第二天上午，国家主席习近平和他在人民大会堂举行正式会谈。

而一汽集团选择在人民大会堂举行一汽集团红旗品牌战略发布会，是向经典致敬，也是在同过去的挫折告别，更是向未来宣誓。

但，这场让梦想成真的新红旗征程在起步之初，有多少人能够真正明白或者心怀敬畏？

江山如此多娇

2018年1月8日晚上8点多钟，人民大会堂东门外的台阶下已经停满了各种品牌的小轿车，有几辆红旗H7夹杂其中。接到参加红旗品牌战略发布会邀请的人们陆续拾级而上。

这是一个星期一，天气晴朗，但是寒风阵阵。根据北京市气象台的预告，那天北风最大7级左右，最低气温零下6摄氏度。

汽车产业界、科技互联创投界、文娱体育界和新闻媒体界近千名嘉宾来到现场。尽管天气寒冷，北风阵阵，但人民大会堂内外人头攒动、热气腾腾。

在从北门上二楼、步入发布会现场必经之地的迎面开阔大墙上，是1959年由著名画家傅抱石和关山月合作的《江山如此多娇》巨幅山水画。这里被一汽集团布置成一个现场嘉宾拍摄的留影点。

《江山如此多娇》是人民大会堂里最大的一张国画，它以毛泽东的《沁园春·雪》为内容，画面上同时出现了春夏秋冬四个季节，展现了东西南北、高山平原的不同地貌和长城内外、大河上下的不同自然景观。

傅抱石当时说："近景是高山苍松，采用青绿山水重彩画法，长城、大河和平原则用淡绿，然后慢慢虚过去。远处则云海茫茫，雪山蜿蜒。右上角的太阳，红霞耀目，光辉一片，冲破了灰暗的天空，使人感到'红装素裹，分外妖娆'。"

大画装裱上墙后，以恢宏的气势、深远的意境和昂扬向上的主题风貌，赢得了全中国乃至全世界不同文化层次人士的欣赏和赞美。很长一段时间内，这幅巨型山水画都是国家领导人会见重要外宾时的合影背景。

参加这次红旗品牌战略发布会的中外嘉宾无不欣赏地在此画作前留影。他们戴上主办方为他们准备的丝质红色围巾（下摆用金色丝线绣有

“红旗”二字），或独自或三五成群地留影。

这种气氛，这种意境，已经有力地烘托了即将开始的这次万众瞩目的红旗品牌战略发布会的内涵——红霞耀目，光辉一片，冲破灰暗的天空。

大家对这场发布会的期待不是没有来由的。

自2017年8月2日徐留平接受中央任命到长春履新伊始，他因为迅速展开的一系列改革行动已经备受外界瞩目，这些年来几乎被外界淡忘的一汽集团突然持续成为媒体关注的焦点。

徐留平的雷霆改革从抓作风开始，主线是如何做好自主品牌，更重要的是如何做好红旗品牌。他在全集团掀起“我心中的红旗”万人大讨论，史无前例地决定在集团层面直接运营红旗，也就是说集团直接对红旗的成功负责，而不是委托旗下的一汽轿车公司。

2017年9月3日，在北京的一次公开论坛上，徐留平表示要让红旗成为“中国第一和唯一”的豪华车品牌，未来要做从领导人到普通百姓都喜欢的红旗车。他认为，传统品牌要想发展，必须不断注入新的时代精神和内涵，更要靠伟大的产品落地，否则被淘汰在所难免。

2017年9月18日，为落实对红旗品牌的未来设计，一汽集团开始大幅度进行组织结构和人员调整，引发全社会关注。

2017年9月21日，在红旗新款H7车型的上市会上，红旗品牌破天荒地有了代言人。同时，代表情怀的“红旗扶贫梦想基金”宣告设立，徐留平在会上提出了“新时代，新红旗，新梦想”的口号。

徐留平说：“对于个人来说，我加入一汽、加入红旗才49天，追忆历史、缅怀辉煌，尚不足资格；展望未来、描绘未来也略显匆忙。今天新车上市是红旗新战略的前奏和哨兵。”

现在，终于到了红旗品牌战略发布的时候。

谁记得上一次发布会

实际上这不是红旗品牌战略的第一次发布。2012 年 4 月 20 日，一个星期五的晚上，历史上首次红旗品牌战略发布会在北京钓鱼台国宾馆举行。

500 余位各界来宾与媒体代表出席了那次发布会。只是，那次在雨夜进行的发布会恐怕已经没有多少人记得。不记得的原因很简单，它既没有事先宣传，也缺乏核心内容，发布的品牌战略事后也未实现，更关键的是，战略未实现。

如今的一汽集团总经理助理、解放事业本部本部长胡汉杰当年也参加了那次战略发布会。他回忆说："当时对红旗品牌的复兴，心里还是画了问号的，有期待，也有疑惑。疑惑体现在资源、推进力度和战略落地方面。品牌战略没有体现在领导的重视上，决心和方法还是不太够，最终在执行中发生了偏离。"

历史不能重来也不能重演。徐留平领导的一汽集团将如何制定全新的红旗品牌战略？他是吹一吹，做些表面文章，还是真抓实干？

这实在不是容易回答的问题。徐留平自履新那一刻起，就在思考这些问题，发动集团内部进行"我心中的红旗"大讨论的一个动机也是从中寻找线索，寻答案，问人心。2017 年 9 月 21 日红旗新款 H7 的发布，开始部分展现他所思考的内容。

不仅内部在职员工，不少离退休老领导、老同志，还有很多外界人士也开始为一汽集团、为徐留平献计献策。

2017 年的国庆节长假，徐留平原本想让前一阵子被紧锣密鼓的改革压得喘不过气来的一汽集团高管们休息几天，但是 10 月 4 日，他还是在北京组织了一次跨界的针对红旗品牌现状和未来发展方向的闭门研讨会。与会人员中，甚至包括了一位对徐留平要让红旗成为"中国第一和唯一"豪华品牌进行质疑的专家。

这位专家在此前公开发表的文章中认为，要让红旗成为承载中华民族伟大复兴这一新时代使命的一种符号，红旗的定位可以是劳斯莱斯或宾利，也可以是奔驰或宝马，但成为前者容易，成为后者则极其困难。

他在文章中这样提醒徐留平："作为一个完全理解汽车行业内在规律的领导者，您一定要清楚，要成为奔驰、宝马这样既可以豪华，又可以占有很大市场份额的品牌，绝对是整个汽车行业最高难度的挑战，几乎不可能。"

2017年9月8日晚上临睡前，徐留平将这篇文章发给很多朋友，让他们集体为红旗出主意。第二天，他在"我心中的红旗"大讨论总结会上调侃道：这真是一个愚蠢的举动。因为文章发过去之后，大家给了很多意见，导致自己晚上就睡了两个小时。

徐留平说："我就是要通过这种正反两方面讨论，汇集一下大家对这些问题的看法，有不少看法是矛盾的，但这没有关系，所有的真理都是越辩越明。"

2017年10月4日的那次闭门会议，从下午两点一直持续到晚上八点多。其间，一位造车新势力代表问了徐留平这样一个问题："红旗这个品牌为什么存在？也就是说，红旗的使命是什么？"

从来没有过的统一

2018年1月8日，答案揭晓。

此前10天内，印有嘉宾和品牌代言人剪影的预告海报已经开始在朋友圈里强势刷屏。60年时光流逝，人们对红旗车的期待值依然高涨。

当天早上，一汽集团新成立的品牌公关部在微信朋友圈推出了一波以集团高管个人名义发布的“不一样的红旗，不一样的发布会”预热海报。

非常难得的是，在这些海报中，所有高管都没有注明正式的官方职务，只有一个共同的身份——红旗人。红旗品牌公关部门为这些海报准备了不同的文字，从中依稀能够看出一汽将要如何打造红旗品牌。

一汽集团党委常委、纪委书记王昭翮作为“红旗人”的宣传语是“唯有传承与创新，坚持最高标准，才能打造不一样的红旗”。

时任一汽集团党委常委、副总经理董春波的宣传语是“唯有突破常规，追求极致，才能打造不一样的红旗”。

一汽集团党委常委、副总经理邱现东的宣传语是“唯有不断创新，不断突破，才能打造不一样的红旗”。

时任一汽集团的总经理助理、负责研发的尤峥的宣传语是“唯有引领造型和设计潮流，才能打造不一样的红旗”。

一汽集团总经理助理、负责销售的况锦文的宣传语是“唯有满足并超越用户的期待，才能打造不一样的红旗”。

一汽集团总经理助理、当时负责智能网络和新能源业务的董海洋的宣传语是“唯有提供美好的出行服务，才能打造不一样的红旗”。

一汽集团总经理助理、采购部长张丕杰的宣传语是“唯有顶级的供应商和高品质的精致材料，才能打造不一样的红旗”。

一汽集团总经理助理、战略部部长胡咏的宣传语是“唯有前瞻性的战略规划布局，才能打造不一样的红旗”。

不仅是集团层面运营红旗的人，一汽集团旗下子公司或合资公司的高管也都以“红旗人”的身份，来表达对做好新红旗的看法。

一汽集团总经理助理、时任一汽解放总经理胡汉杰的宣传语是“唯有艰苦奋斗，永争第一，才能打造不一样的红旗”。

一汽集团总经理助理、一汽—大众总经理刘亦功的宣传语是“唯有勇于担责和高效执行，才能打造不一样的红旗”。

一汽集团总经理助理、天津一汽丰田总经理王刚的宣传语是“唯有兼具创新与实干，才能打造不一样的红旗”。

一汽集团总经理助理、机械九院公司党委书记、董事长王立志的宣传语是“唯有先进的工厂和制造技术，才能打造不一样的红旗”。

也许你会觉得这些宣传方式司空见惯，但对于一汽集团来说，这是从来没有过的统一。各子公司对红旗品牌战略发布会的祝贺广告也前所未有地烘托出了一汽集团举集团之力打造新红旗的决心。

一汽—大众在微信朋友圈广发了用“红旗”体字组合而成的一句口号：“众志成城，大展红旗新伟力。”

一汽—丰田的祝福词是“一路丰华，红旗飘，万代娇”，同时还附上了“祝贺一汽红旗品牌战略发布会圆满成功”的字样。

而一汽解放则在自己的微信公众号上发了一条消息，标题是“新红旗，让梦想成真—— 今晚9点解放邀您见证”。文章进一步阐释了一汽人所共知的道理：“解放”是一汽集团之“根”，而“红旗”则为“魂”。

这样齐心协力的祝词，先前只在奔驰和宝马的联动广告中见过。

当天，红旗的官方微博从早上5时的天安门广场升旗仪式开始，连续进行了18个小时的图文直播。

因为红旗品牌战略发布会的预热已经刷爆朋友圈，当天，诸多中国自主汽车品牌厂家也早早在发布会开始前蹭热点，纷纷介绍自家品牌的闪亮之处，共同“祝贺一汽集团红旗品牌战略发布”，并提出“未来，中国品牌，携手共进”。

十二易其稿

同样前所未有的是，红旗品牌战略发布会的当天，一汽集团旗下主要公司包括合资公司的负责人，连同公司的公关负责人全部来到人民大会堂。他们不是嘉宾，而是工作人员。这样的景象上一次出现或许只能追溯到20世纪五六十年代红旗的草创时期。

离开场还有半个小时，戴着红色丝质围巾的徐留平，在贵宾厅里接待来参加活动的嘉宾们，不时被人拉着合影。

参加活动的嘉宾包括老一汽人、原机械工业部部长何光远，一汽第四任厂长李刚，原二汽厂长、中国电动汽车百人会理事长陈清泰，中国机械工业联合会会长王瑞祥；长安汽车董事长张宝林，中国汽车工业协会常务副会长董扬，曾经负责红旗事业的一汽集团前副总经理、中国汽车工业协会秘书长吴绍明，以及刚刚离开一汽转任中国汽车工程学会理事长的李骏等。

福耀玻璃董事长曹德旺、宁德时代董事长曾毓群、滴滴出行董事长程维、奇虎360董事长周鸿祎、蔚来汽车董事长李斌、博泰集团董事长应宜伦等一大批供应商代表或合作伙伴纷纷前来祝贺。

嘉宾中还包括中央办公厅、中央警卫局、国管局、公安部等红旗车的传统八大用户单位代表，以及诸多国有企业的领导人。

恐怕没有任何一个其他品牌的发布会会有范围如此广泛的参与者，而为这场发布会进行表演的明星同样也都大名鼎鼎，和发布会结合得天衣无缝。

朱红座椅搭配穹顶灯光，在洋溢着浓郁中国风的“会场”上，晚上9点整，一汽集团红旗品牌战略发布会正式开始。会场座无虚席，人头攒动，大家都期待着即将发生的一切。

黄豆豆，被称为中国跳舞跳得最阳刚的舞蹈家，是中国风舞蹈的绝佳代表。他强劲而又激情地出场，用手中充满力量的红色绸缎表现出红旗品牌未来将乘风破浪、披荆斩棘的姿态。

李云迪，这位18岁就获得肖邦国际钢琴比赛冠军的钢琴大师，演奏了中国作曲家吕其明创作的交响诗《红旗颂》。此曲融入了《东方红》《义勇军进行曲》和《国际歌》的旋律，表现出了新红旗面向未来的气概。

中国女排教练“铁榔头”郎平，著名建筑设计师马岩松，红旗品牌代言人、著名演员靳东上台，通过与主持人对话，用“我挺你”“我敬你”“我爱你”写出了对红旗的情怀。

压轴节目是由中国殿堂级三大男高音歌唱家戴玉强、莫华伦、魏松共同唱响《红旗飘飘》—— 红旗飘呀飘，红旗飘呀飘，腾空的志愿像白云越飞越高；红旗飘呀飘，红旗飘呀飘，年轻的心不会衰老……

现场播放的两段视频烘托出红旗作为豪华车品牌的精神和它未来的消费目标群体。

第一段视频讲述的是红旗经典车型CA770的造型设计师贾延良设计红旗车的灵感，让人切身感受到属于红旗人的匠人精神。

2017年金秋10月的一个晚上，这位老设计师带着两大本设计手稿专程从北京赶到长春，跟徐留平分享了多年来他对红旗设计不间断的思考。

后一段视频展现的是上到70岁老翁、下到5岁稚儿对红旗车的认知。一个小女孩写下的“红旗送我去上学”，让人看到了红旗的情怀和品牌的未来。

在这个大背景的烘托下，一汽集团董事长、党委书记徐留平用半个小时，慷慨激昂地发表了全新红旗品牌战略。

这个品牌战略要表达的全部内容，是徐留平刚到长春时就开始酝酿的。他亲自动笔，经过3个月的反复打磨，十二易其稿，才最终完成。

这是红旗能够走向未来的纲领性文件，徐留平说，来不得半点含糊。

红旗四“运”

“红旗，这个名字，对于绝大多数中国人而言，绝非一般意义上的汽车品牌，而是一种深深的情怀和神圣的记忆，印刻在每个中国人的心中。”徐留平这样开始他的演讲。

这份纲领性文件总共 5468 个字。徐留平通过当下人们对于红旗品牌的认识，以及品牌诞生的缘由、在市场经济时代的起伏和对当下现实环境的思考，用了大约 1800 字来阐述为什么红旗要复兴而且能够复兴的逻辑。

徐留平指出，在物质资源极端匮乏的条件下，一汽集团的诞生是最高领导层的要求和举国之力的结果，同时这一结果的达成也包含着四大主观能动性，分别是“崇高的理想和情怀”“一切从零开始、从头学习的扎实和谦逊”“严谨的科学方法和精细的工匠精神”，还有“无数的辛劳和汗水”。

第一辆红旗品牌轿车的诞生是应毛泽东主席的指示，是“全厂总动员，集中所有资源，全力以赴，‘大干快上’”的结果。它的时代意义是“红旗开启了中国人自己生产轿车的伟大时代，在 20 世纪六七十年代，红旗轿车是中国汽车工业的一面旗帜，是‘中国人民站起来了’的象征”。

徐留平因此强调，做好红旗对于一汽人来说，有更深远的意义——不仅仅是一份情怀和记忆，更是一种强烈的责任和历史的使命；“产业报国，工业强国”“建立强大的中国汽车工业”就是那个火红年代赋予一汽人的初心。

他指出，改革开放之后，红旗在继续承担“国车”重任的同时，不断向市场化、商业化的方向转变，但“在市场化这个新课题面前，却面临了极其巨大的转型、调整之痛苦，经历了彷徨和迷茫，遭遇了挫折和困顿，不仅令自己，也令国人黯然神伤”。

但是，徐留平同时看到了红旗复兴所具备的三个内在心理基础：一是“红旗的精神、情怀和梦想，在一汽人、红旗人的心中已经生根发芽”；二是“中国人对红旗依然情有独钟”；三是“伟大品牌的树立，绝不会轻而易举”。

更重要的是，他洞见了红旗品牌复兴的四个强有力的外部现实条件：“民族之运”“民众之运”“产业之运”“时代之运”。

他说：“中国共产党第十九次全国代表大会的胜利召开，标志着中国特色社会主义进入新时代，中华民族的伟大复兴踏上新征程，这是红旗振兴的‘民族之运’”。

他说：“当前，人民群众对美好生活的追求和向往，更加强烈和执着，其消费理念和品味也更加高尚、自信和成熟，这是红旗振兴的‘民众之运’。”

他说：“进入新时代，中国汽车产业作为实体经济的重要支柱，正在迎来‘立世界汽车产业之标杆，开全球汽车产业之先河’的绝好机遇，这是红旗振兴的‘产业之运’。”

他说：“习近平总书记2011年1月21日视察一汽时提出的‘盼望着更多的中国人能坐上中国一汽产的红旗牌轿车’的殷切期望，无疑是孕育‘新红旗、新发展’的‘原初’时刻，是中央最高层对‘新红旗、新发展’的发令枪。这是红旗振兴的‘时代之运’。”

这“时代之运”确定了新时代红旗汽车品牌的历史使命，这是以往几次红旗品牌复兴时从未有过的机遇。

为了“取得新时代红旗漫卷中国和世界的成功”，徐留平对自己、对一汽提出了如下要求：其一，“下定决心，不忘初心，牢记使命”；其二，“汇集全集团之力量”；其三，“披荆斩棘，奋起搏击，锐意创新，精准谋划”；其四，“持之以恒，久久为功。”

看起来都是宏大叙事，但都直指要害。

新高尚品牌

徐留平满怀激情地向所有在人民大会堂参加发布会的嘉宾以及观看直播的观众演讲道：“梦想的种子已经种下，成长的土壤已经成熟，前进的号角已经吹响。”

为了摆脱红旗以往单纯作为国车的概念，徐留平在演讲中总结出了既体现传承，又富有创新的新红旗品牌理念，即“中国式新高尚精致主义”，以及新红旗的目标客户，即“中国式新高尚情怀人士”。

这里，徐留平修正了前期所言“中国第一和唯一”豪华汽车品牌的新红旗战略目标，而改为打造“中国第一、世界著名”的豪华汽车品牌，满足消费者对新时代“美好生活、美妙出行”的追求，肩负起历史赋予的强大中国汽车产业的重任。

以新高尚、新精致、新情怀的品牌定位为基础，徐留平提出新红旗提供的产品和服务要“品味高尚、大气典雅”，要“理想飞扬、激情奔放”，要“精益求精、细心极致”，要“随心合意、完美体验”。

基于此，新红旗将“尚·致·意”确定为全新的设计语言。徐留平说，这一设计语言通过红旗上海研发分院制作完成的“新红旗”概念模型车表现了出来。未来，新红旗家族都将使用这个统一的设计语言。

演讲现场的大屏幕上，展现了这部概念模型车。它不仅体现了新的设计语言，还首次展示了红旗车的全新标识。

徐留平以诗一般的语言说：她拥有象征着“高山飞瀑、中流砥柱”的格栅，“气贯山河、红光闪耀”的贯通式旗标，“梦想激荡、振翅飞翔”的前大灯，“昂首挺胸、旌旗飘扬”的腰身，“流彩纷呈、定海神针”的轮标，以及“中华瑰宝、经典永恒”的汉字“红旗”尾标。

在发布了红旗全新的品牌DNA、设计语言以及全新标识后，徐留平公布了红旗初步的产品组合计划，并称在2025年之前，将推出17款全新红旗车型。

新红旗家族将包括L、S、H、Q四大系列产品。L系列为新高尚红旗至尊车；S系列为新高尚红旗轿跑车；H系列为新高尚红旗主流车；Q系列为新高尚红旗商务出行车。

为此，红旗正在构建“一部四院”的研发体系、“三国五地”的全球研发布局，同时在新能源、智能网联、出行、生态等领域创新业务布局。

新红旗将直接切入新能源领域，以电力为新红旗的驱动动力，以智能网联为新红旗的核心亮点，同时以“智慧城市、智慧居住、智能交通、智能汽车、智享出行、智享生态”为主线，构建红旗品牌的“智能出行生态圈”。

徐留平提出了未来三个阶段的销量目标，明确了红旗未来的销售方式和渠道策略。他说，新红旗要奋力向2020年销售10万台级、2025年销售30万台级、2035年销售50万台级的宏伟目标迈进。

徐留平同时宣布打造“红旗心服务”体系，通过红旗体验中心、红旗云店、红旗旗仕团、一键即有的红旗共享出行和终身免费（保修、救援、取送）的红旗服务承诺，为消费者提供全场景、全生命周期的贴心出行解决方案。

徐留平说，红旗要坚持“极致标准、极致要求”的理念，打造极致品质。为此，一汽集团正在调集全集团优势资源，全面借鉴全球顶级品牌质量保证经验，建立全新的、世界一流的质量标准，以及极其严苛的过程质量控制体系。

徐留平说，红旗正在建立全新的、最优秀的供应商体系，投入重金建设世界顶级标准的制造基地。极富创意的“红旗小镇”的概念也在这次品牌战略发布会上提出。

最后，徐留平明确赋予新红旗这样的企业社会责任：在原先对口扶贫的基础上，新成立的“红旗扶贫梦想基金”在未来三年将投入 1.5 亿元帮助贫困儿童和青少年实现学业梦想。

一个重要起点

“一汽的魂回来了，红旗的时刻开始了。”这场有关“新时代、新红旗、新梦想、新征程”的红旗品牌战略发布会刷爆了当天中国汽车行业的朋友圈。

原因很简单，主角是红旗。不是因为红旗在中国当代汽车工业中的表现有多出色，而是因为这个品牌对于中国汽车工业特别重要。

振兴红旗是当下中国几乎每个汽车行业从业者的梦想之一，从这个发布会便能非常清晰地感受到这一点。比如，徐留平在演讲中对红旗的现状表示“自责、惭愧、心痛和不甘”，这句话或许不仅仅是以一个一汽集团人的身份来说的。

“按照惯例，每一位一汽的掌门人在就职之初都会把红旗高高捧起。当然后续的结果大家都很清楚，我也不必赘述。”一位参加了这次发布会的汽车分析师在第二天写的文章里如是开头。

但他认为，这一次情况将完全不同，不仅仅因为发布的内容前所未有、丝丝入扣，更因为徐留平到任后的一系列改革，让人有意愿相信新的掌门人确实要动真格。

2017年8月，徐留平履新一汽的消息刚刚被确认的时候，一汽正处于艰难调整时期：反腐的重伤未愈，自主品牌战果不佳，合资品牌奥迪准备南下，等等。

这位与一汽集团渊源颇深的分析师注意到，徐留平的空降试图全力改变这个局面，一系列铁腕举措让这个拥有浓厚“大院文化”的老央企有些措手不及，但他已经感受到这头大象开始尝试跳舞的节奏。

而那位认为红旗应当只做像劳斯莱斯这样的产品、不应以大批量生产取胜的业内专家，在参加2017年10月4日的红旗闭门讨论会和2018年1月8日的红旗品牌战略发布会后，感叹多年来“愤青式”思考习惯让自己的视野变得狭隘，现在他相信红旗正走在一条正确的道路上。

2017年9月，这位业内专家曾站在一个完全独立的视角上，梳理过一次红旗品牌存在的问题，就像5年前他也思考过同样的问题一样。但他发现，在不同的时间窗口下，同样一个问题，有着完全不同的答案。

站在2018年这个时间节点，人们越来越强烈地感受到红旗这个记载中国汽车工业早期光辉岁月的品牌，与当下时代特征的不协调。而这一次，红旗第一次有了完整的品牌战略和清晰的目标。

那位一度不看好红旗复兴的咨询顾问说：“这一次，我感受到了红旗的号召力，我也感受到了徐留平以及一汽集团多位领导人对于振兴红旗这一命题的认真程度和理性思考。”

虽然红旗要实现发布会上宣布的长期目标的道路还很长，还会遇到很多的挑战，但他认为，“今天这个起点非常重要”。

老红旗设计师贾延良说：“我这双眼睛有生之年终于看到了红旗振兴

的希望，我没有遗憾了！”

当天，很少发微信朋友圈的胡汉杰也发了红旗战略发布会的海报。他说：“这不是谁要求的，这次确实把大家的热情激发出来了。”

一汽集团党委副书记、副总经理秦焕明则认为，这次品牌战略发布会内容系统周密，有目标、有路径、有车型，在红旗历史上具有里程碑的意义。他说：“董事长说的这个战略目标非常清晰、明确，让大伙儿不用猜、不用揣测该怎么弄。现在就看我们内部的文化、架构、流程和执行能力能不能跟得上。”

2018 年 1 月 8 日晚上 10 时 45 分，人民大会堂东门外台阶上，送完了所有前来参加发布会的嘉宾后，在凛冽的寒风中，徐留平乘坐一辆黑色红旗 H7 离开。

真正的挑战开始了。

第二章

来自 1958

我们将要为中央领导生产高级轿车。

—— 郭力

“现在我们能造什么”

1949年10月1日，中华人民共和国成立。但，这是一个传统的农业国家，百废待兴。第一个五年计划1953年开始实施，以求建立初步的工业基础。

政治制度方面也正在确立基础。1954年6月14日，毛泽东主席主持召开中央人民政府委员会第30次会议，会议通过了中国第一部《宪法草案》。

这次会议上，毛泽东问了一个重要的问题：“一个六亿人口的大国，要实现社会主义工业化，要实现农业的社会主义化、机械化，要建成一个伟大的社会主义国家，究竟需要多少时间？”

他的答案是“大概是三个五年计划，即15年左右，可以打下一个基础”，“大概经过五十年即十个五年计划，就差不多了，就像个样子了，就同现在大不一样了”。

毛泽东随后指出中国工业的窘境：“现在我们能造什么？能造桌子椅子，能造茶碗茶壶，能种粮食，还能磨成面粉，还能造纸，但是，一辆汽车、一架飞机、一辆坦克、一辆拖拉机都不能造。”

他说：“我们现在要团结全国人民，要团结一切可以团结和应当团结的力量，为建设一个伟大的社会主义国家而奋斗。这个宪法就是为这个目的而写的。”

从今天的视角来看，无疑，毛泽东当初的判断是科学且具有前瞻性的。甚至可以说，如果没有后来包括“文化大革命”在内的各种不正常政治运动的干扰，这个进程可以提前。

解放牌卡车就是一个例子。

1956 年，在苏联的援助下，历时 3 年，中国第一个汽车工厂 —— 长春第一汽车制造厂建成，并在当年的 7 月 15 日生产出了中国的第一辆解放牌汽车，彻底终结了新中国不会生产汽车的历史。

此前，1954 年 7 月 3 日，新中国成立后第一架自己制造的飞机 —— 仿制苏联的雅克 18（后被称为“初教 -5”）在江西首飞成功，结束了中国不能自己制造飞机的历史。新华社以“光辉的开端”为题，将这一消息迅速传遍了世界。

正因为如此，在第一辆解放牌汽车出车前夕，1956 年 4 月 25 日，毛泽东就已经在中共中央政治局扩大会议上兴奋地说：“自从盘古开天辟地以来，我们不晓得造飞机，造汽车，如今开始能造了。”

或许也正因为这两大件的成功，毛泽东在这次提出“多快好省地建设社会主义”总路线基本思想的会上，还说了这样一句话：“什么时候能坐上我们自己生产的小轿车来开会就好了！”

此时或许已经不再客观面对经济规律，“大跃进”势态形成，而毛泽东的话也迅速点燃了全国各地制造轿车的激情。不仅是长春，北京、天津、安徽、上海等许多地方也都涌动着这样的激情。

如果说飞机和卡车作为工具被要求制造出来具有现实合理性的话，那么当时各地都开始制造轿车，实际上并不具有可行性，因为缺乏必要的技术基础、制造基础、配套基础和消费基础。

不说其他，仅就技术基础和制造基础而言，中国一汽早年的副厂长、新中国汽车工业早期的技术权威人士孟少农说过，做卡车需要的是小学生水平，而做轿车需要的是大学生的水平。

但是，考虑到生产轿车的主要目的是作为国事用车，它的目标消费群体并不庞大，那么它就具有了现实可能性。

即使如此，回首整个过程，红旗牌轿车的诞生和发展，也可以说是中国汽车史上，乃至中国工业史上的一个奇迹。

仿造为主、自主设计

1957 年 4 月，第一机械工业部部长黄敬到一汽，提出一个要求，要在解放牌卡车的基础上开发越野车、煤气车、翻斗车等系列产品，另一个要求是试制轿车。

当时，一汽已经开始重视产品开发。解放牌卡车生产稳定后，一汽对技术部门做了一次大调整，除了调整领导，还将生产准备部门和生产部门的 30 多人调到产品设计处的各个科室，但从没有想到要试制轿车。

一汽有一些早年在美国汽车公司干过的专家，比如副厂长兼副总工程师孟少农在福特汽车公司做过，产品设计处处长吴敬业、副处长史汝楫等人也都曾在海外跟轿车企业打过交道。

他们被找来研究开发轿车，所能想到的基本手法就是和 40 年后的奇瑞、吉利等一大批中国自主品牌汽车创业期一样，做逆向工程。

有意思的是，1997 年李书福造车之初拆掉的第一辆轿车就是红旗，只不过那是一款在奥迪 100 的基础上改造的红旗，俗称“小红旗”。

1957 年 5 月，第一机械工业部正式给一汽下达试制轿车和三轴越野车计划的指示，要求其尽快完成多品种生产的重要任务。

1957 年 6 月，史汝楫和发动机设计工程师胡同勋一起去北京物色样车，看中了法国 Simca 汽车的 Vedette 和美国福特汽车的 Zepher 两款车。

最终通过调拨和中央首长贡献，他们一共收集到七辆样车，其中包括捷克斯柯达 440、苏联胜利（Pobeda）轿车、法国雷诺 Dauphine 轿车、奔驰 190 和一款日本丰田汽车。

一汽厂长饶斌明确提出轿车的试制方针是“仿造为主、自主设计”。也就是说，仿造不是百分百地仿。比如仿车身结构，不仿造型。

孟少农说，要设计出具有民族风格的汽车来。他亲自带领设计处人员对车进行解体，最终确定以 Vedette（一款中级轿车，适合干部开会用车标准）为骨架基础，采用奔驰 190 的发动机。

奔驰底盘虽然好，但结构很复杂。它的后桥是独立悬挂，这在当时做起来很难。孟少农决定改用美国车常用的钢板弹簧，而变速器采用自己设计制造的三挡机械变速器。

设计程序以苏联专家编写的《生产组织设计》所规定的流程进行，设计并选定了效果图，唯一不符合设计程序的是没有做小比例模型设计和选定，只做了 1∶1 模型雕塑的设计工作。

工程大楼灯火通明，大家全力以赴，拆散零件后进行测绘，然后分开画图，包括总布置图、总成图和其他零件图等。

设计处底盘科副科长刘经传画的是变速箱图纸。他回忆说，当时已经强调设计要和工艺结合，设计部门把工艺部门的人找来一起研究，他们对底盘设计图提了些意见。

大约用了半年时间，1957 年年底，图纸工作基本结束。其时，参加十月革命胜利 40 周年活动的毛泽东在接见中国留苏学生代表时有了“东风一定压倒西风”的名言，这辆车也就定名为“东风”。

点燃星星之火

当时，正访问苏联的毛泽东还在各国共产党和工人党代表会议上，提出了中国要用15年左右时间在钢铁等主要工业品的产量方面赶上和超过英国的目标。

这种“大跃进”的氛围也感染着一汽。经过批准后，东风样车就开始按图纸试制，但没有基础配套工业，没有轿车制造基础，进度缓慢。

1958年2月13日，毛泽东视察一汽，说“看到中国工人阶级能制造汽车很高兴”，并问，“什么时候能坐上我们自己制造的小汽车？”

毛主席要坐车，大家的热情就迸发出来了。

厂工会、厂团委联合召开试制小轿车促进大会，成立小轿车制造突击队，决定用干部、技术员和工人“三结合”做法和工人分二班“跃进”的速度出车。

零件加工采用了接力赛的方式，口号是“零件不落地”。做完一个零件，就加上标签，放在长桌上，哪一个总成的零件齐全了就装哪一个总成。

1958年4月底，没有等全部零件和总成到齐，就开始在设计处试制车间进行汽车总装。在即将装完前，饶斌厂长前往北京参加党的八大二次会议。

1958年5月12日清早，汽车装完，发动机一次发动成功。早上8时，司机带着第一位乘客刘经传从试制车间开出来，绕一汽厂区中央大道转了一圈。

为什么刘经传是第一个乘客？因为这辆车的变速箱操纵机构链接杆件过多，容易乱挡，而他对操纵机构和故障比较熟悉。

东风轿车的处女航，正好是上班时间。大道两边都站满了人，大家情绪高昂，又鼓掌又欢呼。

这是新中国成立以来，我国自己生产的第一辆小轿车，取名为东风CA-71。饶斌厂长将这一喜讯报告给中办主任杨尚昆。当天下午，这辆车就乘坐60次快车前往北京。

因为上一年圆满完成了第一个五年计划，八大二次会议通过了“鼓足干劲，力争上游，多快好省地建设社会主义”的总路线。

在杨尚昆的安排下，这辆车头为金龙、车身后大灯为宫灯、车身镶嵌“中国第一汽车制造厂”的东风轿车开进了会议主会场，事先印好的简要说明书则被分送至各位代表的桌上。

1958年5月21日下午2时40分，毛泽东主席在会议休息时间乘坐东风轿车绕中南海怀仁堂前的小花园一周，发表了“坐了我们自己制造的小汽车了”的感叹，还用探讨的口吻说：“将来车身能否高一些？”

周恩来总理看车很仔细，看了发动机后，说：“这是‘抄’奔驰的，‘抄’是允许的，国外也互相‘抄’。关键技术‘抄’，非关键零部件就可以改。像这样，一眼就能看出是奔驰，不好。”

尽管如此，前后用了不到一年时间试制成功的东风轿车，整体上还是用了比较科学的方法，体现出了一汽人的聪明才智。

一汽副厂长兼总工程师郭力是东风项目负责人，他的秘书、后来的一汽轿车副厂长赫世跃说，东风为红旗高级轿车的开发开创了道路，点燃了中国制造轿车的星星之火。

八大二次会议后，全国各条战线掀起“大跃进”高潮。“东风”参加完这次会议后，一汽总厂立即安排投产做模具，到当年的国庆节前，二三十辆颜色各异的东风轿车被敲了出来。

抢造高级轿车

正在一汽要批量生产东风轿车的时候，1958年6月下旬有消息传来，北京汽车附件厂要造高级轿车，连名字都取好了，叫北京牌。

此前，北京汽车附件厂生产的第一辆小轿车在井冈山诞生，也开到中南海向毛主席报了喜。北京汽车奠基人冯克后来回忆说，大家都很兴奋，但北京市委第二书记刘仁看了车以后泼了冷水，说级别高的领导不能坐那么小的车。不服气的他们开始试制高级轿车，仿造美国通用别克汽车。

消息传来，一汽人坐不住了。既然“第一”汽车厂试制了“第一”辆轿车，那么，“第一”辆高级轿车也应该出自“第一”汽车厂。

1958年6月25日，一汽团委书记王道义召开设计处扩大会议，提出“能否在国庆节前试制出高级轿车”的问题。

会场立即像炸开了锅。车身设计科提出9月初试制出车身，底盘设计科提出7月末出底盘图，以便按时试制出底盘总成。

参考样车在哪里？长春汽车拖拉机学院（后来改名为吉林工业大学，又被并入吉林大学）有一辆1955年型克莱斯勒帝国C69汽车。第二天上午，一汽设计处处长陈全出面去学校把车借到手，开进了试制车间。

大家争分夺秒地对车进行解体。后来成为第一辆红旗车设计师的程正说：“当时都没想过还不还车的问题，先拆了再说。”

不久，在饶斌的主持下，一汽召开党委扩大会，采纳了设计处的意见，决定立即投入研制国产高级轿车，时任吉林省委书记吴德表示全力支持。

就在那个月，一汽总工程师郭力造舆论攻势，他对新华社吉林分社负责报道一汽的记者陈子林说：“我们将要为中央领导生产高级轿车。”

为了抢时间，第一时间造出高级轿车，大家表示献礼的时间应该提前，最后确定以8月1日为目标。

由衷感到兴奋的第一代一汽人打出横幅："乘东风，展红旗，八一拿出高级轿车去见毛主席！"

在试制的程序上，打破东风试制过程中先出图再按图制造的做法，而是采用了边出图、边制造的做法。"赶庙会"就是在这种背景下出现的。

各个车间领导都赶到设计处来认领，想做哪个部件就把哪个部件的图抱回去，设计处的人员分散跟下去。

设计人员只出草图，图上只需注明控制尺寸，车间按样车实物，用照猫画虎的方法加工零件，至于材料、热处理、公差等技术条件，则由干部、技术员和工人一起"三结合"商定。

凡一时无法制造的零部件，如液压变速箱阀体、发动机缸体和发动机的复杂零件，还有一些协作产品，则暂先用原车件。最终，一汽造就了用33天装成第一辆红旗车的奇迹。

1958年7月25日，初装，8月1日清晨，装车成功。8月2日，我国第一辆高级轿车"红旗"诞生和命名的万人大会在一汽共青团花园召开。不过，因为发动机马达齿轮临上场前断裂，汽车差点儿开不到会场。

第一辆红旗车基本是在不规范的操作下完成的，并不能真正量产，造型曲面和样车变化也不大，粗糙、幼稚，但它成就了红旗的基因，成就了红旗的历史。

王少林被称为这年"大干红旗"的参谋长，在8月之前他还不是副厂长，但却以优秀的组织才能协调了这场历时33天的错综复杂的战役。

1958年9月19日，时任中央书记处总书记邓小平等领导到一汽视察。他问饶斌："红旗比伏尔加怎样？"饶斌说："比伏尔加高级。""比吉姆呢？""比吉姆高级。"

邓小平立刻喜形于色："噢，比吉姆还高级，你们可以多生产，油不够可以烧酒精，反正做酒精的红薯干有的是，只要不烧茅台酒就行。"

1958年9月28日，第一辆正式生产的红旗检阅车装配生产完毕，连夜送京，为国庆9周年献礼，但未被使用。

1958年10月，一汽决定重新按程序设计红旗，即最后定名为CA72的两排座高级轿车。

当年年底，一汽成立新产品指挥部，专门负责东风和红旗试生产，饶斌挂帅，郭力和王少林任副总指挥。

1959年1月7日，中央给一汽发文。为让红旗赶快上马，一汽决定停止东风车的生产。

最早的匠心

1959年3月，按照“边设计，边试制，边定型”的方针，一汽装出了第一辆红旗CA72定型车。同时，完成图纸设计，开始进行生产准备。

1959年4月，首辆按照图纸制成的红旗样车被送往北京。薄一波看后说“车子不错，搞得很好，可以生产”，并指示“国庆节前出一批车，送北京向国庆10周年献礼”。

因为送到北京的样车出现了许多问题，汽车局1958年5月开会进行了激烈的辩论，毁誉参半，但最终还是同意试制。

红旗CA72的设计原则是“仿造为主，适当改进，自主设计”，但究竟如何设计，一汽厂里出现了不同意见。

孟少农认为，轿车的高级程度，不能光看车的大小，即使是给领导人乘坐，也不是越大越好，而应该有合适的宽敞度，更重要的是要有优良的性能，乘坐舒适，可靠耐用。

尽管多数人支持这个意见，但最后仍然受限于当时厂最高领导要求轿车宽大的主张，实际设计的 CA72 还是过高、过大，显得特别笨重，比第一辆 33 天做出的红旗车更加宽大。

虽有不合理之处，但作为一汽自行设计车身的初步尝试，较东风仿制阶段又前进了一步，而且还不仅于此。

内外造型体现了民族风格，水箱面罩采用中国扇子型，保险杠防撞块为云纹形，尾灯仍采用宫灯形，沙发面料是杭州云纹织锦，地毯采用中国手工地毯。

值得一提的是，仪表板和窗框均采用精选的木纹材料装饰，使用福建大漆赤宝砂工艺上色。在汽车内饰上使用中国民间工艺，在世界汽车历史上尚属首例。

受限于当时中国极低的汽车制造水平，一汽就是靠匠心完成了各种不可能的任务。比如，现在几秒钟就可以压出来的一部车身，那时要靠第一代轿车钣金工人们用一把剪刀、两个锤子（木锤和铁锤）敲打数天甚至十多天才能完成。当时最高技术级别的工人为 8 级工，而做红旗轿车的工人的平均技术级别为 6.8 级。

更令人敬佩的是，在苏联专家认为搞不出的情况下，一汽研发出了压缩比为 7.5、容积为 5.6 升、马力为 200 匹的 V8 发动机。它是利用克莱斯勒和凯迪拉克两车发动机之所长，做适当改进而成的。

后来成为一汽第四任厂长的李刚当时负责发动机攻关。他说，V8 发动机采用的技术堪称 20 世纪 50 年代的超一流技术，除了美国三大汽车公司顶级豪华车采用 V8 发动机之外，苏联也才刚刚在领导人乘坐的海鸥轿车上采用。

研发过程中碰到的许多问题都是国内无人碰过的技术难题。比如，发动机的液压挺杆的试制品在发动机高速运行时，只有两分钟的寿命，而这只是高级轿车制造过程中众多问题中的一个。

为了赶上为新中国成立10周年献礼，1959年的“五一”劳动节，一汽召开了全厂2000人参加的五级干部会议，专题讨论轿车生产和关键质量问题。会后，一汽组织了323个攻关突击队，其中全厂性重点突击队32个。

当时总厂成立了以孟少农副厂长为首的、有各分厂技术副厂长参加的技术领导小组，每周二、周五开会，听取各突击队汇报，研究解决措施，作出决定。

在全面突击质量问题的同时，庞大的生产准备工作也以不可思议的速度进行着。最终，1959年9月中旬，经过5个回合的局部改进与技术攻关，一汽装出了47辆CA72红旗轿车。

这些车的其中2辆检阅车参加新中国成立10周年阅兵式，6辆参加国庆游行，而部分中央首长也就此换车。同时，红旗轿车服务站在北京成立，这个机构后来成为一汽驻京办。

“面对这么多问题，提出这么紧迫的进度要求，也只有在那个年代才能为广大群众所接受。”后来的一汽副厂长范恒光说，“1959年真是不平凡的一年。”

独立阵地

参加完新中国成立10周年的庆典后，1960年，红旗CA72接连参加莱比锡博览会、摩洛哥展览会和大马士革展览会，一时声名鹊起。

各方用车需求随之而来：国务院机关事务管理局要为部长级领导配车；外交部要为礼宾司和驻外使馆配车；国际贸易促进会要求首先满足出国展览的需要。

一机部给一汽下达了生产200辆红旗车的正式任务，后又增加100辆，用于接待建党 40 周年邀请的外宾。

虽然红旗 CA72 陆续完成生产准备并正式投产，但这么大的订单对于刚刚开始生产轿车的一汽而言，根本没有能力承接。

CA72 轿车零部件 4657 种，其中自制件 3488 种。它们除极小部分有专门的加工阵地外，大部分是穿插在解放牌卡车的生产线上生产。

1959 年全厂保“红旗”，但 1960 年，中国正在进行新一轮的“大跃进”，解放牌卡车的需求日益增多，要多产红旗车，解放车就得停产。

一汽车身分厂沈曾华对范恒光说：“对不起，我现在要保证吃饭产品，吃饭产品都自顾不暇，红旗生产任务，我保证不了。”

与此同时，很多零部件的质量也不过关，合格率极低。比如，手刹车蹄片，投料 1000 辆份，只能选出几十辆份合格件；液压挺杆，毛坯合格率不到 1/10。

1959 年 9 月底送给中央首长乘坐的第一批红旗车，因问题太多，后来都陆续转给其他机构使用。一机部部长段君毅的压力非常大。

1960 年 5 月 6 日，生产处给厂领导写报告称，从去年国庆节后，红旗车的生产条件一个月比一个月困难，但任务量却一个月比一个月多，每月都完不成计划。

报告称，“全厂搞红旗的同志开始产生消极情绪，想脱离‘红旗’岗位，1959 年建立起来的为数不多的红旗阵地，也在迅速缩小、解散……”

结果，1960 年计划生产 300 辆红旗，实际只生产 61 辆，而且这 61 辆车中大部分用的车身是 1959 年生产的。1961 年仅生产了 1 辆，红旗车产量跌入谷底。

当时，身为一汽生产处轿车科科长的范恒光焦头烂额。他希望把厂内搞红旗零件加工的设备和人员都集中到轿车车间去，再充实补齐，成立一个专门生产红旗轿车的独立阵地。

对此，干红旗的人都赞成，基层单位领导却普遍反对。最终在王少林的推动下，总厂答应了范恒光的要求。1960年2月6日，轿车车间成立。次年4月22日，还成立了推动这一工作的轿车联合办公室。

经过一年的努力，原来分散在发动机、底盘、车身、附件等车间生产的1268种零部件和机电分厂生产的液压变速箱都封闭到轿车车间生产。

这时的轿车车间基本上具备了红旗车零件的冷加工工艺，在提供铸锻件毛坯的条件下，可以独立生产出发动机、变速箱、底盘、车身和车架等大总成。

1962年4月，轿车联合办公室在完成上述任务后宣告解散，大部分人员充实到轿车车间的干部队伍中去。

红旗车生产有了初步的流水线加工形式，即机床排列起来，用手工加模具的方式生产，外形用模具，小的翻边都用手工。

1962年6月，轿车车间升格为轿车厂。后为提高设计红旗三排座轿车的效率，总厂把设计处负责红旗设计开发的人员以及协作件采购、销售服务等职能也纳入轿车车间。

这些人员包括史汝楫、吕彦斌、程正、李棣华、杨建中、朱子智、智百年、冯锦炜、华福林、李兆瑞、关俊峰等老一辈技术专家。

至此，一个完全理顺了各种关系，基本上能够独立设计、试制、批量生产和进行销售服务的红旗轿车阵地就建立了起来，逐渐从1961年只生产了一辆车的窘境中走出来。

定为国车

1960年，红旗轿车在1月参加摩洛哥展览时，第60号红旗车被摩洛哥国王穆罕默德五世看中。

1960 年 9 月 30 日，一机部正式下达赠车任务，强调“这是一项政治性任务…… 确保质量稳妥…… 交货时间最迟不得超过 11 月底”。

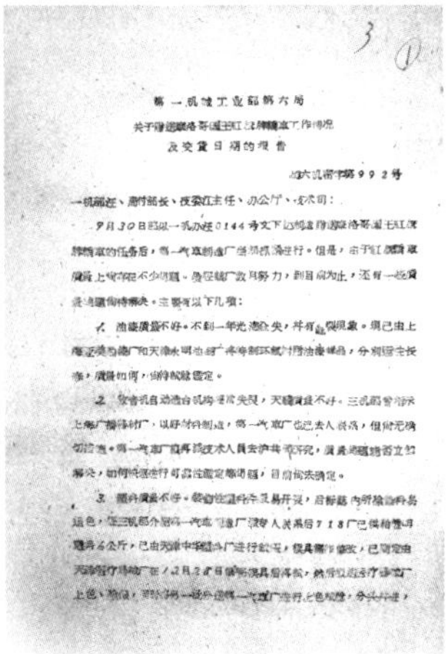
第一机械工业部第六局

及交货日期的报告

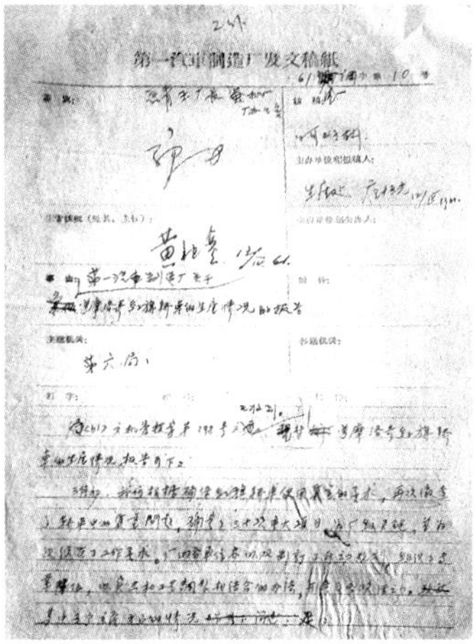

一汽关于送摩洛哥红旗轿车的生产情况报告，1961 年。

从当时的情况来说，一面是赞美声不绝于耳，特别是几辆车在国外展出以后；另一面是质量问题越查越多，大家普遍认为这样的轿车让外国元首使用不可靠。

一汽决定再搞一次质量攻关活动，同时请求有关部门协助解决协助件质量问题。

为了这辆车，一汽严格规定，装车零件必须是质量攻关复查的合格零件，许多合格零件被扎上红头绳甚至包上红纸单独保管。遗憾的是，最理想的零件却总是装不出合格的总成。

交车日期被允许改到1961年5月末，直到12月底，装车成功，送到北京前还按规定进行了1200公里的行驶试验。但当年2月，摩洛哥国王就已去世，车被留在了外交部当礼宾车。

1961年对红旗轿车来说意义重大。这一年，红旗轿车在生产方面做成了两件大事：一是建立了独立的轿车加工阵地，二是终于制造出了“国王车”。

通过这辆车，全厂认识到了红旗轿车质量问题的严重性，并在实际工作中开始了比较扎实的攻关工作。当时的统计数据是，通过这辆车解决了大小质量问题227项、协作产品质量问题63项。

“这数目确实不小，但对当时的红旗轿车来说也只是一部分，仍然有不少问题等待进一步解决。”范恒光说。

1962年，红旗轿车到大连、沈阳、丹东等地进行试验，把国家规定的里程、各种路面的可靠性、驾驶性能等全面试验完毕，通过国家鉴定，可以正式量产。

当年6月，周恩来总理来一汽视察工作，参观了当时的一汽轿车厂，并乘坐了改进后的红旗轿车，认为红旗轿车的质量确实已经改观。

在周总理的安排下，这辆红旗轿车被运到北京。1962年12月31日，这辆车首次用于接待外宾——锡兰总理。这是为了展示新中国的工业成就，同时也为它成为国家礼宾车埋下了伏笔。

当时中国正处于“三年严重经济困难时期”后的调整期，红旗车生产基本处于停滞状态——1962年只生产了7辆，1963年生产了10辆。

但质量攻关工作一直在进行。1963年，一汽列出了要攻克的30项质量问题。这些问题的产生大多是因为当年试制时，有些零件未经过台架试验，也没有进行生产准备。比如，按照国际标准，发动机气阀弹簧的寿命是100万次，但最初装在红旗车上的发动机气阀弹簧的寿命只有4.6万次。

在研究解决质量问题的同时，订单很快也来了。从20世纪60年代开始，中苏关系逐渐恶化，中央领导的苏制座驾面临一无配件来源、二无新车来源的境地。

1963年10月20日，一汽决定加大红旗CA72产量，尽快将中央领导乘坐的吉尔115、111全部换下来。一汽编制了在三年内实现年产43030辆汽车的规划，那个“30辆”的零头就是红旗车的产量。

一个插曲是，正当红旗车生产在大好岁月中逐步推进时，突然传来轿车厂要迁往北京的消息，这在一汽引起轩然大波。当时曾经做过东风小轿车车身、后来任一汽轿车分厂厂长和总厂副厂长的李中康说，所幸这个消息后来自生自灭了。

1964年5月，中央指令要求一汽生产20辆红旗轿车参加新中国成立15周年庆典，并正式确定红旗车为国车。

4个月后，20多辆红旗车生产出来，被送往北京。经过北京市公安局车辆科的检查后，这些车随即被交给首都汽车公司进行为期10天的严格试车。

1964年9月26日，红旗轿车进行了最后一次决定性的试车，对比测试的轿车有苏联的吉斯车和吉姆车，司机全部由首都汽车公司的司机担任。

下午5时，车队从首都汽车公司场地出发，先到北京首都机场，然后从那里按照正式接待外宾的路线开到建国门，又以每小时10公里的速度开到天安门广场，再以低于10公里的速度绕天安门广场一周，之后继续开往钓鱼台国宾馆。

这次测试的结果是，所有红旗轿车都顺利开到设在钓鱼台国宾馆里的终点，而苏联轿车则出现了小毛病，有的水箱开了锅，有的发动机温度高，熄火后不能立即启动。

试车后的第二天下午2时，国务院秘书长召集试车人员听取情况汇报，红旗轿车获得一致好评。从此，红旗高级轿车开始成为国家礼宾车。

第一次正向开发

1964年6月，一机部部长段君毅到一汽视察。他在轿车厂说："中央领导同志坐老（CA）72肯定不行，它是两排座，另外质量也不大好，要上三排座，给中央领导换车。"

随后，中央下令要一汽在1965年10月1日前试制出一辆具有先进水平的三排座红旗高级轿车，也就是后来成为经典的红旗CA770。

实际上，从1960年开始，一汽已经开始在CA72型二排座轿车的基础上开发三排座轿车了。

第一次加长了400毫米，但制出后全车显得太长，使得CA72已显笨重的造型更加笨重。后来又在不加长的基础上重新布置三排座，但后座舒适性太差。

最终，因原设计不适合改成三排座，八次试验全部失败。这使一汽认识到，若想使三排座车型成功，应重新总布置。

中央要求的任务急，总厂副厂长王少林还是坚持在二排座轿车的基础上改，因为觉得时间不够，"完不成中央的任务怎么办"？

时任轿车厂厂长王振反对，最终他成功坚持了自己的意见。

当时郭力已于1964年8月调往北京，刘守华接任厂长。主管轿车厂的直接领导是王少林。

一汽想尽办法从香港买到了一辆劳斯莱斯，又搞到了陈毅乘坐的奔驰600，以它们为样车开始设计，这时离国庆节还有不到半年的时间。

考虑到北京小胡同多，三排座轿车车长定为5.98米，而劳斯莱斯车长为 6.2 米、奔驰 600 车长为 6.4 米，但这两辆车上的中隔墙、自动升降隔音玻璃都一应俱全，而且还有活动的中排座。

1965 年 3 月，通过 7 个 1 ∶ 5 的油泥模型的造型比较，一汽最终选择中央工艺美术学院毕业生贾延良设计的 CA770 造型方案。

CA770 造型突破了CA72 原来的“大、平、正、方”的效果，而是想达到从任何角度看都能看出动感的效果。贾延良说，中国车就应该往前冲。在设计时，他借鉴了抽象的明式家具线脚，一反那种简单使用民族符号的理念。

这部车不仅是贾延良汽车设计的巅峰之作，也是迄今为止，中国汽车设计的巅峰之作。意大利汽车设计大师乔治亚罗甚至因此在后来给贾延良的信中称他为“中国汽车之父”。

不光是造型经典，CA770 还首次采用了当时世界上先进的框形车架结构。1953 年毕业于清华大学动力机械系汽车专业的杨建中领导开发的 5.6 升 V8 发动机将压缩比提高到 8.5，马力增加到 220 匹。

另外，这款新车采用了1959 年做CA72 时不敢使用的液压自动变速箱，后来还独创了双套双管路气顶油加力装置，以确保刹车安全。

在“为生产三排座立功”的口号鼓舞下，1965 年 9 月 12 日，第一台红旗 CA770 试制完成。经历了6 个年头，红旗实现了第一次换型。

为了验证整车的可靠性与耐久性，这辆车还到漠河和海南进行了寒带和热带气候以及各种路况试验。

为了测试极限速度，总装车间工人吴洪业冒着生命危险被捆绑在驾驶座椅上，驾驶 CA770 达到 160 公里的最高时速。

为了检验整车安全性，一汽还联合北京汽车制造厂进行碰撞试验。在木制假人身上涂颜料，观察最终的碰撞位置及伤害程度。

红旗 CA770 不仅是一汽，也是中国汽车第一辆正向开发的量产轿车车型。它无论是在布置上、结构上，还是在安全可靠性和舒适性上，都接近当时先进国家的大型轿车设计水平。

一机部部长段君毅看后说："是比两排座好看了些。"副部长周子健说："不是好看了些，是好看多了。"

国务院秘书长周荣鑫则说："这车不错，你们明年出一批，以后每年出20辆，地方上一个省给一两辆就行了，不要多，多了就不珍贵了。"

1965年年底，红旗CA770三排座高级轿车正式定型。第二年"五一"劳动节前夕，第一批20辆红旗CA770被送到北京，供中央政治局以上领导乘坐。

当年，在彭真同志的建议下，红旗CA770车身上的代表总路线、"大跃进"和人民公社的"三面红旗"侧标改为了一面红旗，代表毛泽东思想这一面大旗，"文革"期间又恢复三面红旗。

1971年，红旗CA770完全取代了苏联的吉斯、吉姆轿车。

顶峰

1965年9月，段君毅第一次看完红旗CA770后下发指示，"马上写一份简报送中央"，"下一步要着手搞专车，要搞更高级的"。

更高级的就是中央政治局常委乘坐的防弹汽车，它对车身、发动机、底盘还有玻璃、轮胎有特殊需求。

1966年1月，后来型号为CA772的红旗三排座保险车的生产任务下达。

不久，"文化大革命"开始，即使是在这个时期，负责CA772专案的人员也基本上做到了"外面枪林弹雨，里面锤声不断"。

1969年4月10日，红旗CA772型高级保险车问世。整车重4930公斤，车身防弹装甲厚度为4～6毫米，防弹玻璃厚度为65毫米，轮胎被子弹击中后可继续行使100公里。

由于车重需要增加功率，一汽将发动机排量增加到6.5升、功率达到250匹。中南海要求“上八达岭不换挡”（直接爬13度坡），V8发动机马力又提升到300匹。在它的驱动下，保险车最高时速能达130公里。

第一辆保险车由林彪乘坐。“913”事件后，林彪乘坐这辆车从北戴河向山海关机场逃跑。据说，警卫战士向车辆开枪射击，但车辆完好无损，也间接地对保险车进行了一次检验。

1972年9月，毛泽东坐上了第7号保险车。这辆车再也不用像以前那辆吉斯车一样，需要在后备厢里装一大桶冰块用来降温。在这辆车的后座扶手上，还装了一个小小的痰盂罐。

尼克松访华时，他在中国境内乘坐的就是红旗三排座保险车，这对于美国总统来说史无前例。在很长一段时间里，“见毛主席、住钓鱼台和坐红旗车”成了外宾访华的最高礼遇。

红旗三排座保险车一共生产了12辆。至此，红旗轿车成为无可争议的国内唯一的、无可取代的国车。红旗车在声誉上和地位上都达到了顶峰。

红旗CA770主要是给正省部级以上的官员乘坐，那么其他官员座驾谁来考虑？上海牌轿车盯住了这个细分市场，红旗对此也有过尝试。

“文化大革命”期间，红旗轿车的乘坐者从“四副两高”（国家、国务院、人大、政协的副职加高检、高法），扩大到省部级领导。

1967年，一汽为外交部开发两排座车型CA771。CA771相比CA770来说，轮毂尺寸变小，同时对后三角窗、后车门和后翼子板进行了重新设计，车门由对开式变为顺开式。CA771总共生产了127辆，主要供全国各大重点城市的政府机关使用。

1968年12月，简装版CA773小三排座轿车诞生。它是在轿车厂设计科全部设计人员下放到车间劳动之际，总装车间部分工人自行改进的结果。

简装版 CA773 取消了中隔墙，减小了后备厢尺寸，轮毂的尺寸也变得更小，车长比 CA770 减少了400 毫米，整体车重更轻，油耗相对更小。不过该车并没有通过正规的科学试验检测，1969 年开始投入生产，到 1976 年停产，累计生产了291 辆。

1972 年，外部尺寸略小于 CA770，但内部尺寸不减少，而且性能指标更高的 CA774 新三排座轿车开始设计。

就在那年，一汽向一机部上报扩大生产阵地、形成年产 200 辆红旗生产能力的报告。

1973 年 4 月 17 日，一机部批准了这项报告，而且在批准后的不久又下令红旗阵地应按年产 300 辆扩建，总投资额 3150 万元，实际投资还超出 464.86 万元。

1974 年，轿车厂扩建试验组，增加人员和设备，共设道路试验、总成试验、发动机试验、电测仪表试验、测功机试验等试验组。

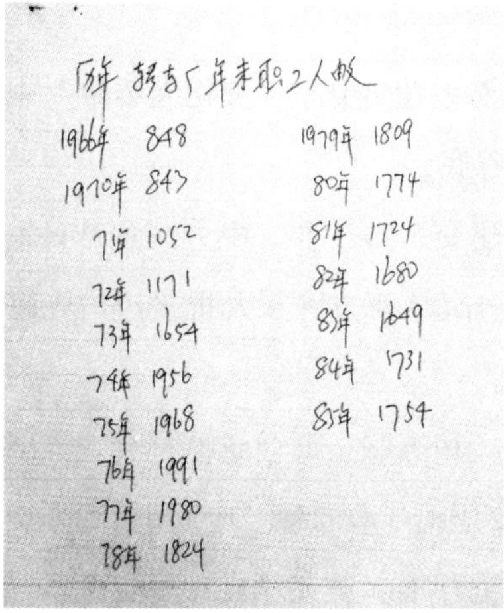
历年 轿车厂年末职工人数

1966年	848	1979年	1809
1970年	843	80年	1774
71年	1052	81年	1724
72年	1171	82年	1680
73年	1654	83年	1649
74年	1956	84年	1731
75年	1968	85年	1754
76年	1991		
77年	1980		
78年	1824		

范恒光 2016 年提供的部分年份一汽轿车厂职工人数。

1975年9月20日，年产300辆扩建工程全部完工，包括红旗轿车车身、总装、机械加工、冲压、铸造厂房，以及分散在热处理厂、铸模分厂、配件分厂、坐垫弹簧厂、车轮分厂的小阵地工程。

红旗产量达到156辆，成本59811元，创历史上产量最高、成本最低的新纪录。

1976年，轿车厂引进日本汽车底盘模拟测功机成套试验机。1985年，为使底盘模拟测功机配套完善，又引进发动机净化测试设备——排气分析仪。

一汽设计处车身科首任科长吕彦斌说，轿车厂设计科大大加强了试验手段，使轿车各总成试验可以不委托当时的设计处，自行试验。

扩建后的轿车厂呈现出一片新气象，产能提高，人员增加，从1000人左右扩到近2000人，大有大干一番的劲头。

跌落谷底

正当CA774即将完成定型的时候，形势发生变化。“文化大革命”末期，国门渐渐打开，红旗突然从顶峰跌落谷底。

美国总统尼克松访华后，1972年中日建交。1973年，中方同意从日本进口一批轿车——这是新中国成立后第一次从西方国家大批量进口先进轿车。

首批引进的是200辆第四代丰田皇冠。和苏联、波兰这些社会主义国家的轿车相比，这些车令人耳目一新：真皮座椅、收音机、电动车窗、8声道立体声音响、磁带式录音机、中控锁应有尽有，做工精良，性能可靠，而且还十分省油。

而当时扩大到省部级领导使用的红旗CA771和CA773，是在“文化大革命”期间开发的，相对于CA770来说，已经是简配。内饰尽量简化，空调也被取消，但发动机的排量并没有改小，油耗惊人。

即使最经典的CA770，和国外同类型轿车相比，也存在一定差距，主要是小毛病多，可靠性差。1970年罗马尼亚总统齐奥塞斯库访华游览长城回程时，红旗保险车刹车突然失灵这件事也在当时被广为传播。

在这样的历史环境下，一汽轿车厂开始开发红旗CA774三排座高级轿车。这是一汽轿车厂独立自主开发轿车整车的又一次实践。

贾延良具体负责CA774的造型，他在保持CA770挺拔姿态造型基因的基础上，采用了当时流行的棱角挺拔风格。

其中最经典的一款是1975年完成组装的红旗CA774-4E。它汲取了奔驰600普尔曼以及凯迪拉克的引擎制造技术后，技术亮点极为突出：机械喷射加十字曲轴V8自然吸气引擎，四轮独立悬挂，四轮盘式刹车，四速自动变速器，内饰全面软化，空调系统冷暖合并以利操纵并节省空间，冷暖风内流、外流任意选择。一汽甚至为这款车预研了可变式空气悬架系统。

与CA770相比，红旗CA774-4E内外尺寸相近，但重量却明显降低。杨建中在不大改工装设备的基础上，将发动机功率从220匹提升到240匹。

有人甚至感叹，1975年，中国的汽车设计达到了巅峰，此后中国再也没有一款能跟世界接轨的超豪华轿车问世了。

从1972年到1980年，CA774一共进行了5轮设计，共制造出6辆车，有一辆还进行了承载式车身的尝试。

然而在进行前面4轮设计时，当时第一机械工业部军管会军代表李水清没有认可CA774车型的设计。他把贾延良骂了一通，说：“你怎么设计红旗的？你怎么把解放军的红领章放到车屁股上了？怎么把冰灯放到前面了？”

1978 年，贾延良考上研究生离开了一汽。第二年，程正继续第 5 轮设计，他设计出了 CA774-5E。同年，两名设计师和部分工人在 CA771 的基础上设计了白色车身、两排座椅的 CA774C 轿车。

这些车被送到北京审查后没有得到反馈消息，或许是因为当时中央领导已经没有了当年换车的紧迫性需求，而进口轿车之风即将刮起。

1980 年 1 月，国家计委、机械委在国内汽车生产调整计划中，要求停产一批不适宜再生产的汽车，部分转产，部分逐渐改进，要求红旗 CA770 到 1985 年必须完成更新。

1980 年 5 月，轿车厂利用 CA770 主要车身覆盖件再次进行改型尝试，采用了方形前大灯与后灯，修改了水箱面罩与前后保险杠造型，将车厢顶盖压平，使车身显得低平紧凑。

1981 年 5 月 14 日，《人民日报》突然刊登国务院下达的“第三号节油令”，其中提到“红旗高级小轿车因油耗较高，从今年6月起停止生产”。

实际上，1980 年除了将 60 辆 CA770 整车在制品下线外，此后再无生产。

当时，中国正值一次国民经济大调整时期，经济决策部门把汽车列为“限产，封车，以推进节约能源”的项目，明确提出限制汽车工业发展，实行“封车节油”的对策。

后来，饶斌曾经争辩说，四抬轿和十二抬轿就不一样，四抬轿用人少，十二抬轿人就要多。车子大，自身重，耗油当然就高些，但是和国外同类车比，并不算多。

CA770 轿车 1981 年被要求停产的原因是它达不到国务院节能“第三号节油令”要求的轿车油耗 13L/100 公里。CA774 比 CA770 虽然轻些，发动机功率约提高 43 匹，然而根据 1981 年的国务院节油令，它注定胎死腹中。

1984 年 8 月，中央财经领导小组在北戴河召开会议。这次会议提出，近期不发展成本高的高级轿车，要大力发展质量好、成本低的中档以下的经济型轿车。

会上，当时的国务院主要负责同志支持一汽为解放牌卡车换型，但并不支持 200 辆红旗的技术改造，反而在听到一汽党委书记徐元存说生产红旗赔钱时表示，“你干一辆赔一辆，干脆就不要搞了”，“已经定的检阅车可以继续做，做完就不搞了”。

饶斌问：“以后这个事怎么办？”这位主要负责同志说：“以后就进口吧。”红旗就这样处在了历史的拐点上。

历史的回响

作为中国独立自主开发的高级轿车，人们对红旗从 1958 年到 1981 年所创造的巨大价值、对中国汽车工业的历史性贡献的认识并非那么清晰，当年国务院主要负责同志“赔钱就不要干了”的看法也并不公允。

首先，它是不是赔钱？

据一汽内部统计资料显示，从 1959 年到 1981 年停产令止，一汽共生产红旗车 1491 辆，共投入 1.055 亿元（1958 年的投入没有计入），销售收入为 5406 万元，总亏损 5144 万元。

从试制样车，进行技术质量攻关，到生产出将近 1500 辆各种型号的高级轿车，还建立了一个生产阵地（300 辆阵地以前的小阵地），这么多年总共花了一亿多元，应该说是少之又少。

黄兆銮后来回忆说，徐元存书记说生产红旗赔钱是希望总理能提高购买价格，至少获得上层的体谅和支持，谁知事与愿违。

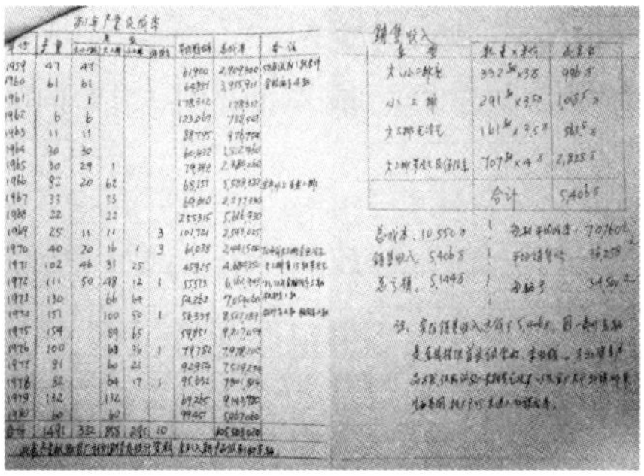
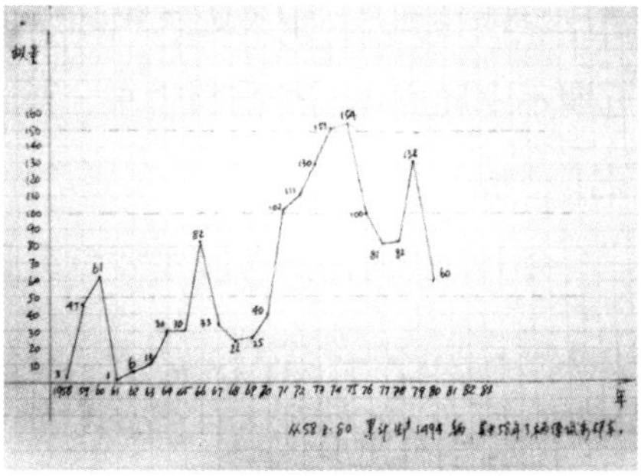

范恒光 2016 年提供的历年红旗
产量及成本核算。

再看红旗高级轿车的售价：CA72 两排座定价 3 万元，CA771 新小两排座定价 3 万元，CA773 小三排座 3.5 万元，CA770 大三排座不装空调 3.5 万元、装空调 4 万元，CA772 防弹车 8 万元。

红旗车是国家用车，当时没有进入市场，每年生产多少、什么型号、什么价格，都由国家规定。红旗高级轿车成本最低的 1975 年，每辆车的成本为 59811 元。

中南海曾买过一辆外国防弹车，花了100 多万元，后由于底盘太低不能用，而红旗防弹车才 8 万元一辆，定价不合理是红旗亏损的重要原因。曾经是一汽轿车厂厂长的范恒光说，还有一个原因是“究竟有多少车要来了钱，根本说不清”。

其次，质量究竟如何？

范恒光认为，红旗从生产到停产的 23 年里，保证了中央领导同志的用车和国事用车，而且基本没出大问题。

最大的一次事故是罗马尼亚领导人齐奥塞斯库访华时，一辆红旗车撞到树上，导致一个部长的膝盖受了伤。后来公安部复查时发现刹车没问题，最后公安部也没定性，没有把这个责任落在一汽头上。

范恒光说："我们自己心里还是有数的，认为刹车可能有问题，因当时红旗车是用真空加力器刹车，后来改用双套双管路汽顶油刹车，之后红旗刹车问题就不大了。"

但不得不承认，红旗小毛病很多。20世纪80年代初，一位中央领导外出时，他的红旗轿车在行驶中突然冒烟，不得不中途换车。他对此很有意见："红旗生产这么久了，质量还是上不去，这样的车还生产它干什么？"

公允地说，红旗高级轿车当年出的很多问题，如果放到现在恐怕不算什么问题，比如冷气压缩机被烧坏、车轮轮辐开裂等。这些问题协作厂就能够解决，但当时红旗车用到的一切零件几乎都要一汽自己解决，不仅100%国产化，而且几乎是垂直一体化生产。

红旗CA770全车5612件零部件，一汽轿车厂生产3454件，一汽内部单位生产1148件及毛坯265件，国内协作生产才745件。

在中国那个年代的工业和技术水平下，如孟少农所言"小学生做大学生的作业"，一汽已经是尽了全力了。

范恒光说："1988年上海开始生产桑塔纳，花了多少钱？国家给了多少政策？到1994年，7年时间它拿到了80多亿元的国产化基金，最后国产化率是95%。"

尽管红旗国产化不可与桑塔纳国产化的要求相提并论，但因为是为中央领导服务，它已经做到了最好水平。而且，红旗基本上都是一汽在勒紧裤腰带生产，除了1973年一机部拨款3000万元进行300辆红旗轿车阵地扩建外，国家再也没有投资过。

就在这样的情况下，一汽还研制了防弹车、检阅车、救护车、运灵车、工程车、摄影车等各种红旗高级轿车的特种车辆。恰如郭力厂长当年所说："一定要满足领导的各种需要，要像餐馆一样开出菜单，任领导挑选。"

必须承认，在23年的苦心经营下，一汽从无到有，建立了中国乘用车正规的生产阵地，初步拥有了轿车正向开发的能力，并打造了一款能够屹立于全球名车之林的CA770轿车，更重要的是为后人确立了一个名叫红旗的中国豪华车品牌。

必须明白，第一代一汽人，他们从不懂，到熟悉产品、性能、技术、工艺、生产、试验以及售后服务，为红旗的诞生和发展付出了难以想象的心血，为中国轿车工业的起步作出了卓越的贡献。

第一代汽车人的贡献之大，无论怎么形容都不为过，值得后来的人们敬佩和学习。如果说这最终还是失败，那并不是红旗的失败。

红旗轿车试制生产车型

1957–1987

CA71型东风轿车（1958年6月）

红旗高级轿车（1958年8月）

CA72型红旗轿车（1959年9月）

CA72-S1三排座轿车（1960年3月）

CA72-S2三排座轿车（1960年9月）

CA72-S3三排座轿车（1961年4月）

CA72J1红旗检阅车（1962年4月）

CA770三排座轿车（1965年9月）

CA771 二排座轿车(1967 年 4 月)

CA773 三排座轿车(1968 年 12 月)

CA770J 红旗检阅车(1971 年)

CA770JH 红旗救护车(1972 年 2 月)

CA774-2E 三排座轿车(1974 年)

CA774-5E 三排座轿车(1980 年 8 月)

CA770W 三排座救护车(1980 年)

CA630 红旗旅游车(1980 年)

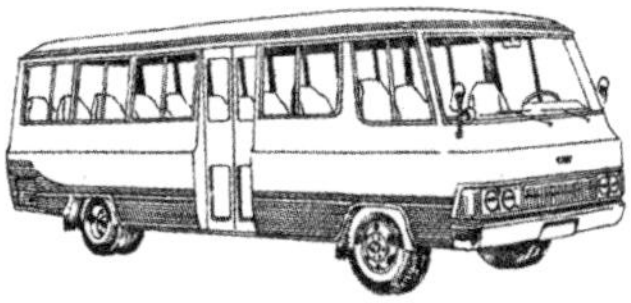

CA640 红旗旅游车（1980 年）

CA774C 红旗轿车（1980 年 8 月）

CA770 活动顶检阅车（1984 年）

CA750C 红旗轿车（1985 年）

CA760 三排座轿车（1985 年）

CA630TV 电视中继车（1985 年）

CA770D 红旗三排座高级轿车（1987 年）

第三章

停滞、倔强与失焦

大厂干小车，小厂干大车，尽快挡住进口！

—— 耿昭杰

失焦

作为一个已经有2000人的轿车厂，先前一直引以为傲的红旗高级轿车被勒令停产，红旗人内心蒙受的伤害是巨大的。

当时已是一机部部长的饶斌，作为一汽的老厂长也心急如焚：“红旗轿车不能停产，哪怕每年生产三五台也行，一停，几十年的辛劳就全白费了！”

饶斌的担心显然是有远见的。事实上，因为中央领导有检阅用车的需求，红旗这个品牌，即使没有后来的“小红旗”时代，也从来没有停止过生产。但是，当时的形势对红旗的发展确实不利。

如果说20世纪60年代开发出红旗CA770还属于紧跟全球汽车业发展变化的潮流的话，那么一汽20年后再开发出的CA774虽然比CA770有了进步，但是在见识了国外轿车的水平后，它的优势就荡然无存了。

这不是说红旗人没有殚精竭虑，而是中国长期闭关锁国和不正常政治运动导致的恶果，中国离现代化已经越来越远。

1978年10月，邓小平对日本进行了为期8天的访问，看到日本先进的工业制造技术后，受到很大震撼。在参观日产汽车君津工厂时，他说：“来到这里，我明白了什么是现代化。”

在1984年7月的北戴河会议上，一位国家领导人这么说：“一年搞那么几辆，质量又不过关，有什么意思？这是形式主义。少量用就买嘛！不然人代会要提意见，为了几个领导坐，就搞那么一个工厂。我看英国、法国也坐奔驰车，并没感到什么不体面。不要图虚名而受灾祸。”

红旗下马后的 1984 年，中国大量进口日本皇冠轿车作为公务车，领导人开始坐奔驰，国产轿车只剩下上海牌了。

曾经负责红旗 CA770 自动变速箱研发的智百年认为，红旗是“计划经济时代的政治产物”，一汽生产红旗不计成本。一旦遇到计划经济以外的市场经济时，它就必然逐步衰退，直到消失。

在智百年看来，红旗 CA774 可以说是逆世界潮流而动。“当时决策错在什么地方？还是要搞大车，只是把它的重量做得轻一点，把发动机做得更有力一点，把变速器做得更先进一点。”

“仅凭轿车厂那些人做红旗，虽力有所不能及，但还是做出来了，并且基本用上了，这已经很不错了，太难能可贵了。”智百年说，“但事情从来都是这样，没有数量就没有质量。”

事实上，在用奥迪 100 换代之前，红旗系列轿车产品在 1981 年停产前大约生产了1500 辆，加上后 10 年生产的红旗旅行车和各种变型车，整个红旗系列产品总计不超过 4000 辆。

所以，为了有市场，为了上量，智百年在 20 世纪 80 年代初，开始主张红旗要做中档车，因为如果仅仅供应给中央领导，红旗显然难以上量。但“没有数量就没有质量”的说法却有失偏颇，毕竟世界上很多超豪华轿车品牌天生难有量的突破。

其实关键问题在于，红旗是在工业基础极其薄弱的国家诞生的。在这样的环境里，即使做中档车，也难有数量和质量上的突破，就如同上海牌轿车一样，直到它停产，年产量也从来没有突破过 3000 辆，质量也是人所共知。

倘若中央领导使用红旗车的意志坚定，倘若红旗继续按照正向开发的道路前进，那么从现在往回推演，在经济不断改革开放、工业基础水平不断增强的时代里，在汽车市场容量不断增加的中国，红旗车到现在将会是怎样？

答案或许是这样的：一方面红旗会有给中央领导乘坐的顶级车型，以及普及型顶级车型，如现在的 L5，供应给商贾大佬；另一方面，还会开发智百年所言的中档车型，满足其他消费阶层对高档车的需求。

然而，历史是不可被修改的，历史自有其演进的规律。在此进程中，一汽虽然还想着振兴红旗的大业，但主要将力量放到了合资企业身上。

这也并非完全不对，因为中国汽车行业的环境使得一汽不可能独善其身，而且一汽也需要合资企业才能养活那么多人。

事实上，一汽后来通过与奥迪、大众以及其他国际品牌合资，还是为一汽培养了一批轿车行业的优秀人才，这给自主开发和红旗的发展奠定了雄厚的资金基础和协作配套基础。

只是由于后来在中国汽车市场的黄金十年继续失焦，一汽的自主品牌包括红旗表现不佳，很遗憾地错过了关键的机遇期！

CA630 解燃眉之急

1978 年 7 月 5 日，“第一汽车制造厂轿车分厂”印章启用，原“第一汽车制造厂轿车分厂革命委员会”印章作废。

当时是百废待兴的时节，又面临改革开放，在中央对红旗高级轿车的停产令发布之前，因为供给中央的红旗高级轿车始终面临政策性亏损，一汽轿车分厂已经开始寻找自身发展的更多可能性。

可能性从两个方面展开：其一是赶紧找到能挣钱的“饭碗”，那就是开发中巴旅游车；其二是研发中档轿车。

开发中巴旅游车在当时中国的市场是个热门领域。1975 年，在一无所有的基础上诞生的江苏牡丹客车一度在 20 世纪 80 年代成为中巴旅行车的龙头企业，它就是看准了这个市场。

一汽轿车分厂也看中了这个市场。1979 年下半年，他们想最大限度利用红旗轿车现有条件，开发适合这个市场的产品。

1979 年 12 月 8 日，范恒光厂长带领设计、技术等一行四人到北京、天津和上海做中巴车市场调查。他们回厂后立即动手试制，仅用 4 个月时间就试制出了第一辆 16 座的 CA630 红旗高级旅游车。

由张祥瑞和阎光寿设计的 CA630 造型继承了贾延良设计红旗 CA770 轿车的造型元素：一体式的前脸设计，将大灯组融入中网之内，贯穿整个车头；纵向密布的中网和红旗 CA770 有着家族式的相似度，而且条幅的数量也是相同的 32 根。

车标经过了重新设计，将轿车上迎风飘扬的红旗标改为带有翅膀的平面化设计。为了表明其是红旗车系列产品之一，左大灯的上方粘贴有“红旗”两字。

红旗 CA630 使用红旗 CA770 的总成技术：发动机是 4.52 升的 V8 型，功率为 165 匹；底盘改为承重能力更好的非承载式；采用 19 座设计，另外还有三个折叠座椅，总载客量可以达到 21 人。

范恒光说：“车出来后，一炮打响，看到的人都说好。到北京展出后，国家旅游总局、中央各机关都提出订货要求。一汽为此给轿车分厂发了奖状。”

中汽总公司也迅速批准该车型生产。一汽轿车分厂立即批量生产，正好补上红旗轿车停产的空缺。

这一阶段，轿车分厂不仅没有因红旗高级轿车停产而冷清，反而热闹起来。随着 CA630 的正式投产，轿车分厂的经济情况迅速改变。

轿车分厂自成立以来始终是政策性亏损，从来没有摘掉过亏损的帽子，但 CA630 投产后，一年就摘了亏损帽子，两年便扭亏为盈。

1983 年，国内兴起西装风。一汽规定，厂属各经济核算单位凡盈利的，可以给职工做一套西装。轿车分厂也给每位职工定制了一套西装，厂内洋溢着 20 多年来从未有过的欢乐气氛。

这可以说是一汽自谋生路的一个缩影。1978 年改革开放之初，时任一机部副部长周子建到长春蹲点，他明言："你一汽要改革，可以；要改造，也可以；但要钱没有，要命有一条。"

显然，这说明，除建厂初期外，一汽历史上得到的国家资金支援是少得可怜的，这对诺大的汽车产业来说，毫无疑问是一个制约。

CA630 旅游车成为红旗停产令后轿车厂的主产品，直至 1988 年 3 万辆轿车项目正式上马后才停产，以至于让人感到"整个 80 年代，轿车厂都在生产旅游车"。

1987 年，在国家旅游车、客车、轿车等厢式车质量抽查中，红旗 CA630 得到"一等品"的称号，但毕竟它是在红旗 CA770 高级轿车的基础上开发的，成本昂贵，性价比不高。

更重要的问题是，红旗 CA630 把 CA770 的两挡自动变速箱原封不动地搬了过来，这对于旅游车来说是远远不够的。

所以，整个 80 年代，含变型车（电视转播车、公安车、消防指挥车、救护车、环境监测车）在内，CA630 一共也只生产了 1167 台。

但这款车毕竟解了红旗高级轿车被迫停产后企业要继续经营的燃眉之急。史汝楫说："'大红旗'[1]下马后，总得有个可做的车型来代替它，不

1. "大红旗"是对用奥迪 100 改为红旗车前所有 D 级红旗车型的统称，但不限于此。后来诞生的红旗系列旗舰车型也叫"大红旗"，如 CA7460、L5 等。参照德国大众对汽车按照轴距长短进行分级的方法，"大红旗"属于 A00 级、A0 级、A 级、B 级、C 级、D 级六个级别中的最高级别，即 D 级。

然这批人没事干，可就不好说了。”

中档车不了了之

除了做旅游车应急，一汽轿车分厂同时尝试让轿车走市场化道路，准备开发红旗中档车。

1981 年 1 月 7 日，轿车分厂派出朱子智、智百年、马福生和徐映宾 4 人，去北京、广州、长沙、武汉 4 省市 23 个单位进行了一次全国小轿车市场调查。

此次调查得出一个结论：国民急需两排座中档轿车。回来后，他们马上做了一份产品开发建议书，要开发中档公务车，供机关、团体、部队和企业使用。

当年完成立项申请后，已经是设计科科长的智百年对进口的日产 Datsun 280C（公爵王的另一版本）、丰田第六代皇冠和宝马第一代 7 系产品 728i 等样车进行对比分析后，以 Datsun 280C 车型为基础设计了全新造型，完成总布置。

当时设计科车身组共提出 4 种造型方案进行论证，并制作 1：5 模型进行风洞试验。整车造型跟随国际潮流，风格更加中庸。

最终诞生的就是两排座红旗 CA750 和在此基础上延伸出的紧凑型三排座红旗 CA760。1984 年年初，这两种车型各装出一台样车。

在设计红旗 CA750 时，考虑了最大限度使二排座和三排座车身通用，整车设计按设计程序进行。

1984 年 4 月，智百年随以轿车分厂周永吉为首的代表团考察德国奔驰汽车，对中档车发动机前横置、前轮驱动的发展趋势进行深入了解。回国后，他在完成红旗CA750/CA760发动机前纵置后驱动的布置后，立即开始发动机前横置前轮驱动布置准备。

这款车就是红旗CA750F。它为无车架承载式车身结构，发动机前横置前轮驱动，结构以克莱斯勒1981年推出的K-Car为主要模型。而克莱斯勒K-Car所用的发动机正是一汽当时正在谈判、后来引进的克莱斯勒2.2L发动机（即488发动机）。

“试验做下来，车真的还可以。”智百年说。他强调这是红旗研发一直持续的结果，“借着红旗CA774，轿车这批人得到了锻炼和提高，否则红旗CA750、红旗CA760是做不来的。所以，‘大红旗’的功劳绝对不可磨灭。越到后面，我越觉得‘大红旗’的功劳太特殊。”

1986年5月，CA760试装成功。为了让这种新型红旗轿车在北京树立起新的形象，一汽决定把它送给原机械工业部副部长、机械工程专家沈鸿。

1986年5月18日，一汽派副厂长张瑛将车送到北京机械部大院。何光远等部领导观看了这台车，他当即表态：“一汽是全国生产轿车的重要阵地，将来生产出中高档红旗轿车，部领导要带头换车。”

1986年7月15日，红旗中档前驱动轿车CA750F开发试制完成，但不了了之。“合资大潮把一切自主开发全冲掉了。”智百年说，“更何况，当年全国进口轿车25万辆，已不容你再慢慢开发。”

有人质问：“你要做红旗CA750F，万向节从哪里来？”智百年答：“我们国家目前真的没人能做出来，可是个别零件从国外买，也不是不可以。”后来当浙江万向集团大批量生产、大批量向国外出口万向节时，他特意去拜访过鲁冠球。

现在想来，这款红旗中档车之所以无疾而终，根本原因不只是进口车大举占领市场，更重要的在于红旗轿车厂对自主开发的信心不足，准备采用直接引进国外先进产品的方法来制造下一代红旗轿车。从此以后，轿车分厂的整车造型设计陷入停滞，企业也没有把自主开发轿车作为战略规划加以实施。

这可能不只是一汽自己的想法，也是高层的普遍观点。或许这也可以解释 CA770 的换代产品 CA774 为何会胎死腹中。

史汝楫说："我们千方百计寻找样车，准备中型车的设计与试制，但由于得不到各方支持，国家有关部门还是希望先进口，暂时不自主生产，所以没有结果。"

此前，对于一汽开发第二代红旗三排座高级轿车，国家有关部门已经显出信心不足。早在 1976 年，汽车局甚至为一汽安排了和德国保时捷公司合作开发 CA774，但因为保时捷更多的是跑车车型，不是一汽所希望的车型，谈判没有取得结果。

1987 年 3 月，一汽在轿车厂召开领导专家会议，智百年代表轿车厂做报告，提出要引进中高档前轮驱动轿车。按照第六任厂长耿昭杰的意见，决定引进道奇 600 来开发红旗轿车。为了确定这个车型，当时他已经对 6 个国家的 20 种车型做了反复比较。

耿昭杰是一汽历任厂长中的又一位传奇人物。他 1954 年从哈尔滨工业大学毕业后，来到建设高潮中的一汽，当过设计员、工程师、铸造厂党委书记、汽车研究所所长，直到成为总厂副厂长。1985 年 6 月，他接替黄兆銮任厂长。

当年大干第一辆红旗轿车的时候，耿昭杰以技术员的身份参与了一个小电机的仿制。他掌舵一汽后的头件大事，就是在轻型车的掩护下，开始做生产轿车的准备，首先征地一万亩。

1986 年 9 月，以生产轻型车为名建设的二厂区开工仪式低调举行。耿昭杰决定寻找一个现成的发动机，既可以装轻型车，也可以装轿车。

耿昭杰说："造轿车，必须有好的发动机，从头干，贻误时机，先引进一个发动机干起来。"他挑中了克莱斯勒废弃的488发动机。

但488发动机事实上并不先进，而且这个时候引进道奇600开发红旗轿车，加上中档车项目CA750F的无疾而终，预示着未来很长的时间内，红旗失去了独立正向研发的机会。

深圳产夭折

其实，在决定直接引进国外现成车型前，或者说在1981年《人民日报》那则停产令发布之后，一汽还有过一次将红旗CA770市场化的尝试，但最终未果。

1983年9月28日，中国汽车工业公司总工程师陈祖涛带一汽厂长黄兆銮和副厂长范恒光去田纪云副总理处开会，领来了要为邓小平生产两辆新中国成立35周年阅兵式上用的防弹检阅车和一小批提高性能的红旗CA770（即后来的CA770G）的任务。

1983年9月30日，一汽向中国汽车工业公司上报了"红旗"技术改造引进建议书，意在保持红旗轿车庄重、大方、具有民族风格的外形前提下，购买国外较好的发动机、变速箱、刹车总成以及附配件改造红旗轿车。

1983年10月10日，中国汽车工业公司上报田纪云副总理。10月22日，田纪云专门召开了生产活动篷检阅车（用于新中国成立35周年的国庆检阅）和红旗轿车改造问题的汇报会。

会上，田纪云说："改造红旗和研制第二代红旗这个路子我是赞成的，我们这么个大国总得要搞一些王牌车。红旗牌子不能丢，但质量要提高。全靠自己力量有困难，可以进口一些'内脏'，自己的车子过了关，就可减少进口。”

这次会上，中办副主任杨德中说：“党和国家领导人还得用红旗车，恢复名誉我赞成，现在方案是好的，进口‘内脏’来得快。”

1983年11月3日，一汽党委书记徐元存给胡耀邦总书记写信，要求国家就红旗改造和开发第二代红旗轿车问题给予支持。

曾经的一汽轿车厂副厂长、经常送红旗车去北京的崔洪松说：“当时厂里已经没有条件生产红旗轿车了，停产以后只生产旅游车了。但中南海提出的任务，我们必须完成，务必保质保量，按时交车。”

经过4个月的努力，几乎全轿车厂技术人员都参加了，对已经诞生将近20年的红旗CA770进行了技术改造。

美国福特5.8升大马力发动机和三挡自动变速箱装了进去；动力转向机及角度可调的安全转向柱和方向盘换上了；子午线轮胎用上了；电动门窗玻璃、喷水洗窗器也有了；自动选台、带自动天线的收音机，还有车载无线电话也配备了。

这些举动较大幅度地提升了红旗轿车的动力性、操控性、乘坐舒适性和燃油经济性。

1985年6月底，红旗CA770改造完成，定名为CA770G。一共试制了两台，一台是准备送到北京的左舵车，另一台是准备送到广交会展出、适合在香港开的右舵车。

1985年9月，以一汽深圳联合有限公司的名义生产的红旗轿车在长春制成。它与原来的红旗车的唯一区别是在侧标下面铸有“深圳”两个字的拼音字母。

1985年10月10日，第一台改造后的红旗CA770G由轿车厂厂长关俊峰带队开往北京。他们走访了中汽总公司、一机部、公安部八局、外交部礼宾司、国务院机关事务管理局等用车单位，主要领导亲自接见，试乘样车。

李刚、陈祖涛、何光远、杨德中、王兆国和胡启立等领导分别试车。一机部部长周子健试乘样车后意味深长地说："这车改得好。你们保留红旗生机，我谢谢你们……"

1985年10月17日下午，胡耀邦从外地返京时，该车前往机场迎接。沿途，他说："我举双手赞成恢复红旗轿车生产"，"质量要搞上去，不能再抛锚了"。

回到中南海住所后，胡耀邦仔细观察了汽车内外部，问："哪些东西是外国的？"司机打开发动机盖，当介绍到发动机是美国产品时，胡耀邦面有不悦地说："心脏部分都用外国的，都是我们自己的就好了。"

"为了发动机可靠工作，先整个进口，以后一年啃掉一点，用几年时间，逐渐替换下来。"司机这样解释。

胡耀邦听到这里说："很好嘛，那就这样吧。"然后他告诉秘书："这车我坐过了，很好，还要让先念、启立、李鹏、兆国他们也坐一坐，看一看。"

几乎与此同时，1985年10月15日，右舵红旗CA770G由冯锦炜护送南下参加第85届秋季广州交易会，定价4万美元。

这是红旗轿车由计划分配走向市场的首次公开亮相，成为这次广交会上的一大热门。与红旗车合影成为参观者的渴求，只有少数宾客被允许进入车内。

如果这部车能够在深圳的一汽深圳联合有限公司生产并就此走向市场，或许也能在一定程度上改变红旗轿车的命运。

一汽深圳联合有限公司1984年上半年由一汽轿车分厂同当地特发公司共同成立，轿车分厂负责承建。1958年就参与红旗车试制的冯锦炜是具体负责人，是他建议一汽总厂将红旗轿车转移到深圳组装。

此举可以利用深圳当地的免税政策和毗邻香港的有利条件，引进重要零部件，组装整车，出口香港。这样，一来可以让红旗轿车继续生存，二来还能获得可观的经济效益。

很快，中国汽车工业公司也批准这一计划，并发文给深圳市政府，补报红旗轿车落户深圳计划。1984 年 12 月 17 日，深圳市政府已经批复同意合资兴办，使红旗轿车生产合法化。

大约一年后，1985 年 10 月 15 日，红旗 CA770G 到了广州，但最终还是没能在深圳组装，原因或许在于上层领导已经对在一汽恢复生产红旗轿车有松口迹象。

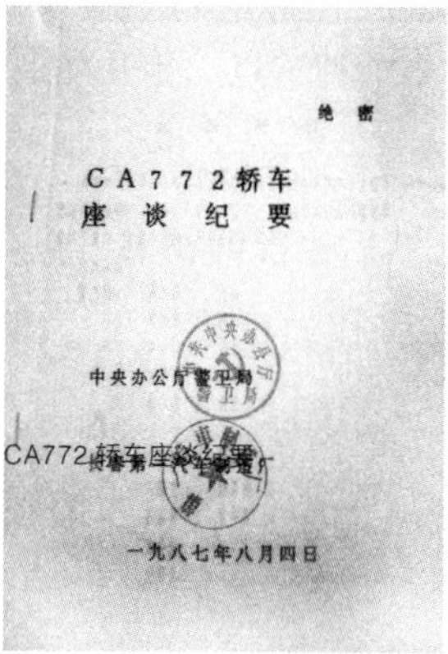
绝密

CA772轿车
座谈纪要

中央办公厅警卫局
长春第一汽车制造厂

一九八七年八月四日

CA772轿车座谈纪要

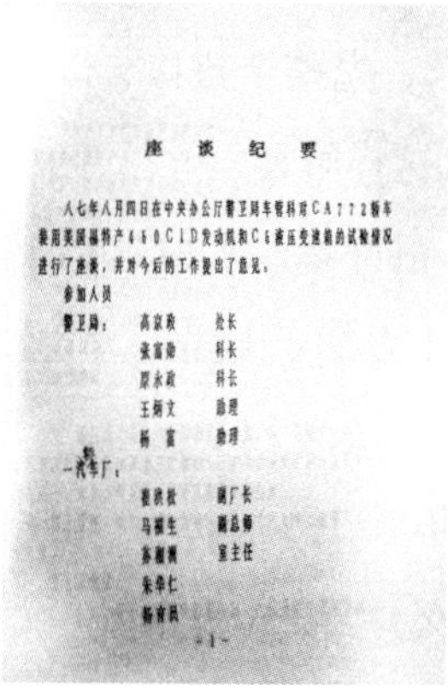
座谈纪要

八七年八月四日在中央办公厅警卫局车管科对CA772轿车换用美国福特产460C1D发动机和C6液压变速箱的试验情况进行了座谈，并对今后的工作提出了意见。

参加人员

警卫局：高京政　处长
张富勋　科长
原永政　科长
王炳文　助理
杨富　助理

一汽车厂：
崔洪钦　副厂长
马福生　副总师
苏树楠　室主任
朱华仁
杨育民

-1-

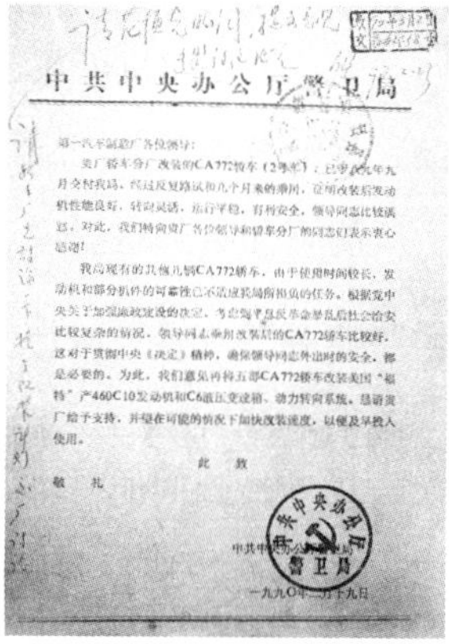
中共中央办公厅警卫局

第一汽车制造厂各位领导：

贵厂轿车分厂改装的CA772轿车（2号车），已于八九年九月交付我局。经过反复路试和几个月来的乘用，证明改装后发动机性能良好，转向灵活，运行平稳，有利安全，领导同志比较满意。对此，我们特向贵厂各位领导和轿车分厂的同志们表示衷心感谢！

我局现有的几辆CA772轿车，由于使用时间较长，发动机和部分机件的可靠性已不适应我局所担负的任务。根据党中央关于加强廉政建设的决定，考虑到平息反革命暴乱后社会治安比较复杂的情况，领导同志乘用改装后的CA772轿车比较好，这对于贯彻中央《决定》精神，确保领导同志外出时的安全，都是必要的。为此，我们恳请再将五部CA772轿车改装美国“福特”产460C10发动机和C6液压变速箱、动力转向系统。恳请贵厂给予支持，并望在可能的情况下加快改装速度，以便及早投入使用。

此致

敬礼

中共中央办公厅警卫局

一九九〇年[illegible]月十九日

1985 年 11 月 29 日，中国汽车工业公司就 CA770G 恢复生产，建议作为中央乘用车一事上报中办。次年 1 月 21 日，得到中办答复：从中央领导同志目前乘坐轿车的实际情况来看，不便大批更换为 CA770G，初步考虑 1986 年可改装两辆 CA772 型避弹车和一辆 CA770 型轿车。

1986 年 12 月 20 日，CA770G 恢复生产准备工作基本就绪。为此，一机部多次召开会议，要一汽恢复红旗生产，并呼吁全国为红旗协作配套的单位再为红旗出力。

这批车让轿车厂忙活了好几年，一共装出50多辆，成为红旗停产后的又一曲弦外之音。直至1988年，一汽与大众签约合作，外商停止发动机等零件供应，CA770G被迫停产。

后来，一机部部长段君毅要求不仅要提高性能，还要改进CA770的造型，由此产生了CA770D。

红旗CA770D由轿车厂副总工程师王柏龄设计，他想在最大限度利用CA770原车身零部件的条件下，融入当代流行的方形前大灯与后灯造型。最终，CA770D改变头尾，保留中部，内饰为软化设计，增设饮料柜。

1987年12月，第一辆红旗CA770D-1E样车完成；1988年7月14日，第二轮试制完成；1988年9月24日，第三轮试制完成后，CA770D-3E发往北京，请领导审查，未果。

另一种说法是，这辆车最终未果的原因是有厂领导说："我就是不爱这个车！"

这就让人想起1987年7月沈鸿给耿昭杰的信中的话："我乘坐着这辆轿车（CA760）去参加全国人民代表大会，在人民大会堂前面，停了黑压压的一片外国车，其中只有一辆是国产的，就是我乘坐的红旗轿车。"

在那个时代，喜欢中国车的人不多了。

奔驰插曲

这时，一汽干轿车的重心已经在于是引进道奇600还是奥迪100做3万辆轿车先导工程了。而这之前，红旗也已经走上了直接从国外汽车公司引进车型的道路，当时正在谈的是奔驰轿车项目。

1984—1988 年这段时间，一汽领导频繁出国考察汽车工业。他们去日本考察，想跟丰田或者日产合作，但都被婉言拒绝。很明显，日本的汽车公司只喜欢出售整车到中国，不愿意转让车型。

1984 年 2 月，一汽同中国汽车工业公司形成一个利用联邦德国奔驰公司高级轿车改造红旗的方案。设想的出发点是，奔驰是世界名车，车身宽、马力大，改防弹车容易，而且外形同红旗极其相近，只要将前部、尾部稍加改动就可实现国家领导人的意愿。

中国汽车工业公司遂正式邀请奔驰公司来华商谈。

1984 年 2 月 23 日，戴姆勒技术中心国外部派出两人到长春；5 月 20 日，奔驰公司派出更高级别的人员和中方在北京举行第二次会谈。在第二轮会谈中，奔驰公司副总裁还致信饶斌，表示愿与中方合作开发新型红旗轿车，并希望尽快得到中方的答复。

1984 年 12 月，在北京经过第三轮谈判后，中德形成了合作意向书。

整个工程分三期进行，采取技贸结合方式，车型选定奔驰 123 系列中的 200 型、230E 和加长型三种，SKD、CKD[2] 组装 1000 台，德方提供焊装线、油漆线设计，以及总装线和一部分工装夹具，总费用367万马克（当时 1 西德马克等于 1 元人民币）。

第一期使用奔驰商标，同意在车身侧面加上“长春制造”标志。第二期德方将提供 400 套冲模，待德方进行售后服务 3 ~ 4 年后，再提供余下的 175 套冲模，其费用是 400 万马克。

同时，商议利用奔驰长轴距轿车改造红旗的方案细节，并带来了奔驰

2. KD 的全称是“Knocked Down”，是“散件组装”的意思，按照国际通行说法，简称“KD”。一般而言，KD 有三种形式，难易程度由高到低分为 CKD、SKD、DKD。CKD（Complete Knocked Down）为全散件组装；SKD（Semi-Knocked Down）为半散件组装，一部分总成是现成的；DKD（Direct Knocked Down）为直接组装或者成品组装。

设计专家设计的改造红旗的 5 种外形效果图。

此次会谈内容得到中央财经领导小组秘书长张劲夫的支持，他希望尽快确定合作事宜。张劲夫当时是中央财经领导小组秘书长。从 20 世纪 80 年代开始，中央财经领导小组成为中国经济的核心领导部门和经济改革的决策部门。

1984 年 10 月 1 日，新中国成立 35 周年庆典用的检阅车受到了肯定，这给红旗车打了一针强心剂，也稍微平复了一下一汽人因北戴河会议上被要求停产而受伤的心情，同时推动了一汽加快对外合作的步伐。

1985 年 1 月 19 日，一汽和奔驰公司签署了第一期工程合同和 1000 辆车与散件的销售合同。但是，钱从哪里来？

随后，中国汽车工业公司给国家物质总局发公函，随函附上饶斌给张劲夫的信。公函的中心意思是，既然张劲夫同意并批准通过投资结合的方式引进奔驰技术且购买 1000 辆车与散件的项目，为加速实现 CKD 组装，尚需 336 万美元购买三条简易生产线和工装，请张劲夫批示解决。

1985 年 5 月 29 日，国家计委副主任柳随年给田纪云副总理报告，认为改造红旗项目虽好，但不符合 1984 年要求红旗停产的北戴河中央财经小组会议精神，但领导已批，计委只能执行。

1985 年 6 月，国家外经贸部批给中汽进出口公司 993.6 万美元购买 828 辆（去掉整车 172 辆）奔驰散件的外汇，订货部门是国家物质总局。

1985 年 7 月，德方积极准备散件发货和工程支援，而一汽积极准备轿车分厂的工厂改造。但是由于国家外汇紧张以及体制和机制原因，直到 1987 年 2 月 16 日，国家才正式确认取消二期工程，同意一期工程，同时开具信用证给奔驰。

此前，为了确保奔驰项目和轿车分厂的改造能够顺利进行，一汽曾经准备将组装项目放到深圳的一汽深圳联合有限公司进行。

他们当时判断国家有关方面还没有看清技贸结合的重要性，还没理解改造红旗的重要性，还没算清只装828辆是经济上的重大损失，拿到深圳去装是希望有朝一日他们可能明白过来，或者经济好转时会有重大突破。

但有人反映一汽这么做是不负责任的，段君毅听到这个事情后很气愤，结果一汽只能遵命将组装项目从深圳转回长春。

1988年3月，轿车分厂正式开始组装。1989年4月，828辆奔驰车组装完毕。

其间，事情一度有了转机。

1988年6月，国务委员陈俊生经邹家华部长转告中国汽车工业联合会[3]，“国家准备近两年要用红旗轿车逐步替换掉国家领导人乘用车，对红旗现存薄弱环节要做些改进，一时解决不了的关键部件可以进口。请尽快拿出几个方案，以便答复国务院”。

中国汽车工业联合会规划处迅速给一汽发传真，耿昭杰厂长任命林敢为总工程师，并让他拿出方案。林敢的一个方案仍然是利用奔驰轿车改造红旗轿车，因为劳斯莱斯、福特和奥迪的高级轿车都和红旗不一样，无法轻而易举改造。

1988年6月22日，一汽和奔驰公司恢复接触，准备重启二期工程。奔驰公司方面表示，有把握用奔驰124系列长轴距轿车改造红旗，并要从设计、造型、样车、测试等方面给予技术帮助。但不知因为来自何方的意见，两个月后，这一方案又被否了，一汽与奔驰公司合作的项目彻底结束。

参加与奔驰公司谈判的原轿车分厂总工程师赵静岩说：“借助国外名车改造红旗，使红旗真正成为高水平的名牌车并不丢脸，相反，乘坐国外

3. 原为1982年成立的“中国汽车工业公司”，是将汽车作为产业部门的一次体制改革的重要尝试，旗下管理的企业包括一汽、二汽和南汽（南京汽车制造厂）等。1987年改为“中国汽车工业联合会”，后一汽、二汽从中脱离。1990年，它转化成具有行业服务性质的“中国汽车工业协会”和主要包括南汽在内的“中国汽车工业总公司”。

名牌车才丢脸。”

哈恩的胜利

在赵静岩看来，放弃与奔驰合作的机会是一个很错误的决策，“因为仅仅从400套车身模具折合人民币400万元来说，就等于白送。有了车身模具，只要适当改头改尾，加上合适的底盘和发动机，红旗真就成为国产名牌车了”。

但是当时另一派认为，当时主流的车型都是前轮驱动，新红旗也应该是前轮驱动。但奔驰车都是后轮驱动，这就代表落后，所以不同意用奔驰车来改。何况准备引入的几款车型均已停产，为什么要用别人停产的车型来改红旗？

这两派的意见看似针锋相对，但实际上还是一个思路，都是要用别人现成的车型，基本放弃了正向开发红旗CA770和CA774甚至后来的CA750F的想法。

在与奔驰合作项目彻底无望的时候，1987年8月，一汽与克莱斯勒公司正式签署合同，购买对方在墨西哥的一条闲置的小型车发动机生产线，也就是年产30万台2.2升萨蒂诺的488发动机生产线。

耿昭杰为此亲自飞到墨西哥。他对这条生产线十分满意，因为它的产品既可以装在轻型卡车上，也能装在轿车上。

当时，克莱斯勒公司有一条道奇600轿车生产线也正准备淘汰，这款车的“心脏”正好是488发动机，耿昭杰决定把这条生产线一并买下。为此，在1987年9月22日，他派出以副厂长李治国为首的8人代表团，准备一举签下道奇600车型E车身技术转让协议。

代表团成员还包括吕福源、李中康、范恒光三位副厂长，是历次赴美代表团中人员规格最高的一次。临行前，耿昭杰明确指示，没有时间再拖下去了，必须让美方迅速作出反应，一切决定由代表团全权衡量。

此前，1987 年 5 月，耿昭杰在湖北省十堰市召开的首届中国汽车工业发展战略研讨会上提出“大厂干小车，小厂干大车，尽快挡住进口”的主张，一汽的轿车战略是从中高级车起步的，现在向下发展。以老厂为依托，轻、轿结合，分期实施，先建年产 3 万辆的轿车先导厂，挡住进口，进而瞄准国内、国际市场，建成符合经济纲领的大规模轿车基地。

面对 1985 年爆发的汹涌的进口汽车潮，国家已经敏锐地在 1986 年 4 月公布的第七个五年计划中，第一次将汽车工业确定为支柱产业。

而此时的一汽经过 3 年艰苦奋斗，已经用 4.4 亿元自筹资金，顺利完成解放牌卡车的换型工作。1987 年 1 月 1 日，CA141 下线，结束了 30 年的卡车一贯制，产量由 6 万辆提高到 8.5 万辆。耿昭杰开始有精力全力以赴生产轿车。

1987 年 6 月 19 日，李鹏副总理亲自带领计划委员会、经济贸易委员会和机械工业委员会三委主任来一汽调研轿车发展问题。会议确定了以一汽轿车厂为先导厂，引进外资，开发 CA750 型中高档轿车，并形成 3 万辆生产能力的发展方向。

耿昭杰再一次表示了挡住进口的决心。1987 年 7 月 1 日，一汽将《关于从 3 万辆先导厂入手，建设 15 万辆轿车生产基地的报告》上报给国家计划委员会。

1987 年 7 月 15 日，一汽举行解放卡车下线 30 周年庆典，厂长饶斌特意赶来。会上，他突然激动地讲起了轿车：“我老了，无法投身中国汽车工业的第三次创业。但是我愿意躺在地上，化作一座桥，让大家踩着我的身躯走过，齐心协力把轿车造出来。”

1987年8月12日下午，北戴河，李鹏在听取了中国汽车工业联合会理事长陈祖涛关于发展轿车的汇报后，将第一汽车制造厂、第二汽车制造厂和上海汽车拖拉机工业联营公司确定为中国轿车建设的三个基地。自此，中国汽车工业有了战略性转移，即转向轿车。

会议要求一汽主要生产排量1.8升以上中级和中高级轿车3万辆（包括少量红旗），然后依靠“滚雪球”方式发展到15万辆。

很快，国家计划委员会印发《关于审批第一汽车制造厂生产中级、中高级轿车项目建议书的请示》，业经国务院批准，照此执行。

1987年9月18日，轿车厂召开3万辆改造工程动员大会，厂长耿昭杰、书记李玉堂、工会主席韩贵友参加大会，轿车厂厂长、轿车改造工程总指挥郑尧章发布一号命令。

无疑，耿昭杰的压力巨大，如果不能迅速搞定车型，这一切如何展开？于是在克莱斯勒公司怠慢一汽代表团，并且突然漫天要价之时，他迅速抓住大众集团碰巧送过来的奥迪100的橄榄枝。

1983年投产的第三代奥迪100（内部代号C3，奥迪的第3代C级车）是世界上第一款风阻系数达到0.3的量产轿车。就所有准备同一汽合作的车型来说，这是唯一一款当时离退市还有一段时间的产品。但是，一汽已经购买了克莱斯勒488发动机。

1987年10月20日，大众集团CEO哈恩（Carl H. Hahn）博士飞到长春，同耿昭杰直接对话。他们可以将488发动机装到奥迪100上，如果中方认为满意的话，那么整车技术转让、提供白车身制造技术以及专用冲模都可以做到。

就在那个月，一汽在汽车工人文化宫隆重召开了以上线轿车、轻型车为主要标志的第三次创业誓师大会。

耿昭杰说：“一汽不干轿车，状况不堪设想，可能已经垮了。我们国有企业人员太多，包袱太重，卡车救不了一汽，也救不了二汽。所以在我的任期里，要极力把一汽从卡车时代推向轿车时代。要干轿车，就必须跟人家合资。”

1987 年 11 月中旬，3 辆装有克莱斯勒 488 发动机的奥迪 100 样车空运到北京。同月，国务院正式批准一汽轿车工程立项。

这一年，轿车分厂设计科撤销，并入长春汽车研究所，也就是后来的一汽技术中心。当年轿车厂的一条完整汽车研发生产链条开始被打破。

1988 年 5 月 17 日，一汽与奥迪合作技术协议正式签订，一汽以许可证和 CKD 组装方式生产奥迪 100，期限为 6 年。当月，国家又批准了年产 3 万辆轿车先导厂的可行性研究报告。7 月 15 日，第一汽车制造厂纪念建厂35 周年暨轿车起步动员大会在一汽二厂区隆重召开。

这一系列举措拉开了奥迪在中国辉煌灿烂的序幕，但对于红旗来说，却意味深长。

为奥迪让路

毫无疑问，耿昭杰带领的一汽抓住了中国轿车起步期的机遇。

1989 年 2 月，作为年产 3 万辆轿车先导厂的先导，8000 辆奥迪 KD 生产阵地开始建设，它需要焊装、油漆、总装三条生产线。

尽管有人呼吁要为红旗产品留下阵地，但是当时的一汽似乎并无条件再找其他厂房。而且为了能够迅速出车，只能利用当年 300 辆红旗轿车生产基地。

也就是说，新建奥迪这三条生产线，要破坏一个在现有 3 万多平方米建筑面积上建立起来的旧的轿车厂。

这里布置着近30年来经过不断改进和完善的红旗轿车和红旗旅游车的焊装、油漆和总装三个生产阵地。

这里还有为了装配奔驰轿车而刚刚建设起来的还在使用的焊装、油漆和总装三个制造阵地。

为了生产奥迪，这里的各种设备、夹具、工位器具，以及配套的各种材料和仓库物质，从空中的天车到地上的提升装置，都要被清理出去。

唯一给红旗留下余地的是，按照当时的改造计划要求，奥迪KD装车使命完成后，这里将成为红旗CA630旅游车的生产阵地。

正因为如此，20世纪70年代主管基建的柳殿栋副厂长说，300辆红旗轿车生产基地是一汽乃至整个中国汽车工业在发展轿车产业上的一个承上启下的工程。

1989年8月1日，第一辆奥迪100轿车下线，当年组装了1922辆。投放市场后，市场需求巨大，成为我国公务用车的换代产品。

当时一汽的说法：奥迪轿车肩负着挡住进口产品、发展民族汽车工业的重任。这符合1987年6月19日时任国务院总理李鹏在一汽调研时所说的"发展轿车主要解决公务用车"。

但是，李鹏那次调研确定一汽要"引进外资，开发CA750型中高档轿车，并形成3万辆生产能力"，可一汽一开始并没有开发红旗品牌的中高档轿车，而是先推出了散件组装的奥迪车。

现在可以这么说，这么做挡住了进口车，却让奥迪品牌登堂入室，先声夺人，而红旗的发展几乎可以说是停滞的。

20世纪80年代的最后一个年头，当奥迪在轿车厂的老基地里组装的时候，轿车厂的研究人员提出"3年恢复红旗计划"，即缩短战线，集中人、财、物搞好一辆红旗90型样车给中央领导。

许多1958年参与红旗研制的老同志又开始上阵：对故障率高的部件进

行改进设计；用国外零部件，大大提高整车的可靠性；车的动力性和经济性指标也得到改善；时速到百公里从 21 秒降低到 17 秒，油耗降低到 20 升以下。

1991 年 5 月 13 日，红旗 90 型样车送到北京。中国汽车工业公司总经理蔡诗晴说："红旗是国车，不保留红旗还保留什么？红旗外形真好，30 年不见老。"

1991 年 5 月 29 日下午，时任中共中央总书记江泽民在中南海观看了红旗 90 型样车。蔡诗晴反映国务院机关事务管理局等八大用户一致建议保留红旗。江泽民也赞成要恢复生产，恢复红旗的名誉和形象，让红旗车为国争光。

当年 6 月 24 日，轿车厂进京人员向总厂汇报了红旗 90 型样车送审情况。一汽作出"恢复红旗轿车生产"的决定，并提出了"一厂两制"的实施计划，在抓好奥迪生产的同时，兼顾红旗生产。

此后，一汽向中国汽车工业公司正式递交了以年产 30 辆的规模恢复红旗轿车生产的报告。

1992 年 4 月，中汽总公司和一汽总厂明文指示要恢复红旗 CA770 的生产，但停用超过 10 年的设备已经老化，工装模具部分锈蚀损坏，原有协作网络已经失去，毛坯、协作产品很难找到合作厂家，技术骨干由于退休或者调动，力量已经相当薄弱。

经过一年的努力，CA770 终于又被生产出来。1993 年 3 月 22 日，一汽恢复生产后的第一辆红旗高级轿车，被浙江省新昌县农民企业家王文千买走。

但这款车终究由于质量不过关，随后不得不暂停生产了。后来的情况是每年做一辆所谓改进型的样车来证明"大红旗"还没有死，94 新型、95 新型和 96 新型就是这样的产物。

1991 年下半年，一汽开始在西厂区新建 3 万辆奥迪轿车生产工厂。这就是后来的二轿厂。

1992年元旦，轿车厂一分为二。为确保二轿厂尽快上奥迪轿车生产线，分家时，一切都优先二轿厂，人力、厂房、设备，甚至办公用品、桌椅板凳。时任一轿厂厂长关俊峰说："分家后，我们几乎什么也没剩下，只剩下一口志气了……"

度日如年

一直到1995年6月把克莱斯勒488发动机装进奥迪100里的红旗CA7220型轿车（也就是俗称的"小红旗"）投产，红旗轿车才开始了真正的复产，但某种"诅咒"似乎已经附体。

1992年元旦分家之后，800多人的一轿厂自谋出路，关俊峰重新成立产品技术科，一年中搞了三次"百日大会战"。

他们开发出了红旗皮卡、CA7221型"小红旗"轿车和加长232毫米的"小红旗"CA7221L型加长型轿车三种型号。

这些车是一轿厂利用奥迪100车身，将一汽生产出来的488发动机倾斜15度角，与德国012变速器匹配安装的结果。

1993年11月26日，4台CA7221型"小红旗"轿车在广州天河体育场举办的全国汽车展销会上备受欢迎。

这是新一代"小红旗"第一次在公众面前亮相。据称，不到半天时间，订货1000辆。

但是当时的一轿厂的装备和工作环境都是令人担忧的。1994年5月，高长春从一汽车轮厂副厂长位置升任一轿厂厂长。他当时见到的工厂是这样的情景：

陈旧的厂房，零散地分布在一里地长的一条曲线上；办公楼的楼下、车间里不时传出钣金工叮叮当当敲打零件的声音，原始的手工操作，像一个小作坊；工装落后，设备横七竖八，不少都处于闲置状态，落满了灰尘……

一些工人没活儿干，三人一群、五人一伙地聚在一起抽烟闲聊；有少部分人忙活着一台新型“大红旗”轿车，说是急着送北京参展；还有一些人在试制“小红旗”加长型轿车……

工厂显得没有多少生气，给人一种异常凄凉的感觉。

一轿厂唯一能称作会议室的是一个老干部活动室，设在油库的楼上。它也是以简陋的办法改造而成的，狭窄而又陡峭的铁楼梯，加上油库门洞光线暗淡，上楼都得格外小心。

会议室不大，几十把折叠椅上坐满了人，高长春就是在这样的环境下举行了他到任的第一次会议。

两张小方桌拼成一个会议主席台，室内烟雾缭绕。进入这个会场，高长春茫然了，号称祖国轿车工业摇篮的老厂，怎么还像革命的老区？眼前的场景让他想起当年上山下乡时生产队开会的场面……

高长春很快在全厂安排了一次“我是红旗人”的演讲会，但下面交头接耳的声音越来越大，主持人强调几次都无济于事，最后几名演讲人简直是声嘶力竭地喊着讲。这些都让新厂长茫然失措。

耿昭杰对此似乎并不慌张。他要求一轿厂做好奥迪100基础上的“小红旗”产品的开发和试制工作，不断开发各种变型车，用多品种占领市场。同时，保持和发展“大红旗”，一旦渡过难关，就要千方百计把“大红旗”发展起来。

依计而行，“小红旗”加长型轿车成了不少省市政府机关的公务用车。运钞车和殡仪车也被开发出来，当时为了证明有市场，居然还去全国多个

▶ 1958 年 5 月 12 日清早，我国自己生产的第一辆小轿车—— 东风 CA-71 轿车诞生。随后，这辆车开进了八大主会场边上中南海怀仁堂前的小花园。1958 年 5 月 21 日下午 2 时 40 分，毛泽东在会议间隙观看并乘坐。

▲ 1952 年 4 月，郭力被任命为代号 652 厂、初定名长春汽车厂的第一任厂长。后他推荐年轻的饶斌为厂长，自己出任副厂长兼总工程师。郭力是东风轿车项目负责人，图为他在 1954 年 6 月在莫斯科实习时参观红场。

▲ 1958 年 2 月 13 日，毛泽东视察一汽时向陪同视察的厂长饶斌询问：“什么时候能坐上我们自己制造的小汽车？”饶斌是中国汽车工业的奠基人，一汽、二汽的创始人之一，享有“中国汽车之父”的盛誉。

◀ 1957 年 5 月，第一机械工业部正式给一汽下达试制轿车的指示。一汽最终确定以法国 Simca 汽车的 Vedette 为骨架基础，采用奔驰 190 发动机，试制东风轿车。图为 1958 年 5 月 14 日一汽试制的东风小轿车送到北京。

▶ 1958 年，郭力（左一）、马诚斋（左二）、孟少农（右二）、方劼（右一）在东风轿车前。

◀ 1958 年 4 月底，东风轿车在一汽设计处试制车间进行总装。一汽副厂长、副总工程师孟少农（中）在一汽设计处看车。左一为中国汽车设计界最早的女性汽车造型人员艾必瑶，左二为设计处车身科设计师陶本光、左三侧身为车身科首任科长吕彦斌，孟少农身后为印尼归侨、工程师林水俊。

▲ 1958 年 8 月 2 日，庆祝我国第一辆高级轿车“红旗”诞生的命名大会在一汽共青团花园召开，近两万名职工和家属参加大会。第一辆红旗车不能真正量产，造型曲面和样车变化也不大，粗糙、幼稚，但它开创了红旗的历史。

◀ 在第一辆红旗诞生的 7 个月后，1958 年 9 月 28 日，中国第一辆正式生产的红旗检阅车装配生产完毕，连夜送京，为国庆 9 周年献礼，但未被使用。同期生产的另外一辆检阅车参加了当年在长春举行的国庆游行。

▲ 1958 年 10 月，一汽决定重新按程序设计红旗，即最后定名为 CA72 的两排座高级轿车。这是我国第一款真正量产的红旗高级轿车。图为红旗 CA72 宣传图片。

◀ 1964 年 5 月，红旗正式确定为国车。图为位于北京的民族文化宫外停放的中央领导乘坐的红旗 CA72 轿车。

▲ 为了抢在北京同行前面造出高级轿车，第一代一汽人打破东风试制过程中先出图再按图制造的做法，而是采用了边出图、边制造的做法，油泥模型也只来得及完成全尺寸一版。

▲ 1960 年 2 月 6 日，一汽轿车车间成立。1962 年，红旗 CA72 轿车生产有了初步的流水线加工形式，即机床排列起来，用手工加模具的方式生产，外形用模具，小的翻边都用手工。

▶ 1959年2月，为了红旗CA72的生产，一汽派出李中康（左二）和王少林（右二）先后考察苏联李哈乔夫汽车厂和捷克斯洛伐克的斯柯达汽车厂、太脱拉汽车厂。太脱拉轿车产量不大，尤其是它采用的"钣金机械化"，为小批量生产红旗提供不少帮助。

▲ 1959年9月中旬，一汽装出了47辆红旗CA72轿车，其中2辆检阅车参加新中国成立10周年阅兵式，6辆参加国庆游行，而部分中央首长也就此换车。图为送第一批红旗进京的一汽部分成员。

▲ 参加完新中国成立 10 周年的庆典后，1960 年，红旗 CA72 接连参加民主德国莱比锡博览会、摩洛哥展览会和大马士革展览会，一时声名鹊起。图为红旗轿车参加莱比锡博览会。

◀ ▲ 1965年3月，通过7个1:5的油泥模型的造型比较，一汽最终选择了贾延良的造型方案试制出具有先进水平的三排座红旗CA770高级轿车。上图为造型评审现场，左边三图为CA770全尺寸油泥模型。

◀ 红旗CA770造型突破了CA72原来“大、平、正、方”的效果，达到了从任何角度看都能看出动感的效果。贾延良在设计时借鉴了抽象的明式家具线脚，一反那种简单使用民族符号的理念。图为贾延良和CA770的合影。

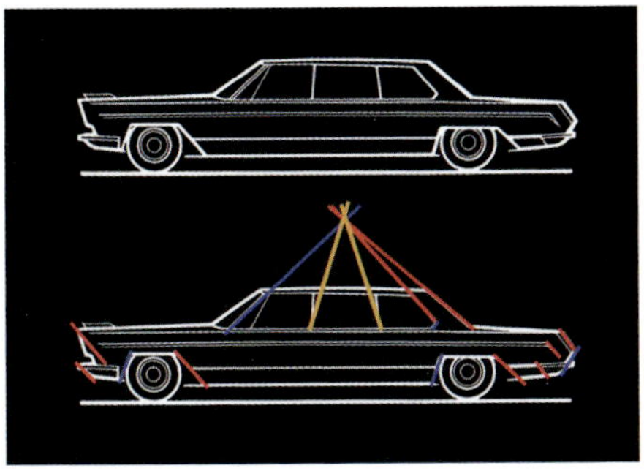

▲ 红旗CA770是贾延良汽车设计的巅峰之作，也是迄今为止，中国汽车设计的巅峰之作。▶ 2008年，意大利汽车设计大师乔治亚罗在一汽参观红旗文化展馆时测量红旗CA770。

▲ 红旗 CA770 不仅是一汽，也是中国汽车第一辆正向开发的量产轿车车型。它无论是在布置上、结构上，还是在安全可靠性和舒适性上，都接近当时先进国家的大型轿车设计水平。图为一汽轿车设计人员在画主图板。

▲ 在“为生产三排座立功”的口号鼓舞下，1965 年 9 月 12 日，第一台红旗 CA770 试制完成。经历了 6 个年头，红旗轿车实现了第一次换型。图为赶制三排座轿车的一汽员工合影。

▲ 1965 年年底，红旗 CA770 三排座高级轿车正式定型。图为 1966 年“五一”劳动节前夕，第一批 20 辆红旗 CA770 下线，它们被送到北京，供中央政治局以上领导乘坐。

▲ 为了检验整车安全性，一汽还联合北京汽车制造厂进行碰撞试验。在木制假人身上涂颜料，观察最终的碰撞位置及伤害程度。左图为红旗 CA770 轿车使用说明手册，右图为一辆红旗 CA770 轿车。

▲ 20 世纪六七十年代，各国政要纷纷来华访问，“坐红旗车，住钓鱼台国宾馆，会见毛主席”成为他们来华三件事。1962 年 12 月 31 日，锡兰（后来的斯里兰卡）总理西丽玛沃·班达拉奈克夫人访华，成为第一位乘用红旗车的外国首脑。

▲ 1984 年 10 月 1 日上午 10 时，在国庆 35 周年规模盛大的阅兵式上，邓小平乘坐红旗 CA770TJ 型特种检阅车检阅三军。1984 年 11 月 3 日，邓小平亲自签发《嘉奖令》，表彰一汽轿车厂为国庆检阅车的研制所作出的贡献。图为红旗 CA770 设计师贾延良手绘的这辆检阅车。

▼ 1972 年，性能指标更高的红旗 CA774 新三排座轿车开始设计，这是一汽独立自主开发轿车整车的又一次实践。贾延良在保持红旗 CA770 挺拔姿态造型基因的基础上，采用了当时世界流行的棱角挺拔风格。图为贾延良手绘的 CA774 造型。

▼ 1979 年下半年，一汽轿车分厂想最大程度利用红旗轿车现有条件，开发适合中巴市场的产品。CA630 旅游车成为红旗停产令后轿车分厂的主产品，直至 1988 年 3 万辆轿车项目正式上马后才停产，以至于让人感到“整个 80 年代，轿车厂都在生产旅游车”。

◀ 1982 年，一汽以进口的日产 Datsun 280C 为基础开发了两排座红旗 CA750 轿车，它考虑了最大限度使二排座和三排座车身通用。当时设计科车身组共提出 4 种造型方案进行论证，整车造型跟随国际潮流，风格更加中庸。左二是邱良彪，左三为程正。

◀ 在红旗 CA750 基础上延伸出的紧凑型三排座红旗 CA760。1986 年 5 月，CA760 试装成功。为了让这种新型红旗轿车在北京树立起新的形象，一汽把它送给原机械工业部副部长、机械工程专家沈鸿。

▲ 1987年8月，一汽被列为我国三大轿车基地之一，并确定了发展轿车的方向。1987年9月18日，轿车厂召开了3万辆轿车先导工程起步动员大会。图为1988年7月15日，万名职工聚集在二厂区隆重召开第一汽车制造厂建厂35周年暨轿车起步动员大会。

▲◀ 1987年3月，一汽在轿车厂召开专家会议，决定引进道奇600来开发红旗轿车。此前，一汽已经对6个国家包括奥迪100在内的20种车型做了反复比较。图为1986年9月，耿昭杰（驾驶者）和他的同事们在吉林明城机场试驾道奇600和其他车型的场景。

► 1989 年 8 月 1 日，第一辆奥迪 100 轿车下线，成为我国公务用车的换代产品。1995 年，奥迪 100 结束了为期 6 年的 CKD 组装生涯。1996 年，奥迪 100 的化身——小红旗开始在二轿厂生产。

► 1988 年 5 月 17 日，一汽与奥迪合作技术协议正式签订，一汽以许可证和 CKD 组装方式生产奥迪 100，期限为 6 年。它拉开了奥迪在中国辉煌灿烂的序幕，但对于红旗来说，却意味深长。图为耿昭杰和德方签约后举杯欢庆。

◄ 1997 年 6 月 18 日，一汽轿车股票在深圳证券交易所挂牌交易。

火葬场进行了一次调研。

为了保持和发展“大红旗”，一轿厂1994年研发出了CA7560加长版车型CA7560LH，共生产20辆左右，主要在特殊场合使用。

红旗CA7560可以被看作红旗CA770系列衍生车型的最后一款。随后，一汽再也没有在CA770的基础上打造红旗轿车。

此前在1992年9月，一轿厂开发出了一台红旗CA770Z新车型。这一做法似乎在贯彻饶斌在听闻红旗车被勒令停产时所发出的呼喊。

1995年，一轿厂实现了总厂要求它三年扭亏为盈的使命，全年实现利润2248万元。但这还是属于小打小闹。

同时，奥迪100结束了为期6年的CKD组装生涯。当年11月，奥迪进入已经在1991年成立的一汽—大众，股比变更为一汽60%、大众30%、奥迪10%。

第二年，也就是1996年，奥迪100的化身——“小红旗”开始在二轿厂生产。

当年，一汽开展以质量升级为主要内容的“红旗工程”决战，即把提升“小红旗”轿车质量列为“三车一机”之首在全公司范围内展开决战。

二轿厂按照组织生产奥迪轿车的水准强化“小红旗”生产阵地的基础管理，对生产现场、工艺纪律、定额标准逐一进行整顿。

1996年9月底，“小红旗”已经日产60辆，当年销售量超过1万辆，可谓形势喜人。第二年便排产超过2万辆。

《中国汽车报》在1997年3月5日这样报道：“这样，我国各级政府官员中，除正部级以上官员还须继续乘坐一段时间国产六缸奥迪外，副部级以下官员和大中型企业领导都可以坐上与规定相符的红旗轿车了。”

1997年6月10日，一汽轿车股份有限公司成立，8天后，一汽轿车股票在深圳证券交易所上市，并一下融到了20多亿元人民币。

这似乎标志着红旗将进入快速发展的新时期，但谁能料到这竟然是它上市之后的唯一一次融资。

好歹有了自主阵地

然而，“小红旗”在形势一片大好中却受到了外界的质疑。

不能否认的是，“小红旗”确实如外界诟病的那样，几乎就是奥迪100加了个红旗标。虽然里面换了不一样的动力总成，但也仅限于此，更何况这动力总成也是买来的。

红旗CA72的造型设计师程正后来就感叹，从前的红旗轿车虽有模仿，但从里到外都是自行设计制造，是名副其实的“民族车”，“早期红旗车发动机是我们研制的V8发动机，代表着咱的汽车工业实力”。

“无所谓叫不叫红旗车，存在的就是存在，不存在的叫了也没用。”程正的话充满哲学味道，“我不反对这样搞，但我认为只有符合自主创新和高端路线，才算是红旗车。至于‘小红旗’，喜欢叫红旗就叫吧。”

面对“红旗为何要攀附奥迪”的质疑，耿昭杰这样解释：“目前出现这些问题，带有历史阶段性的特征，他们把它看成了终极。”

但，它的后遗症不可小觑。一汽显然也是明白的，当时就迅速对外表示：为了消除人们“‘小红旗’像奥迪”的看法，正在积极进行改型工作，预计全新形象的“小红旗”将于1998年面世。

为什么此事不在红旗产品第一次亮相时就完成呢？如此，虽然还是奥迪的骨，但皮不一样就已经表明了一种认真的态度。这对于红旗本身树立品牌形象至关重要。

事实上，当时设计人员提出4种设计方案来保留红旗的特征，但都没有被采纳，奥迪100的造型被保留了下来。

道理很简单，因为一汽在引进奥迪这个产品时，买进了几百套大型车身冲压模具，这些模具还没有到报废期。轿车的冲压模具对精度要求非常高，每个模具几十吨重，价值很高，而且还要保证能把很薄的板材冲压成形，所以要一下子把外型改掉，需要投入大量的资金。

这或许就是历史的局限性，当时的决策者并没有意识到品牌的重要性，因此就没有沿用红旗造型的基因，现在看来这有点“因小失大”。这也许是历史的必然，因为那时候大家对汽车业的本质认识还不够。

早在1987年，轿车厂的研发设计部门就已经被归并到属于集团的长春汽车研究所去了，这违背了当年将这一职能归于轿车厂的初衷。这从另一角度说明，当有了外方现成车型输入的时候，自主独立正向开发的动力就会不足。

这里不得不提到另一件事情。在购买克莱斯勒的488发动机时，一汽实际上已经开发了485、490发动机，只是还没有正式量产，虽然说它们未见得好，但至少是一汽自己努力研发的结果。

历史不能重来，否则在1988年5月17日，当与德国奥迪汽车公司签订奥迪100合作技术协议的时候，一汽就应该立即着手进行大改脸工作，而且应该更早地将产品推出去。纵然困难重重，却也是自己的品牌和自己的技术积累。

这当然又可以归到另一个根本问题，就是在资金捉襟见肘、企业面临生存危机时，无论是个人还是企业，都不得不立足当下，往往都很难有远见。

1989年2月22日，一汽与大众公司正式签署了购买韦斯摩兰厂全套焊装、油漆及总装设备的协议，以加速一汽轿车工程的建设。

1989年3月9日，耿昭杰说：“买大众在美国工厂的设备是上15万（辆）

的一个砝码，而且买这个工厂是通过技贸结合、不付款的办法取得的，这个发展战略非常重要。”

耿昭杰还说：“现在感觉到在轿车战线上同时上0.8万、3万、15万（辆），人力、物力、财力均不足，所以要舍得缩短战线，总盘子要压缩。一定不要影响当前的3万辆方案，要比以前抓得更紧、更好。”

或许这一切都还可以理解，毕竟那时中国现代轿车工业刚刚起步，我们的研发水平、质量标准、配套体系，甚至包括造轿车意识等一切，都还处于幼稚阶段。

1983年，当第一辆桑塔纳在位于上海安亭的上海大众汽车公司里（现更名为上汽大众）诞生时，德国《明镜周刊》的记者就曾经发表评论：这是一个失败的实验，宛如在一个荒败无援的孤岛上生产轿车。

2003年11月，耿昭杰在接受媒体采访时说：“合资前我们对造轿车可以说基本不懂，或者说只有书本知识。合资后，我们知道轿车厂应该怎么建，建起来后该怎么管，学会了生产轿车，从生产制造角度讲，我们跨入了‘大学’的门槛。”

但这位一汽第七任厂长还表示：“自己没有产品开发，只是生产别人的品牌，就只是一个装配厂，不是一个完整的汽车公司，这是很危险的，无论你的股比占多少，你对合资企业也没有控制力。你得成天跟人家讨饭吃，不给你新产品，你就活不下去。”

所以当1990年11月大众与一汽签署15万辆轿车合资合同时，一汽没有像上汽那样放弃上海牌，而是保留了红旗的火种，给自主生产留下了一块宝贵的阵地，这是一汽值得称道的地方。

在这块阵地上，从1988年试装第一台奥迪轿车先导工程启动，到1997年年底，一汽已实际生产轿车123294辆，其中奥迪轿车95502辆，“小红旗”轿车27792辆，总销售额311亿元，实现利税66亿元，相当于总投资的10倍。

而且，从签订引进奥迪产品协议起，国产化率即逐年上升：1994年国产化率累计达52%，1995年又增加30%，到1996年末累计达到90%以上，其中自制件占51.73%，也有了较好的配套基础。

尽管如此，时任一汽常务副总经理陆林奎并不认可这么造红旗。1995年，在做“小红旗”生产准备的时候，他是领导班子里唯一一个提反对意见的人。他认为这样的红旗，不仅造型像奥迪100，没有自己的特色，而且质量也难以保证，特别是488发动机烧机油，这些都将有损红旗的声誉。第二年，陆林奎被派去拯救亏损中的一汽—大众。

但是再回过头来说，就如有的一汽老人说的那样：在一汽改奥迪100为“小红旗”的时候，其他自主品牌还什么都不是呢！为什么在已经有比较丰厚家底的一汽，没能让红旗这颗火种在那个时代形成燎原之势？

第四章

耐住寂寞 20 年

如果 20 年干不成，大家都别干了，真的。

—— 竺延风

短暂的春天

先来看看那款在奥迪 100 基础上诞生的“小红旗”的命运。

1998 年年初，第一款“小红旗”产品红旗 CA7220 市场反响不好。一汽集团随即组建临时促销机构，机构一共分为 7 组，每组 4 个人，每天开着一辆“小红旗”去各地县委、县政府推销。

当时，一汽内饰件厂副厂长胡汉杰被抽调过去负责中南地区（湖南、湖北、江西）的销售。但是，他说：“县里的干部愿意开走私车，像丰田佳美，比我们的车好。”

这一情况差不多持续了一年。在 1998 年 10 月 18 日，红旗 98 新星（CA7220AE）诞生投放市场。

这款车型外观依然沿用奥迪 100 的设计，只是将当初的立标换成了全新的大拇指标识，其他外观设计与红旗 CA7220 保持一致。

但这款车本质的不同是，它首次配置加装电喷系统的 4GE 发动机。先前使用的克莱斯勒 488 发动机属于 20 世纪 70 年代的技术，导致很多车行驶 10 万公里后就需要大修。

4GE 发动机使“小红旗”的性能有所改观，但并不能从根本上解决问题。时任一汽轿车股份公司总经理竺延风找来了日产 V6 发动机，使“小红旗”的性能有了进一步改观。

1999 年 5 月，装有 V6 发动机的红旗 CA7200E3 型轿车上市，虽然定价 25 万元左右，但还是一度呈现抢购态势。

1999 年上半年，红旗轿车销售 6564 辆，而 1998 年上半年是 4960 辆，同比增长 32.33%。

鉴于当时国内 20 万元以上轿车的市场空间狭窄，全国每年的销量也只有 3 万辆左右，一汽将“小红旗”的目标市场又转向了出租车。

当年负责销售红旗的一汽轿车贸易公司认为，当时中国轿车需求量最大的用户群体是出租车公司，而且奔驰公司在中国可以进入出租车领域，红旗为什么不可以？

情况果然不错。1998 年 6 月，在出租车领域，“小红旗”与桑塔纳 2000 的销量比是 1 ∶ 15，1999 年 6 月则提升到了 1 ∶ 5。

一汽希望继续把“小红旗”的战果扩大。

2000 年 7 月 15 日，采用奥迪 200 的平台和日产 2.0L V6 发动机的红旗世纪星轿车上市，被称为“小红旗二代”。

面向中高档商务用户的红旗世纪星已经不同于上一代的“小红旗”，是一次较大的“变脸”。它在车型上比“小红旗”更加远离模仿车型的内外模样。

为了实现新产品的换型转产，一汽轿车在一汽西区新建了现代化的总装生产线和涂装线，改造了东区的焊装线。随着二轿厂东区的整体搬迁和新总装线的成功启动，红旗轿车的整车制造水平又上了一个新的台阶。

但，竞争格局已经变了，当它诞生的时候，除了奥迪，在中高档商务车领域已经有广州本田雅阁、上海通用别克君威和上海大众帕萨特。

面对逐渐增多的合资品牌的挤压，红旗世纪星面临巨大挑战，即使在 2004 年换装了奥迪 2.4L 双顶置凸轮轴 V6 发动机后也没有起色。

红旗还是更多依靠像奥迪 100 模样的“小红旗”拓展市场。2001 年，红旗明仕、红旗 18 两款车型以低价位在私人用车客户群体中销售。

但是，红旗车销售依然严重下滑。为了吸引消费者，一汽轿车展开更多营销攻势。

2001年9月6日，红旗轿车CA4GE发动机实现50万公里无大修检测结果发布，黑龙江省佳木斯市出租车用户吴红滨获赠红旗明仕轿车一辆。

2001年12月1日，红旗轿车在国家交通部公路交通试验场首次成功进行高空跌落安全性试验，媒体将之包装为“中国第一跌”。

2002年，国内轿车市场突然井喷，先前预测增长16%～18%，但没想到结果是50%。

上半年，红旗轿车销售1.5万辆，同比增长159.3%，创下了“小红旗”投放市场以来的同期最高纪录。

此时，私人汽车消费市场开始升温。这一年，个人购买红旗轿车的比重已经占红旗轿车市场的50%，出现了前所未有的火爆销售局面，最高月销量突破3000辆。

然而好景不长。2002年，红旗销量2.85万辆，到2003年已经开始下跌，减少到2.70万辆，而2003年中国乘用车市场销量增长75%。

预感到大事不好，2002年6月10日，一汽轿车全面下调价格。

红旗世纪星从21.9万元调整到17.98万元，下调近4万元；红旗明仕商务版从16.7万元调整到14.98万元，下调1.72万元。

2004年3月1日，17项技术与配置全面升级的红旗明仕04版轿车CA7180A3E以14.98万元低价入市。

竞争产品不断涌现，而红旗车自身品质问题逐渐暴露，试图争夺主流市场的红旗轿车陷入重重困难。

2005年，红旗的计划产销量已经削减为1.2万辆，而2007年搭载日产1.8L、代号QG18的四缸汽油机的红旗世纪星，入门价格降到13.58万元，市场价则更低。

当年3月，出任一汽轿车总经理的张丕杰说：“那时，我们提出了‘红旗班子解放县’的说法，也就是县处级也能坐红旗。后来，中纪委还找过我们，问这种说法是谁定的。无论怎么样，为了赢得市场，当时是把红旗的定位拉低了。”

以后，随着市场上的替代品增多，“小红旗”卖得越来越少，销售网络也越来越窄，队伍也越来越弱，精干的力量都去卖一汽轿车代工生产的马自达6了。

与之相伴的是，红旗的品牌价值和美誉度也受到了相当损伤。一汽轿车也试图挽救这一局面。

1996年年初，一汽总经理耿昭杰到美国访问，希望在福特林肯Towncar车型1998年换型之际，联合福特公司用这款淘汰车型开发“大红旗”。

长春汽车研究所轿车部宋成达和一轿厂副总工程师王柏龄等7名技术人员到美国与福特公司制订联合设计开发“大红旗”计划。

1998年11月10日，联合开发的“大红旗”CA7460高级轿车在一汽举行隆重的下线仪式。

这款车型除了外观上有些许变化之外，其动力和内饰等方面几乎原封不动地照搬了福特林肯Towncar。

但是因为第二年5月美国轰炸中国驻南斯拉夫联盟大使馆，一汽与福特的这个合作项目告一段落。

2000年4月，“大红旗”CA7460参加第六届北京国际车展，备受争议。有人这样说：这次搞出了个林肯型红旗，下次是不是还要搞出个奔驰型、凯迪拉克型红旗？

2000年8月25日，江泽民视察一汽，乘坐了这辆红旗旗舰（“大红旗”CA7460），提出他在国外也没坐过这么大的轿车，希望一汽走模块式设计道路，提高技术创造能力，争取更大发展。

沉寂大约两年后，一汽轿车还是希望红旗旗舰能够焕发“大红旗”的风采，为此将原来准备给政府部门的1000辆车，销售给了中国的高收入者。

2002年3月12日，红旗旗舰在“小红旗”消费者较多的杭州举行投放仪式，最低定价68万元左右。

“把什么样的一汽带入21世纪”

1998年8月的一天，63岁的耿昭杰在一汽轿车的办公楼研究了一下午工作后，又赶回123栋（一汽原厂部办公楼）办公室处理文件。当晚，他突发脑溢血。这年，他已经掌舵一汽集团14年。

病床上的耿昭杰推举集团班子成员中最年富力强的副总经理竺延风为集团常务副总经理，当时他的主要职务是一汽轿车的总经理，负责生产“小红旗”。眼看耿昭杰的身体无法恢复到工作状态，竺延风也就成了最年轻的接班人。

竺延风是1994年耿昭杰实施干部年轻化的“801”工程时升上来的一汽副总经理。当时，一汽各分厂处室的领导班子要培养1名年龄在30岁左右、80年代毕业的大学生为年轻领导。当年，竺延风出任一汽外经处处长，1997年任一汽集团公司副总经理，并兼任一汽轿车股份有限公司总经理。

1999年3月19日，时年38岁的竺延风接任一汽总经理。面对前来宣布任命的国家人事部领导和吉林省领导，他说：“我不敢怠慢。”

他最欣赏巴顿将军的一句话：我处在一个最佳的历史时刻，我站在最佳历史位置，不让我去打仗，上帝都不饶恕我。

话虽如此，但形势是严峻的，因为竺延风接任总经理之时，一汽还是处于比较艰难的阶段。

虽然竺延风感谢前任领导的第二次、第三次创业，使一汽实现了从老到新，从单一卡车到中、轻、轿并举的企业集团，但始于20世纪80年代中期的“纵向整合”兼并，此时成了“噩梦”。

截至1998年，一汽先后兼并了38家企业，总资产为191亿元，总负债为150亿元，而仅一汽本部加全资子公司的员工人数就高达15.5万人。

长期以来，一汽受债多、人多、办社会包袱重、大而全体制制约，在市场经济的条件下活得很艰难，企业发展更是举步维艰。

当时，自1993年开始的效益持续下滑局面并没有改观，大的形势严峻，又处在领导班子交替的特殊时期，一汽的生产经营面临极大困难。

而且，被寄予厚望的一汽—大众当时并未真正盈利。为了节约，一汽甚至一度号召员工白天不上班，晚上上班，因为晚上用电价格更便宜。

无疑，摆脱现状的前提是甩掉包袱。1999年正式上任之后，竺延风喊出“学习、抗争、自强”的口号，在耿昭杰剥离零部件资产、成立富奥公司的基础上，又将毛坯、辅助生产厂进行彻底剥离，先后成立铸造、锻造和热力等一系列子公司。

“热爱汽车，热爱汽车事业”的竺延风还有更深刻的想法。对于“把什么样的一汽带入21世纪”这个问题，他有两大方面的考虑，显示出一个年轻人的雄心和对未来的信心。

其一是制度方面。这包括建设现代企业制度、有竞争力的企业机制和管理水平、法人资本多元化，以及加快参与国际汽车行业重组、循环和平台体系建设步伐。

其二是产品方面。除了传统商用车产品外，还要抓好轿车产品结构调整，促进红旗品牌发展，扩大合资合作，尽快选型，生产适合中国国情的家庭轿车。

但是，竺延风反复强调：“产品是重要的问题，但不是唯一的问题，当前更重要的是体系问题。企业最后的竞争是体系竞争，产品争一时，争不了一世。”

竺延风说，要让产品持续不断地“开发一代、准备一代、生产一代”的话，必须要靠一个体系来保证。

他一再告诫一汽集团领导层，作为一把手，一定要完成管理的基础工作，有序、高效地做好“0”和“1”的组合，市场最后竞争的还是内部的管理基础。

为此，竺延风一方面通过卖掉或是关掉的手段来为企业的经营业务瘦身，同时果断采取“停止以车抵债、停止一切赊销、收回外委外购”等措施来改善企业的现金流。

另一方面，更重要的是，启动内部改革，建立集团公司化运作体制，梳理母子公司关系，逐步实施“管干分开、管理放大、决策集中”。

对于集团公司这一层面，把决策和执行相对分开，形成精干、高效的决策机构和强有力的执行层。集团公司职能部门由原来的47个压缩到22个，最后又压缩到12个，压缩干部编制4881个，全公司减少管理岗位30%。

对于职能机构这一层面，在明确母子公司之间集权与分权关系的基础上，进行职能重组，试图建立起精干的、适应市场竞争、快速反应的职能机构。

竺延风说：“我们的目标是：技术上不如人家，总量上不如人家，但是结构和效率上不能不如人家。”

竺延风要求集团公司的职能部门对子公司的职能部门进行管理时，只需管它具备不具备功能、流程对不对、人员具备不具备素质，只管它的游戏规则即可。

“管干分开就是管理者制定了具体政策之后，就不要再亲自去干了。”他希望宏观管理职能仍留在集团公司，微观管理职能沉到子公司。

集团公司职能部门要对子公司相应部门的信息无偿、充分占有，一是拥有知道信息的权利，二是在占有信息的基础上监督并践行资源整合。

说来容易做来难。虽然集团职能处室组织压缩，有些成了科，有些成了室，但管理链没有变，给子公司和成本中心还是带来了极大的不便。

旧的管理体制被打破了，新的管理体制还没有建立起来，有相当多的环节都处于这种状态，出现了扯皮、官僚主义、“个人说了算”等问题。

耐住寂寞，从“0”到“1”

于是，竺延风又希望通过流程再造来解决这些问题，提出要在流程再造中提高效率。但是，这又出现了拿着流程当挡箭牌，掩盖官僚作风的问题。

2003 年复盘的时候，竺延风发现母子公司体制建立后，虽然初步完成了由工厂式管理向公司化管理的转型，但市场经济条件下的公司化运行体制和机制还不健全、不完善。

具体表现在，母子公司之间的关系没有理顺到位，职能部门的管理方式、子公司的运营方式、资源的整合与分配方法等方面与市场化的要求差距很大。

2000 年，竺延风组建了新一届领导班子，对人员结构、年龄结构和数量都进行了调整。500 名高级经理被提拔、降免或是进行人事交流，高级经理的数量和结构都得到了优化。

与此同时，又通过早退、转岗计划以及报酬更多与业绩挂钩的绩效制度来锻炼和激励企业的经营人员。

竺延风将在岗职工的工资按照生产要素和劳动力价格分为 10 个岗位、38个级别领取。此举造成工人工资与高层工资悬殊，甚至能够相差几十倍。

不要说10多年前，即使在今天，老工业基地长春的普通民众也很难接受这样的现实。

竺延风渴望在企业内部的机制上实行“养干分开，离岗轮训，竞争上岗”，而在思想观念上初步做到“干部能上能下，员工能进能出，收入能增能减”。

面对改革中的各种不顺，他发出这样的感叹：“国有企业改革的最大难度不在操作层面，而在观念层面”，“人赢则赢”。

“我是一汽人”大讨论也相应展开。竺延风说：“我是什么一汽人？是坐车人，是拉车人，还是推车人？在这个特殊的历史时期，就得问一问，我们是一汽什么人？我们都应该是一汽拉车人、推车人，一汽才会有希望。”

但无论如何，通过改革，一汽集团12个职能部门和3个子公司的母子公司整体框架，以及成本、利润、投资决策三个中心的结构已经形成。

竺延风寄希望于在前进中抖落身上的泥土。尽管困难，但他的改革主张确实是被贯彻到他随后9年经营一汽的全部工作中去了。

这对于红旗轿车是好事，却也是坏事。

好处在于，要做好一个汽车品牌，一个好的体系能力基础无疑非常重要。竺延风提出这一点，反映出他对现代管理制度的深刻理解和对全球汽车业公司经营状况的深度了解。

坏处在于，正是因为看到了当时全球汽车行业的研发水平和重组（比如戴姆勒和克莱斯勒整合）、平台化、规模化趋势，而且看到了一汽的自主能力与国际汽车企业巨头的巨大差距，他对一汽短时间内独自做好一个高档品牌产生了担心。

1999年年初，竺延风在内部会议上感叹对手的强大：“最近，德、美、日车企都在搞三个时区开发制。欧美亚每个时区各一个开发中心，每家开发中心开发 8 小时，一天 24 小时连续干，因为时差正好差一小时，就算我们连续干 14 个小时也干不过他们。”

鉴于和国际车企的巨大差距，竺延风认为在一汽自主体系能力达到之前，红旗品牌作为高级轿车的发展思路就是采取跟随战略，也就是借助合资合作伙伴的汽车平台进行再开发。应该讲这也是一个不错的、立足于现实的战略。

于是，一汽内联天汽、川汽、红塔汽车，外携大众、奥迪、丰田、马自达。与天汽重组后跟丰田合资，有了丰田就可以平衡大众，马自达就更不在话下，由此更容易获得外方的平台。

而当体系能力的建设不能一帆风顺时，竺延风又更加坚定了自己的信念，对内一再强调“耐住寂寞，从‘0’和‘1’做起，强化体系能力建设”。

2001 年 11 月 15 日，竺延风在会议上说：“最近有个口号是‘跨越式发展’，大家要注意，要小心这东西，尤其是科技界提出的东西非常多，跨越不要跨成‘大跃进’。跨越式发展是好，但是没有基础根本就跨不上去，也没有效率。”

2002 年 3 月 16 日，竺延风又说：“我们要耐得住寂寞。总有人问我们几天追上国际先进水平？我们一天两天追不上去，甚至需要一代、两代人。那么我们这一代人要干什么？夯实基础，把整个经营机制转换过来。”

那一年，竺延风在上海召开的全国经销商大会上说：“当今的汽车人，应该是耐得住寂寞的一代汽车人，而不应该是躁动的一代汽车人。”

2002 年 6 月，竺延风在接受时为《环球企业家》杂志记者的贾可的访问时，给这个寂寞期加了一个时间，即“耐住寂寞 20 年”。他说：“如果 20 年干不成，大家都别干了，真的。”

贾可追问：“1958 年的时候，我们能够造出红旗。据说，它的水平和丰田公司 1956 年的水平差不多，现在为什么我们就不行呢？”

竺延风回答："当时我们的一句话是'乘东风，展红旗，造一辆车给毛主席'。造一辆车，因为你是造一辆车。造一辆车的技术积累不可能给你产生连续性的技术进步。你可以造出一个光辉形象，但是你不可能造出连续的技术进步。"

大约两年后，2004年2月，竺延风通过中央电视台的《对话》节目，将"耐住寂寞20年"变成了一句汽车界人所共知的名言。

尽管他解释说，"我讲的'耐住寂寞20年'不是指开发一个产品，而是指中国汽车工业从弱走到强"，但外界对之还是强烈批评。

放到今天来看，竺延风的认识无疑是至理名言，展现了他的眼光和预见性，也为当时生产红旗的实践所验证。所以，他在那期节目中还有"乱云飞渡难从容"这样一句感叹。

实际上，对于竺延风来说，困难不仅仅是研发能力薄弱。以红旗为例，他说："指责红旗的人很多，但红旗就只是产品问题吗？有没有因保护落后而为之带来的产品竞争力下降的问题？"

一个数据显示，红旗轿车在只有2万辆左右产量的情况下，协作件出现故障29763次，占整车故障频次的67%。

"跟随"战略

那么，红旗品牌在竺延风的企业战略中处于什么样的位置？

竺延风为一汽确定的发展模式是与世界接轨的精干造车模式，逐步剥离零部件企业，把主要精力放在研发、营销和采购网络以及整车制造等业务上。

在整车业务上，就是干好"八车"——双桥九吨车、新七吨车、单桥九吨车、6350 微型面包车、1041 轻型货车、6480E 面包车、全新“小红旗”（指“红旗世纪星”）和奥迪 A6L。

当时，竺延风说：“干好‘八车’是一汽的大局，是关系到一汽前途和命运的大事情。要广泛宣传，像当年大干‘三车一机’一样，在全公司范围内形成舆论，坚定信心，绝不动摇，集中必要的人力、物力、财力干好‘八车’。”

红旗是集团的重点任务之一，由时任一汽集团副总经理、一汽轿车董事长马文兴和时任一汽集团副总经理、一汽轿车总经理赵方宽担任总指挥，应该说是投入了重兵。

2001 年，一汽的“十五”规划开始实施，强调“中、重、轻、轿”宽系列、多层次的产品格局，轿车是四大类产品中的一类。

少有人记得，1991 年 12 月召开的一汽第二次科技大会已经明确提出由卡车时代转向轿车时代的奋斗目标。

当时，有人问：一汽能不能就搞轿车，或者一心一意就搞某种卡车？一汽确实也在思考这个问题，考虑是不是从轻型车的市场中退出。但竺延风明确表态：一汽不能退出，必须坚持“中、重、轻、轿”宽系列、多层次发展。

这是他的规模理论结合一汽的产品结构、中国市场现状和未来规模的要求推演出的结果。

2000 年，一汽测算，在“十五”规划末的 2005 年，中国汽车市场总量预计为 300 万至 380 万辆，这个规模不如一家国际车企一年的产销量。

竺延风说：“在世界上称雄的汽车企业，一家企业的年产销量就有 400 万至 500 万辆，而我们国家 5 年后的汽车市场总量是 300 多万辆，几家汽车企业一分，规模就小了，不搞‘宽系列’，规模更小。”

因此，一汽集团如果仅仅开发一种车，没有规模作为支撑，经营风险会很大。而如果采取“宽系列”的产品格局，只要解决好系列与系列之间的成本、规模构成的共享关系——除了硬资源，更多的是软资源的共享，就能获得规模效应。

同时，在“宽系列”的范围内，还要搞纵向的“多品种”，因为“中国市场对车的需求水平有高有低，层次很多，而一汽的技术与资本结构适合做中国市场的中低层次产品”。

竺延风认为，在高层次产品上，要以走合资合作的道路为主，而在中低档产品上，则可采取技术引进的方式，以自主开发为主。竺延风认为，完全独立依靠自己是走不通的，必须走出一条民族品牌开放发展的路。

鉴于这一认知，他确定系列车型的发展思路是“跟”“干”“借”，其中轿车以“跟”为主。“跟”是指跟随国外先进汽车公司的发展脚步；“干”是指商用车立足于自己干，走“以我为主”的自主发展之路；“借”是指轻型车要直接借用优势资源。

虽然一汽已经有了一汽轿车这样的体制，有了一定的资金，有了一定的循环基础，但竺延风知道，一汽的规模还是太小，水平还是太低，只有“跟”，才能积累资金、技术、人才，保住一条未来自主发展的渠道。

竺延风认为，世界汽车工业大趋势的一个重要特征是平台战略，而且已经从过去的集团内部平台战略发展为集团间平台战略，“看不见的都一样，看得见的都不一样”。

1999年，竺延风希望能就此把红旗的轿车产品重组到奥迪平台上去，并绘出这样的一汽集团轿车发展蓝图：

10万元以下的为家用轿车系列；10万元以上的为捷达普及型轿车系列；20万至30万元的为红旗轿车系列；30万至50万元的为奥迪轿车系列；50万元以上的为“大红旗”高级豪华轿车系列。

2002年6月，竺延风曾经这样回答《汽车商业评论》记者关于红旗品牌战略的提问："我有C级车，奥迪这一块就是C级车，我一个企业，干吗要用两份资源占领一个市场。红旗世纪星是B级车，红旗18比B级再低一点，奥迪是C级车，宝来是A级车，红旗旗舰是D级车，我们还缺A0、A00级，还缺B级车的高档车。"

他曾经想让一汽轿车在资产上与德国大众联系起来，在轿车上与德国大众全面合作，搞联合开发，同步跟踪国外的先进技术，让自己不被甩下，从而快速跟上世界步伐。"别人走了1000步，我走了800步，但是我必须知道这200步是什么，我可以花钱买来。"他说。

可是最终德国大众并不同意他的想法。2003年2月21日，竺延风感慨："我们曾经有过与德国大众共建一个大屋檐、走一条路的想法，后来即使建好了，我们也只是在那个屋檐外面待着，进不了屋，走不通。"

那时候，他认为，以"小红旗"的销量和整个中国市场的规模，难以支撑一个独立的工业体系，只能和别人共用体系。"人家说，共用体系，你就不能有自己的品牌。即使是共用体系，还必须要有自己的品牌，否则肯定不行。"

走不通，怎么办？那就找更多的合作伙伴，在找平衡中获得机会。

2003年的上海车展，一汽推出全新企业品牌——第一汽车，它囊括了旗下所有合资品牌和自主品牌，但在轿车业务上主要是合资品牌。

竺延风当时说，"当前我们还是在走合作发展、共创未来的道路，品牌上以合资品牌为主，还处在虚心学习的阶段"，因为"与国际上比，与国际先进的企业比，我们落后不止20年"。

重卡是重心

21世纪到来，竺延风确定了一汽的整体轿车战略。其时，一大批中国本土新兴自主品牌汽车企业开始涌现，并随着中国汽车市场的迅猛增长而声名鹊起。

这些汽车企业有一个共同的特点，就是看中了汽车行业的巨大市场潜力和利润空间，并且表现出一种要把汽车拉下神坛的气概。

比如原一汽—大众总装车间主任兼物流科科长尹同跃，成为地方国有企业奇瑞汽车的缔造者之一，一度让奇瑞汽车发展成中国自主品牌的代名词。

还有当时把汽车称为“四个轮子加两排沙发的”汽车奇人李书福。当北方的竺延风处于“耐住寂寞20年”的阶段时，南面的吉利则试图不断地把汽车拉下神坛。

李书福这么说：“汽车之所以具有这么大的魅力，是因为它具有一定的欺骗性。总有人把汽车制造形容得神乎其神，似乎我们的企业只有拿人家的东西（指引进国外的汽车制造技术）才觉得放心。实际上，制造汽车的技术并不难掌握，这层窗户纸捅破了，一切困难都迎刃而解。”

李书福说得没错，要造出来车确实不难，但是要把车做好却并非易事。鉴于一汽的地位和红旗的出身，竺延风就是想“高举、高打”，而这条路注定从一开始就很艰难。

站在红旗是中国汽车业的“共和国长子”的立场上，竺延风的做法完全可以理解，即使在今天看来也是正确的，但是外界并不认同。

2004年3月，竺延风通过央视传播出“耐住寂寞20年”的观点后，《经济日报》记者程远写了这样的批评文章：按照竺延风总经理提出的自主标准，在世界汽车100多年的历史中，至今只有美国和日本有“自主的机遇”，也只有通用一家公司能够自主……不难看出，他开出的是一张不用他来兑现的超远期支票，是不诚心搞自主的托词，这是不是他“耐住寂寞20年”的注释？

这种批评显然是误会了竺延风，他不是不想做好自主品牌轿车，而是觉得在造轿车方面我们太落后了，需要积累，所以他对轿车采取“跟”的战略，而对卡车则采取“干”的策略。虽然一汽采取“宽系列、多层次”的产品策略，但重心还是在重卡（指重型卡车）上。

一汽原本在卡车领域也想通过合资改变落后局面，但与奔驰公司谈判破裂后，竺延风坚定了自己干的决心。这从一个角度反映出竺延风想干好自主的立场。

1999年年初，一份与奥地利AVL合作开发、一汽拥有自主知识产权的大马力高端产品的详细报告送到了一汽集团总部。刚刚履新的竺延风看后十分激动，紧急把决策层领导及智囊机构的相关人员召到一起开会。会议整整开了3天，争论十分激烈。

这个产品是用于重卡的发动机。企业规划部、产品开发部首先提供了一个大得惊人的预算：开发一个新产品，包括它的基地建设，总共要花费11个亿！11个亿，对当时国内任何一家企业来讲，都不是一个小数目。而1999年一汽的预计全年利润不过7个亿。

据说3天难以入眠的竺延风找到了当时的技术中心主任董春波和刚被提任为一汽技术中心总工程师的李骏。竺延风问李骏有多大把握，李骏说：“与国外咨询设计公司合作开发，投入虽有风险，但成功的可能性很大。”

思前想后，竺延风拍板：集中投入11亿元，与国外合作开发自主品牌的大马力高端柴油机，同时在无锡建设一个世界一流的现代化生产基地。

“11个亿，这是关系到一汽未来5年、10年战略走向的大问题，是关系到几万人饭碗的工程，责任重大。如果项目失败了，我立马辞职，并甘愿受党中央、国务院和全体职工给予的处分，包括蹲监狱！”竺延风在决定开发重卡项目的最后一次会议上说。

1999年春，一汽“重型柴油机开发建设指挥部”成立。4年后，

2003年12月20日，中国首台具有自主知识产权的四气门发动机——奥威CA6DL发动机在一汽解放汽车有限公司无锡柴油机厂下线。

这款发动机的诞生打开了一汽重卡事业的光明前景，奠定了一汽在重卡业务上的根基，令人称道！

在一汽忙于开发重卡发动机的关键时刻，从2002年开始，奇瑞则与同样的奥地利AVL公司合作开发了0.8L和1.1L的发动机，并且委托后者设计了0.8～4.2L排量的18款发动机。2005年，奇瑞自主正向研发的第一台ACTECO发动机点火下线。

当时，来自一汽的奇瑞总经理尹同跃说，从此，中国车正式有了“中国芯”，而竺延风则面临着越来越大的舆论压力。

偏向的轿车

“1998年的时候，有一个外国人跟我说，在1999年一定让红旗轿车死掉，但是红旗轿车没有死，我们通过产品开发和适应性改进追上来了。”竺延风在2000年5月21日的一汽集团协作产品质量工作会议上说。

确实，1997年一汽轿车股票成功上市，筹集了20多亿元资金，这为一汽轿车未来的发展奠定了基础，那一年进入汽车业的奇瑞和吉利根本无法与之相提并论。

2002年6月，竺延风对记者贾可说：“我们生产了10万辆奥迪100，把它的技术消化了，这就是现在的‘小红旗’技术，但这是阶段性的进步，追上了国外20世纪90年代初期的水平，但是为什么又追不上去了呢？因为我们的规模只有2万辆……因此我们的车必须和别人共用一个平台。”

如果让一汽轿车当时就独立自主发展，一汽可能会走出一条中国自主品牌汽车的发展道路。但也许是经历过自主的艰难，也许是深知自己的不足，一汽在轿车业务上把重心放在了合资品牌上，这大概是时代的必然。

1991年12月5日，耿昭杰给来自全国的大型工业企业领导介绍“精益生产方式”经验时说：“为了挡住进口，我们向国家贷款了130亿元，要是轿车干不成，我只有解下裤腰带上吊！”

耿昭杰为此提出了“两个全心全意”（一汽集团全心全意支持一汽—大众，一汽—大众全心全意依靠一汽集团）的口号。

1993年7月14日，刻有江泽民题词的“建设现代化轿车工业基地”纪念碑摆在了一汽—大众公司的大门口。

2001年，竺延风这样表示：“近10年来，我们勒紧裤腰带，全集团通过‘两个全心全意’支持一汽—大众的建设，今天已经进入了良性循环。”

这个时候，竺延风准备再用10年左右的时间，全集团再来一次“两个全心全意”，支持中重卡（中型和重型卡车的简称）基地的建设，使之成为未来一汽又一个有竞争力的效益基地，与轿车一起支持一汽的发展。

汽车开发需要一代代人的经验累积，如果总是在“跟”，总是在别人的车型上小打小闹，恐怕不是走向未来之道。

2003年，一汽—大众要扩建，一汽集团就把一汽轿车的红旗轿车工厂地盘给了合资公司，然后再到长春高新区重建一汽轿车的全新生产基地，起步10万辆，发展余地30万辆。

这一方面是为了一汽—大众的发展，另外一方面也是为了让自主品牌未来有更好的工厂。而且，2003年4月一汽轿车开始代工生产马自达6，也就是说，建立新基地，并不用担心投资没有回报。

一汽并没有忘记自主开发和发展红旗，只是所走的道路和国内其他企业不同。当时的一汽轿车股份公司总经理张磊曾说：“用马自达来完成对红旗的改造，将是一条可以行得通的路。”外界的理解是，利用马自达赚钱，然后再用挣的钱改造红旗。

起初，“小红旗”和马自达6产品都由一汽轿车贸易总公司来销售。后来，一汽与马自达组建单独的销售公司，一汽轿车贸易总公司只卖红旗。

2001年的时候，竺延风说，红旗世纪星还要进行一系列的改进，每年要更新，四五年就要换代，2006年要有新产品出来。

但是人算不如天算，“小红旗”产品的发展节奏并非如此，随着其产品竞争力越来越弱，精干的销售力量大多转移到一汽马自达销售公司了。

发现这个问题后，竺延风说：“千万不要冷落了红旗轿车，一定要把销量进一步拉上去……这是维护品牌的需要。”

不过，这时一汽集团旗下合资品牌开始蓬勃发展。“1998年一年推出了几个车？恐怕一年推不出一个车。中国变化的速度太快了。2003年我们一年推出了几个车？几十个车。”在2004年2月的那一期央视《对话》节目中，竺延风这样评价中国汽车市场的竞争格局。

他说：“一汽—大众又在忙奥迪A6，又在忙奥迪A4，又在忙高尔夫（一汽轿车的一款车型），又在忙宝来。实际上捷达也在换型，都忙不过来了。”

这可能是当时竺延风觉得“乱云飞渡难从容”的一个原因。很显然，在预感到激烈的市场竞争局势时，集中优势资源全面做好合资品牌，对于一个大型汽车集团的老总来说，不能不说是一个必然选择。

曾任国家机械委主任的邹家华就一汽轿车项目这样说过：“上海汽车拖拉机公司与西德合资自己说了不算，人家说了算，国产化太慢。一汽搞轿车有很大优势，比二汽、上海（指上海汽车拖拉机公司）的优势都大。一汽搞轿车30年没停过，有人才、有技术、有技术后方……”

竺延风说：“一汽已经有两代人来搞民族汽车工业了，很多人献出了青春，献出了健康，甚至献出了生命，但最后我们不得不让出一块市场来搞合资品牌轿车。为什么？这个答案很复杂，但重要的是我们的产品还跟不上发展的要求。这不仅仅是性能上、质量上、技术上的问题，要把老产品始终生产得很好恐怕我们都做不到。”

或许正因为这样的道理，30 年来没有停止过制造轿车的一汽在 1991 年全面向轿车转型时，发展重点还是合资品牌轿车的生产和销售，以及捷达的换型和奥迪 A6 的加长。

从一汽作战者的角度出发，从历史的现场出发，这样的想法和做法无可厚非。回过头来看，1997 年 10 月 6 日，原一汽副厂长、时任机械工业部副部长吕福源在“汽车行业形成产品自主开发能力研讨会”上的一段话或许可以引起反思。

他说：“中国汽车工业在改革开放中走过了19 年。目前各企业正面临着各种各样的换型…… 如果把自主换型的机会，变成全面引进新车型，对于行业发展来说很遗憾，会贻误了自己。因为引进一个车型就要干 5 年、8 年，真正练兵的机会你都没有了。”

他还说：“回顾这 19 年，我国汽车行业在技术上的路线实际分三个阶段：第一阶段以引进产品、消化技术为主；第二阶段以联合开发为主；第三阶段以自主开发为主。这三个阶段是整个汽车行业要经历的阶段。目前全行业的主流是引进、消化产品，但在引进消化阶段我们也忽略了与后两段的衔接。如果我们会搞整车设计了，把这一套吃透了，就可以从根本上把握产品设计自主开发的主动权，这是最重要的。”

然而，由于种种原因，红旗始终没有踩准节拍,但历史从来不能假设。

在丰田和马自达的肩膀上

一汽集团的合资轿车事业也并非一帆风顺。不像后来的很多合资公司建成之初就能够盈利，一汽—大众合资之初连续多年亏损，直到1997年才开始盈利。2005年，因为市场形势逼人，它再度亏损。

因为大部分资金都投入一汽—大众中去（当时贷款130亿元），这或许从客观上也贻误了一汽自主的战机。

一汽集团为了在2004年实现“三化”（规模百万化、管理数字化、经营国际化）中的“规模百万化”，也是拼尽全力。竺延风认为，实现“规模百万化”是对企业核心竞争力的拉练。

这一年的全国“两会”期间，竺延风对外表示，2000年到2004年，一汽集团研发投入达70亿元，相继开发了17个平台、58个系统的920种车型。

2000年12月底，竺延风表示，一汽已经有了费用基础，轿车的科研投入要广泛展开，因为“一汽—大众的债务已经很低了，可以自己循环，一汽轿车也可以自己循环，还可以在山东投资一部分”。

他要求长春汽车研究所搞产品换代和基础平台的设计，把精力放在平台设计上，一代一代地做基础开发、变型的组合和模块化体系管理。

竺延风当时提出科研的四个深度理论：在第一深度，不要把关太严，不要怕花钱，哪怕花了钱培养了队伍也是好事情；到第二深度，就要慎重一点，要判断方向对不对；到第三深度，如果是投放型的，就不要停下来；第四深度就是投放市场。

2002年年底，一汽在马自达6的基础上开始启动自主品牌C301项目。转变源于中国汽车市场迅猛发展的现实——2000年全国的全年汽车销量为206万辆，2002年为325万辆，增加100多万辆销量仅用了两年。

竺延风说：“今后的变化会更快，应该抓住500万辆到600万辆的市场第二增量机遇期，利用自己的研发能力，用自主品牌去占领新的增量市场。”

2002年8月29日，在一汽与丰田公司合作的签约仪式上，竺延风说，一汽现有的自主品牌轿车产品可以利用丰田的产品技术，双方还将探讨在研发、营销领域的合作，以支持一汽事业在中国的进一步发展。

这对于很多发展合资汽车品牌的中方汽车企业来说，几乎是不可能的机会，但一汽拿到了。竺延风认为，这种合作让一汽在自主品牌轿车生产上赢得了8～10年的发展时间，给红旗车的发展带来机会，“就看我们能不能抓住，如果这10年抓不住，机会就会失去”。

他在2003年2月21日的一次会议上说：“我们要高、中、低端车全面发展。高端的车进行国际合作，中、低端车以自我开发为主。”

这就形成了一汽集团新的自主品牌轿车战略——高端的红旗和国外企业紧密合作；中端的则换成奔腾品牌，利用外方平台进行二次开发，做到“看不见的都一样，看得见的不一样”；低端的则是夏利这样的产品，同样是充分利用外方的平台进行开发。

这样的平台无疑是令人羡慕的。

2005年4月的上海车展，一汽的展台异常热闹。面对外界对一汽自主不力的诟病，竺延风推出了一汽设计师自己设计的红旗旗舰产品HQD概念车（*后改名为*HQE）。同时，设计师常冰被首次推出，第一代红旗CA72的设计师程正也同时亮相。

竺延风寄予厚望的红旗HQ3也在车展上首次亮相。这款车以丰田皇冠Majesta为基础，换了前格栅。2005年7月15日，红旗HQ3在长春举行下线仪式，第二年11月16日上市，标价为49.98万至68.88万元。

红旗HQ3的上市方法很独特，它在前往西柏坡的路程中完成了移动上市。随即，一汽红旗事业部在西柏坡历史纪念馆为车队进行了简单的欢迎仪式，并由时任一汽轿车总经理张丕杰宣布红旗HQ3上市。

竺延风称这是红旗回归豪华车市场迈开的最关键的第一步。

2006年5月，一汽集团专门在一汽轿车之外成立红旗事业部，因为当时一汽轿车上市公司没有那么多资金来发展红旗，独立设立红旗事业部，可以利用集团的力量来发展红旗。王志坚任红旗事业部部长，郭世君任副部长，直接领导是一汽集团副总经理吴绍明。

红旗品牌之外的奔腾品牌在 2006 年 8 月 18 日推出了定价为 15.18 万~ 20.88 万元的奔腾 B70，这款车一度换上了红旗的车标，供军队使用。

出于经济利益核算的角度，一汽打算将红旗 HQ3 放在天津，跟皇冠车共线生产。

在竺延风看来，如果高端品牌一年只有 2 万辆的量，全部核心部件都由自己来做，从成本上来看是很不合算的。而与此同时，一汽在合资公司也有 50% 的资本，为什么不能让自己的这部分资本为自己服务，合理合法地利用合资工厂的技术呢？

但始料未及的是，此举不仅遭受舆论谴责，更遭到主管部门的反对，导致后来在天津冲压好的 HQ3 白车身要劳民伤财地送到长春由 200 多名工人进行总装。

2007 年 4 月成立的一汽红旗汽车销售公司（人员基本来自一汽丰田体系）在北京采取直销方式，向党政机关销售红旗 HQ3。虽说当时还没有出台“双 18”标准[4]，但因红旗 HQ3 最低 3.0 升的排量和 50 万元左右的价格，还是难以在公车采购方面打开局面。

当时，红旗已经开始招募经销商做 4S 店，竺延风亲自参加各种仪式，最终找丰田体系和部分大众体系的经销商投资人开了 8 家非标准 4S 店或者说展厅，售后则主要借助一汽丰田的 4S 店。

时任一汽红旗销售公司售后服务部部长郭德强说：“为解决服务问题，

4. 2011 年 11 月 14 日出台的《党政机关公务用车选用车型目录管理细则》规定：一般公务用车和执法执勤用车发动机排气量不超过 1.8 升，价格不超过 18 万元。这一规定被称为“双 18”标准。

授权认证了50多家服务点。”

运营半年，红旗销量不好导致一汽红旗销售公司亏损4995万元。2008年6月，红旗销售公司被撤销，HQ3的销售转入销售奔腾的一汽轿车贸易有限公司。2008年10月，这部车以红旗盛世的名义对外销售。

郭德强说：“这款车从原来最低50多万元的售价降到30多万元，非常值，成本都不止那么多，最后一共卖了1000多台。”

带着遗憾离开

虽然红旗HQ3出师不利，但是一汽主帅竺延风依然下定了自主开发自主品牌轿车的决心。

其时，一汽技术中心已经开始像开发奔腾B70那样，在奥迪C5（第一代奥迪A6）的平台上开发红旗HQ3的替代产品，这就是红旗C601项目。

再次回顾以奥迪100C3平台为基础改造而来的“小红旗”系列，特别是红旗世纪星，可以说是开了后来众多自主品牌出车模式的先河。

曾经有位一汽人说：“一汽走了一半儿就不玩儿了，之后就让别人玩儿。如果来一个车就改，接连不断地改，改到现在，我们应该也有像样的车了，但这个思路也没有真正延续下来。现实是，改了一个，我们就再也不动手了。”

但是在绕了一个大弯，一汽经历了打基础、练内功和各种尝试之后，在自主品牌形势逼人的大环境下，终于把生产自主品牌轿车当作了工作的重心。

2007年5月29日，一汽技术中心的刘德丰、邹殿龙、张华鹏、孙超等12人接到了设计2009年国庆阅兵检阅车的通知。10月26日，一汽技术中心和一汽轿车多方人员正式组建检阅车团队。也就是说，一汽正式启动红旗HQE量产计划。

红旗HQE在2005年4月的上海车展首次亮相之后，很多中央领导对这款继红旗CA770之后中国人自己设计造型的“大红旗”车怀有兴趣。

2005年9月，长春东北亚博览会上，时任国务院副总理吴仪在一汽展台上问：“红旗HQE大概卖多少钱？”竺延风回答：“一定以最优惠的价格提供给领导。”

一汽技术中心的研发人员说：“每次中央领导看的时候，大家就觉得很振奋，觉得中央有人看了，这个车可以往下做了，但是每次看完以后就都没信儿了。”

实际上，在红旗HQE量产计划正式启动之前，红旗类似奥迪A6的C级车型C601已经于2006年启动研发。这一次研发，竺延风痛定思痛，下定决心，大干自主，尽量避免一切可能会被外界指责的因素。

红旗C601与HQ3的不同之处在于：后者基本等同于引进原型车，外观改动可以忽略不计，而前者则是全新的造型。在这点上，C601等同于以马自达6为基础诞生的奔腾B70轿车。

这一次，一汽直接放弃在丰田Majesta平台上开发红旗轿车。事实上，这个平台是丰田重要的车型平台，是同雷克萨斯的GS300/400共用的平台，一般不会轻易借为他用。即使是这样难得的机会，因为红旗HQ3直接贴牌引发了波澜，一汽还是选择了直接放弃。

这不免可惜。记得2007年3月全国“两会”期间，竺延风对吴邦国委员长汇报说：“引进、消化、吸收再创新，这是一个过程，难免会有一些国外的技术，这很正常，但是产权是我们的，品牌是我们的，技术更改是我们的。”

在放弃了丰田Majesta平台后，一汽选择利用奥迪C5的平台。但是在红旗真正准备重新出发的时候，2007年12月11日，竺延风被调往吉林省政府任副省长。

这一年，一汽—大众的改革终有成效，一汽丰田则继续保持高速成长，一汽马自达6的年销量升至破纪录的5.7万辆，还有自主体系的解放J6下线以及重卡体系完成。

这一年，一汽集团产销143万辆，销售额达1800亿元，利润123亿元，同比增长252%。而竺延风1999年就任之时，一汽的财务收支相抵，利润为零。

这一年，在整个国家形成自主创新大氛围的前提下，一汽制定了集团未来8年投入130亿元用于自主研发和创新的大计划。

这一年，奔腾B70正处于蓄势待发之际。竺延风在离开之际对一汽轿车总经理张丕杰意味深长地说："如果这车1年能卖个5万辆，算你们有本事。"

确实就是在2008年，奔腾实现了具有标志性和里程碑意义的突破——全年整车销售达到创纪录的50045辆，同比2007年增长超过110%。

这无疑是竺延风前期布局的功劳。

2007年12月14日，在一汽集团的党委扩大会议上，竺延风引用了这样一个故事来说明他离别的心情：美国国防部长罗伯特·盖茨原来是美国农业机械大学的校长。当他被任命为国防部长时，他说："我热爱这个大学，但更热爱我的祖国，我必须履行我的职责。"

竺延风说："这也是我此刻想说的话。"

更值得玩味的是，在离开一汽前，竺延风曾独自驾驶一辆在林肯Towncar的底盘上打造出来的外观仿照CA770的"大红旗"轿车，从一汽的五号门出发，经过长青路，向外开到宽屏大桥，然后再折返。这辆车如今陈列在位于一汽轿车公司主办公楼的红旗文化展馆里。

不得不说，竺延风的离开给一汽集团带来了诸多遗憾，某种程度上，甚至是中国汽车业的遗憾！

第五章

被错失的黄金岁月

不作为是他最大的腐败。

——佚名

这是强者的世界

2008 年 1 月中旬，《汽车商业评论》总编辑贾可去奥地利采访 EFS 汽车咨询公司总裁雷霆生。这个挪威人边打开他最新款的路虎揽胜 Vogue 车门，边说“Welcome to Tata world（欢迎来到塔塔世界）”。

当听说“好像有些西方人反对塔塔收购路虎，认为这个品牌让印度人控制了就会贬值”时，雷霆生半开玩笑地说道：“当年印度是英国人的殖民地，现在殖民地控制了宗主国的品牌。非常有趣，但是无论如何，这是强者的世界。”

“这是强者的世界。”这句话令人印象深刻。

2008 年 1 月，《汽车商业评论》杂志的封面故事是《拉丹的野心》，报道的是印度塔塔集团领导人拉丹·塔塔如何建构塔塔企业帝国，如何在外界的巨大压力下缔造汽车帝国，如何收购捷豹路虎，以及完成世界上最便宜的轿车 Nano 的过程。

拉丹·塔塔曾经说：“我会做到我曾经承诺的事情。”这句话同样令人印象深刻。

此前，德国大众集团前 CEO 哈恩被贾可问起“谁是当今汽车世界他最佩服的人”时，他回答说是“拉丹·塔塔”。其实在中国，这样的人物也正在出现，只是不知何时会真正到来。

先前中国市场的高速增长掩盖了许多问题，自主品牌的未来增长空间越来越狭窄。但合资企业永远诞生不了真正的自主品牌，品牌永远只需要一个主人，兄弟迟早是要分家的。

应该单纯一些，把合资企业当成利润的机器和人才培养的基地，在明白此理的基础上，再大胆亮剑，自主品牌就一定能有自己的春天。

一汽集团太需要有一个人出来振臂一呼搞自主品牌了，而且这个人必须是汽车产业的领军人物，他必须有壮士断腕的决心和意志。

竺延风走后，一汽迎来了新掌舵人徐建一。贾可在2008年2月的《汽车商业评论》杂志编者按上写道：自主品牌当自强。1953年同一汽一起诞生的徐建一应该有这样的梦想，因为他的名字已经说明了一切。

跟竺延风的父亲一样，徐建一的父亲也是老一汽人。1953年7月，第一汽车制造厂在长春破土动工，当年12月出生的他被取名为“建一”。

1970年，17岁的徐建一成为吉林省农安县永安公社的知青，并于1972年5月作为工农兵学员被推荐进入吉林工业大学汽车系。

1975年12月毕业后，徐建一进入一汽研究所底盘设计科，成为一名技术员，开始了一汽新生涯。

1996年，43岁的徐建一已成长为一汽集团副总经理，并于竺延风任一汽集团总经理时期升为常务副总和党委常委，2003年又兼任一汽轿车董事长。

此后，徐建一突然被调往吉林省从政，最后官至吉林省委常委、吉林市委书记、市人大常委会主任。

2007年年底，徐建一又突然回归一汽集团。贾可当时建议道：一汽必须将有限的资源整合起来，从整合研发资源和集中采购队伍出发，再到组建明星营销团队，努力把分散的五指集中起来，形成拳头，这样才可能对未来的中国汽车市场格局形成有力的一击。

但徐建一最终交上的是一张充满遗憾的答卷，还有自己11年又6个月的牢狱生涯。

从销量角度看，2007年一汽集团被上汽集团超越，降为产销量“老二”。2009年，它又被东风汽车超过，进一步降级为“老三”，形势可谓越来越严峻。

2017年2月9日，北京市第一中级人民法院查实的徐建一的主要犯罪事实是，他为其内弟、长春市顺航运输有限公司法定代表人张强在企业经营、职务调整晋升等事项上提供帮助，直接或者间接非法收受他人给予的财物折合人民币1218.974万元。

徐建一后来在电视专题片《巡视利剑》中反思：“腐败，就是给你一点小的利益，你就破坏制度；给你一点小的甜头，国家利益就不要了。如果（人人）都在想自己的事情，都在破坏制度、在制度以外运行事情，企业是没有发展后劲的，慢慢就会变成一盘散沙。”

2014年10月8日，李克强总理在国务院部门主要负责人会议上指出：“尸位素餐本身就是腐败，不作为的‘懒政’也是腐败！”

徐建一不作为或许是因为他能力有限，或许是因为他作为一汽子弟不想得罪人。总之，徐建一的表现与大家对他的期待形成了巨大的反差，让一汽也让红旗失去了将近8年的黄金发展时光。

1983年就进入一汽集团工作的一汽集团党委副书记、副总经理秦焕明对此深感痛惜。他说：“很可惜，那个黄金8年我们错过了。让一个应该起来的企业没有起来，这才是巨大的问题，因为这涉及十几万人的身家性命。”

对此，一汽集团一位不愿具名的经销商甚至这样形容徐建一：“他总是多一事不如少一事，某种程度上可以说，不作为是他最大的腐败！”

乍一听很有道理

不能不说，上任之初，徐建一也曾满腔激情地想干一番事业。

在竺延风离任的2007年，一汽集团销售收入达到1880亿元，利润117亿元。徐建一说，这“值得骄傲”，但是“我们的销售收入和利润绝大部分来自合资企业，自主品牌的贡献微乎其微”。

这表明，他确实想要推进自主品牌建设，重新举办第一汽车奖——中国汽车设计大赛就是一个风向标。

2005年4月20日，在上海车展大张旗鼓展出红旗概念车等诸多车型之际，一汽主办的第一汽车奖——第一届中国汽车设计大赛颁奖典礼隆重举行，竺延风亲自上台颁奖。

如前面所述，此前的2004年，一汽完成产销百万辆的目标，成为国内第一家产销过百万辆的汽车企业。但由于在自主品牌轿车上没有什么建树，一汽屡遭诟病，竺延风便试图通过采取行动来改变舆论。

竺延风当时明确表示，要把第一汽车奖——中国汽车设计大赛办成中国最专业、最权威，最能体现中国自主汽车设计能力的大赛。

2008年4月20日，第二届中国汽车设计大赛颁奖典礼在北京九华山庄举行。徐建一出席颁奖会，并首次对外公开发表讲话，明确提出要“凝心聚力，求真务实，统一思想干自主，统一资源干自主”。

他说：“自主的事业是一汽最核心的事业，是我们必思、必想、必干、必争、必拼、必胜的事业，也是我们必须破釜沉舟、背水一战、全力以赴干好的事业。”

这相当于徐建一吹响了自主品牌发力的号角。很快，他又有了进一步表达清楚自己想法的机会。

2008年5月12日，也就是一汽第一辆轿车东风出车50周年的日子，一汽轿车举行了“感动红旗50人”评选活动。

活动开始前，徐建一陪着耿昭杰等一汽老领导慢慢走入会场，全场顿时掌声雷动。徐建一在这次活动中作了两项表态：一是一汽轿车在未来一汽集团的发展战略中占据重要地位；二是自主轿车在一汽集团的地位举足轻重。

关于第一点，他是这样表述的：一汽轿车承载着一汽厚重的历史，寄托着中华民族的情感，担当着复兴一汽的重任。

关于第二点，他说，一汽将从集团层面进行轿车资源整合，要理顺一汽集团自主轿车研发、制造、采购、销售、人才、质量成本控制等方面的关系，形成一汽集团自主轿车的合力，“不走弯路，干一个成一个，增强产品竞争力”。

在短短几分钟的发言最后，徐建一表示：“要拿出当年一汽人大干红旗的精神，把自主轿车的事业做强做大。”

这个思想带来的行动结果是，2008年5月底，直接向集团汇报的红旗事业部改为向一汽轿车汇报，这意味着独立的集规划、研发、采购、生产为一体的红旗事业部撤销，在与奔腾分离后，红旗品牌的决策体系再次发生重要变化。

接下来，在6月下旬的某三天，徐建一召集下属所有品牌企业的党政领导和集团职能部级以上的200位高级经理，在长春召开一汽第六轮集团战略研讨会。

这是他上任半年来规模最大的一次内部会议，会议的主要议题是制定自主品牌的未来发展框架、战略性目标以及解放思想的大讨论。

会议一开始，徐建一将在北京车展上提出的“统一思想、统一资源”的“两个统一干自主”改成了“三个统一干自主”，即凝心聚力、统一思想干自主；厘清思路、统一目标干自主；科学配置、统一资源干自主。

总之，他表示要举集团之全力，“不顾一切干自主”。

此次会议确定，一汽自主发展的长期目标是“建设具有国际竞争力的‘自主一汽、实力一汽、和谐一汽’”，而近期目标则是“三年两改观”，即力争用三年时间，使自主战线经营面貌明显改观，使自主产品竞争力明显改观。

具体的目标是，在外部环境不发生大的变化的前提下，到2010年，总销量要超过200万辆，力争自主产品销量超过100万辆；到2012年，总销量要超过300万辆，力争自主产品销量超过150万辆，争取实现总销量和自主产品销量的两个“国内第一”。

这次会议确定自主品牌的框架包括商用车品牌解放的发展，乘用车品牌——一汽轿车的红旗、奔腾的发展，以及天津一汽的发展。

规划的重点是，未来，商用车的产销量继续稳步提高，一汽轿车发展中高端自主品牌，天津一汽在两年内逐步由目前的生产小型车过渡到发展中低端自主品牌，形成规模化优势。

在战略性目标中，徐建一对红旗、奔腾品牌提出了研发、营销渠道等的重构计划，并将其作为重点来建设。

对天津一汽则提出以下目标：2010年后，由生产车长4.5米以下的小型车，逐渐转变为生产4.8米左右的中级车，并在2010年左右形成40万辆规模。此前，天津一汽一直被定位为小型车生产公司。

这次战略会议之后，一汽红旗销售公司被撤销，竺延风时期已经建设的8家销售红旗HQ3的4S店和奔腾轿车的销售网络合并。

同时，徐建一计划将一汽轿车的研发资源和一汽技术中心的研发资源整合在一起，成立一汽乘用车研发中心，这个研发机构的领导权将归一汽轿车。

扯来扯去

然而，随之而来的问题是，独立的红旗事业部归一汽轿车后，表面上统一了资源干自主，事实上却有了三大尴尬。

其一，集团技术中心与一汽轿车在产品开发上的分工原则是，集团策划的车型交给技术中心主导开发，一汽轿车参与配合；一汽轿车策划的车型由自己开发。

由于两方的乘用车研发资源事实上一直没有合并，导致技术中心和一汽轿车之间在红旗、奔腾的产品开发和生产协调等方面存在不少困难。

其二，虽然徐建一将红旗的发展托付给一汽轿车，但他又没有真正放权，而是希望通过集团对一汽轿车实施集中管控，这样就增加了一层扯皮的机会。

时任红旗事业部常务副部长郭世君说："虽然在轿车公司旗下，但它一直是独立运作的。正是因为既独立，又在轿车公司旗下，导致轿车公司不管，集团也不管。"

其三，因为一汽轿车是上市公司，上市公司固然有融资功能，但要给积贫积弱的一汽自主品牌融资，比登天还难。红旗放在上市公司体制里，不仅难以融资，反而容易变成舆论的焦点，同时也没钱投入，还是需要集团输血，导致存在着诸多法律问题和扯皮难题。

在研发方面，徐建一延续之前做法，成立了一个制定研发决策的三人领导小组。小组成员除了他自己，还包括负责乘用车研发的吴绍明和负责商用车研发的董春波。2011 年 10 月，许宪平成为总经理后，转任董事长的徐建一又将研发三人组扩充为四人组。

值得注意的是，这个研发领导小组里面并没有包括技术中心负责人和一汽轿车负责人，以及旗下具体负责开发的部门领导人。这很大程度上造成了研发过程中的多重管理、责任不清和效率不高等现象。

2001 年进入一汽技术中心一直参与红旗造型设计的常冰 2015 年离开一汽。他抱怨说："一汽产品的设计方案往往需要被多方管理，要进行多头汇报，导致整个决策体系不仅效率低下，而且大家都不负责任。”

在一汽的14年里，常冰经历过诸多次集团级评审。评审的时候，所有人都会指指点点，但是指指点点后又不决策，所有事情都推到最高领导者那里，而领导者又缺乏专业知识和决策能力，或导致很多时间白白流失，或导致决策存在问题。

后来成为2009年国庆阅兵式检阅车的红旗HQE是跨了竺延风和徐建一两个“时代”的产物，它就遭遇过这样的情况。

最早设计的时候，准备将红旗HQE沿用红旗CA770的古典风格，但有人不同意，结果用了劳斯莱斯的风格。几经周折，转了一圈又回到最初的设计风格，白白耗费了一年多的时间。

2008年，红旗H7交由意大利著名设计师乔治亚罗负责设计，还在最初的设计阶段，徐建一便飞往都灵，在草图上签字确定造型，让中外设计人员大跌眼镜。

最经典的堪称完败的案例要数一汽推出的欧朗车型，它由技术中心主导研发，从2006年就开始启动，2010年样车定型后，一汽轿车对其进行了史上最大规模的一次调研。

调研结果令人非常失望。潜在客户评价：“你这是下乡车，太老气。”但当时，这款车型已经进入小批量生产环节，而且已经花费了巨资。

面对这样的调查结果，造型改还是不改？公司形成两派意见，最终徐建一拍板：立即更改造型。现在看来，更改是对的，但是结果还是不妙。

由于时间紧迫，一汽集团找到意大利一家设计公司重做造型，但最终量产的实车与油泥模型之间仍存在较大差异。

其一是比例问题，欧朗是在捷达底盘基础上开发，捷达轴距为2471毫米，欧朗轴距为2525毫米，轴距被拉长，但车宽没有改变，加之捷达轮眉外凸，欧朗比例更显得窄而长。

其二是姿态问题，油泥模型阶段的车身姿态是平的，而实车生产出来后，明显前低后高，尾部上翘，加上一个确实难看的尾部，破坏了整体的协调感。

为什么油泥模型与实车会有如此大的差异？这就是技术中心脱离生产制造暴露出来的问题：到生产阶段才发现许多工艺无法实现或实现成本太高，已经确定的造型被一再修改。

还有一种说法是，欧朗车型在油泥模型阶段便不尽如人意，设计公司没有坚持专业原则，而是按照客户喜好随意修改。

就是在这样的情况下，红旗进行着产品开发。

2007年10月成立的红旗HQE项目组的工作是最紧张和繁忙的。为了能给2009年国庆阅兵式供上检阅车，大约90人的研发队伍被圈在一个单独的楼层里进行突击开发。

在开发红旗HQE之前，一汽集团至少看起来没有明确的产品规划，产品开发策略基本属于随遇而安型，换一个合资对象就弄一款车来做。但是红旗HQE的开发却给了一汽研发人员信心：先把红旗HQE做成，成了以后就以它为平台，至少开了一个好头。

红旗HQE项目的进展确实振奋了不少人的精神，项目组的5个会议室经常爆满，开发人员激烈争论的场景时常可见。

2008年5月4日，徐建一带着一汽的领导干部对这款车进行了评审。

“大家都很满意，高层也满意。为什么呢？多少年来，一汽终于第一次用自己的力量把这个红旗轿车搞出来了。”常冰说，“你可以说这不像红旗，但至少出车了，而且是辆好车。”

他口中的“出车”概念是指严格按照正向开发流程，走过产品定位、自主设计、工程开发、试制试验、批量生产等各个环节的汽车产品问世。

当年红旗CA770项目的开发和完成，标志着一汽开始研发和生产轿车。这个过程，经历了从简单模仿到技术创新，完成了一次产品开发层面的自我学习与提升。

2008年2月22日，在技术中心一次性点火成功的V12发动机是一汽为红旗HQE配套的自主开发项目，它为一汽未来V6、V8发动机的研发奠定了基础。

同红旗HQE继续走下去不同，其时，脱胎于奥迪C5平台的红旗C601的研发遭遇挑战。虽经过三轮样车试制，但德方对零部件和销售区域的严格限定，迫使徐建一于2008年6月初叫停了这个项目。同时，走正向研发程序的红旗H7项目正式立项。

从第一汽车到中国一汽

2008年，一汽集团将奔腾4万辆的销量目标提升到5万辆，并且获得了成功。这让徐建一信心大增，2008年进行了大规模扩产。

当年10月19日，一汽轿车第二工厂开工建设，设计产能20万辆。新工厂建成后，一汽轿车的产能将达40万辆。

随后的10月25日，天津一汽夏利在用30万元接手倒闭的一汽华利之后，又投资近16亿元，开始了天津一汽夏利公司华利新工厂的建设项目。建成后，华利新工厂将具备年产15万辆的整车生产能力。

2009年2月1日，徐建一带领班子成员到下属各重点企业拜年。每到一处，他基本上言必称“自主”。

这一年，徐建一加大了自主研发的投入，一汽预算技术研发经费达42.3亿元，比上年增加16.1亿元，增幅为61.45%。

尽管无法真正融合一汽旗下资源，徐建一相信，靠大手笔投入和业内流行的研发外包形式，还是能够迅速做出一批产品。

面对当时的全球经济危机和中国政府的汽车振兴计划，徐建一在全国“两会”上对记者表示，越是危机时刻越要自主创新，把危机当成结构调整和自主创新的新机遇。

这一年，一汽还是获得了极大的礼遇。2009 年 10 月 20 日，中国第 1000 万辆汽车被安排在一汽产出。随着一辆解放 J6 重卡下线，中国成为继美国、日本之后，第三个汽车年产量超千万辆的国家。

这一年，2009 年国庆阅兵检阅车——红旗 HQE 项目大获成功。这是一款 100% 自主知识产权的 E 级轿车，红旗 L5 就生产自由红旗 HQE 确立的 L 平台。

除了加快轿车 L 豪华车平台的建设，徐建一围绕自主研发，在产品平台整合与调整方面，还加快了 H 高档车、M 中型车、S 小型车几大平台的建设，加快中重型卡车、轻型车、微型车平台分类标准建设和解放中重型卡车牵引、自卸和载货等产品平台的整合。

在产品研发方面，2009 年一汽集团重点抓一汽轿车公司的 C131 与 A130 新产品、一汽轻型车公司的 L330 与 V91 换型产品、一汽吉林汽车公司的 AV9 微型车产品和一汽客车公司的 12 米城市公交客车与 12 米公路客车等新产品开发。

2010 年 4 月，一汽以集团形式参加了北京国际车展，通过整车、新技术、新能源三大展区演绎“品质、技术、创新”的主题。包括 9 款新能源车在内的红旗、解放、奔腾、夏利、威志、佳宝等 27 款自主品牌精品汽车，以及自主研发的 13 套动力总成集体亮相。

但最吸引业界目光的不是众多耀眼的车型，而是一汽发布的全新品牌战略。

在全新的品牌战略中，徐建一不再将合资品牌归于“第一汽车”这一企业品牌之下，他将“第一汽车”更改为“中国一汽”（下文出现的“中国一汽”均指“一汽集团”），声称自主品牌战略是中国一汽的最高战略。

在此基础上，徐建一仿照丰田汽车模式（丰田公司旗下有丰田和雷克萨斯两个品牌）梳理自身的品牌架构：“中国一汽”为中国第一汽车集团公司企业品牌，包括“中国一汽”和“红旗”两个品牌。

“中国一汽”品牌涵盖红旗品牌之外的一汽自主乘用车和商用车品牌。其中，自主乘用车产品线品牌包括“一汽奔腾”“一汽威志”“一汽夏利”“一汽森雅”等；商用车产品线品牌包括“一汽解放”“一汽佳宝”等。

红旗品牌定位于高端乘用车和多功能车，主要包括基于L豪华车、H高档车两大平台的系列产品。

在产品支撑上，中国一汽将全面提升自主轿车、中重型卡车、轻型车、微型车和客车的市场竞争力。

根据这个全新的品牌战略，到2015年，中国一汽整车销量将超过400万辆，其中自主比例超过50%。

到2012年，在自主轿车方面，中国一汽将在L豪华车、H高档车、M中高级车、S小型车4大平台上推出全新及局部改良车型26款，其中新产品11款，含4款红旗产品。

而在新能源技术支撑上，中国一汽将把发展节能环保汽车、开发新能源汽车作为重要战略来抓。2010年10月，一汽插电式混合动力和纯电动车将小批量投放市场。到2012年，按照商品化模式，建立相应的电动车生产、营销及售后服务体系。

这时，一汽集团的做法是，效仿丰田汽车的做法，除了高端车红旗品牌，所有产品，无论是商用车还是乘用车都统一用鹰标。

2010年，奔腾B70、B50的全年销量达13.2万辆，同比增长近60%，远远超出全年12万辆的销售预期。

2011年，奔腾车的销量为11.28万辆，大幅下滑15%。奔腾B70的销量更是降幅达44%，远远落后于2011年全国乘用车销量5.2%的增幅。

中级车竞争激烈是一方面原因，换标则被认为是奔腾车销量大幅下滑的最直接原因。2011年5月起，改挂鹰标的奔腾车被消费者认为是“自降身份”。后来，一汽轿车试图多次优化这个替代了大拇指标的鹰标，但也无济于事。

在消费者看来，鹰标代表的形象是商用车和中低档轿车，与奔腾中级车的身份不匹配。尤其是在夏利车挂鹰标后，奔腾车多年积攒下来的品牌认知度和忠实度被抛弃。

这对于红旗也并非好事。在徐建一将红旗HQ3的销售网络并到奔腾的销售网络的时候，红旗HQ3的品牌形象又一次令人无所适从。一个个决策都不接地气、不切实际的后果是一汽集团的经营每况愈下。

2010年唯一听起来像好消息的是，当年8月，一汽乘用车研发基地在长春汽车产业开发区奠基，将于2015年建成投入使用，一汽自主品牌乘用车板块的所有研发力量都将被整合在一起。

这一研发基地将全面满足一汽自主乘用车设计、开发、造型、匹配、试制和验证的需求，达到每年4个平台开发40款新车型的研发能力，满足一汽230万辆乘用车的自主开发需求。

一汽官方新闻称，基地占地面积51万平方米，建筑面积44万平方米，总投资68亿元，对外挂牌为“一汽技术中心乘用车所”。

实际上，对于红旗来说，这一年还有一个好消息，就是在一汽轿车办公楼内建成了红旗文化展馆，这是国内唯一的汽车品牌博物馆。

红馆与渐渐麻木

2011年春节前，徐建一在公司迎来了前往吉林省调研的时任中共中央政治局常委、中央书记处书记、国家副主席习近平。

习近平参观了红旗文化展馆，在一汽轿车二工厂总装配车间同一线职工交谈，并留下了这样一句话——盼望着更多的中国人能坐上中国一汽产的红旗牌轿车。

作为一种回应，在2012年4月的北京国际车展期间，徐建一借正向研发的红旗H7亮相之际，在北京钓鱼台国宾馆举行了红旗品牌战略媒体发布会，对外表明红旗将真的重新出发。

徐建一将红旗品牌的核心内涵定位为“大气、尊贵、经典、科技”，并表示，此次为打造红旗精品的项目团队成员达1600人，项目启动以来，累计投入研发费用52亿元，开发了L、H两大系列红旗整车产品，形成了可覆盖C、D、E级高级轿车生产的发展基础。

他宣布，“十二五”期间，一汽将再投入105亿元，进一步提高红旗产品的研发能力，丰富产品系列。未来五年，红旗将再投放两款SUV、一款商务车和一款中型礼宾客车，不断满足用户对红旗高端车的需求。

就在这年的北京国际车展上，更名为红旗L9的红旗HQE与红旗H7在一汽的展台同台展出。自此，新红旗L、H两大系列的新族谱宣告确立。

2012年12月，中央高层表示，领导干部逐渐要坐自主品牌的车，老坐外国车不好。很多外国领导人都坐自己国家生产的车，除非没有生产。

这是红旗复出的一个最佳时机。

但不幸的是，这一年，红旗H7竟然还没有上市销售，而一汽的整体销量为264.95万辆，虽然比上年增长1.5%，但奔腾车销量不足8万辆，继2011年下滑之后再次下滑超过35%，在自主品牌车型的销量排名下跌10位。

更糟糕的是，这一年的6月，国家审计署为一汽集团整体上市做的摸底调查，竟然查出了一汽集团在会计核算、财务管理、重大经济决策事项、工程项目建设管理、内部管理等方面存在的14项问题。

当月，一汽—大众销售公司原副总经理静国松因经济问题被吉林省纪检部门带走调查，大客户部负责人跳楼自杀。

2013年4月，一汽—大众销售公司原总经理、一汽集团原副总经济师周勇江，以及一汽—大众销售公司原执行副总经理石涛涉嫌贪腐，也相继接受调查。

在反腐风暴中，徐建一将一汽—大众总经理安铁成和一汽轿车总经理张丕杰互换了位置，同时让中方负责奥迪销售的张晓军转而负责一汽轿车的销售工作，包括销售红旗。

2013年5月30日，红旗的C级轿车H7终于在北京上市。一汽对外宣称，红旗H7首次实现了整车全领域、平台与车型同步的深度自主研发，整车主要技术指标居国内先进水平，部分性能达到国际水平。

当年7月，销售红旗的城市展厅红馆分别在北京、上海、广州等9座城市开业。其中，北京红馆落户在金宝街，毗邻劳斯莱斯、阿斯顿马丁等超级豪车展厅。张晓军说，一汽轿车计划在2014年年底前在全国建成21家红馆。

红旗H7上市的2013年，正是一汽建厂60周年的日子。但这年7月，厂庆期间的长春有些反常，连绵的大雨让很多长春老人都感慨“多少年没有见过这样的场景了”。

在城市的西南隅，一汽老厂区鲜有60周年厂庆的迹象，与10年前50周年厂庆时张灯结彩的景象截然不同。

人们很容易将这番平静与前段时间的“审计风暴”、合资公司高层被捕，以及集团内部大轮岗联系起来。而一汽则解释为，身为央企，必须按照新“国八条”的要求，60 周年厂庆的一切庆典活动从简。

公开的厂庆活动有一汽历史展览、档案馆修撰厂志和 7 月 15 日举行的饶斌铜像安放仪式。最后一个活动非常简短，操持此事的是中国汽车工业协会。

徐建一在仪式上发表讲话称，一汽以做强做优自主事业为奋斗目标的第四次创业宏伟画卷已经全面展开。

2013 年是红旗的一个重要年份。

其一，多年来外国元首来中国乘坐红旗轿车的传统开始恢复。2013 年 4 月 25 日，法国总统奥朗德访华，礼宾用车为红旗 L5。随后，韩国总统朴槿惠亦在中国乘坐此车。

其二，一些省部级领导人已经开始将座驾换成红旗 H7。6 月 18 日，新任外交部部长王毅的公务用车也换成了这款车。

然而，这一年红旗车的销量：2013 年为 2961 辆，2014 年为 2589 辆，2015 年则为 5022 辆。

2014 年 7 月至 8 月，中央第 13 巡视组对一汽集团开展了专项巡视，发现一汽党风廉政建设责任落实不够到位，执行“三重一大”制度不力，顶风违纪问题时有发生。

2014 年 8 月，一汽—大众原副总经理兼销售公司总经理李武、奥迪销售事业部副总周纯被立案调查。2015 年 1 月，吉林省检察院批捕了一汽集团原副总经理安德武。

2015 年 3 月 15 日，在出席完人大闭幕会后，徐建一在吉林团驻地金台饭店被带走。

快到 63 岁最后退休年龄的徐建一，被业界认为是“只求稳，不求进”。他曾经用以下这段话来形容导致自己出现这种状态的原因。

徐建一说：“十几万人的传统企业，从托儿所到小零部件之类的辅业与主业搅和在一起。厂里决策的很多精力用在了“孩子升学率不高了、冬天煤气不足了、热水不够了”等问题上，有一半时间是讨论这些。这类问题涉及一汽厂区内30万人的切身利益及方方面面的关系。不解决，无法轻装上阵；要调整，难度极大。”

反腐、反腐

2015年5月7日，一汽集团召开中层以上管理人员大会。中共中央组织部干部五局局长毛定之在会上宣布：时年58岁的徐平出任中国第一汽车集团公司董事长、党委书记。

此前一天，当年的一汽集团少帅，后来的吉林省委副书记、常务副省长竺延风取代其职位，成为东风新掌门。

从一开始参加工作就没有离开过东风的徐平就这样来到了尚在旋涡中的一汽集团。

徐平自2010年出任东风董事长以来，曾经主导了“大自主、大协同”战略，提出“和”文化，整合集团资源，解决了东风自主力量小、资源分散的问题。

此外，他还一手促成了东风和沃尔沃（商用车）合资，以便让挂有东风标识的商用车走向海外；入股PSA，为自主事业输血。2014年，东风销量达到380万辆，在国内车企集团排名第二。

毫无疑问，在徐平的领导下，东风汽车的表现大大超过一汽集团。

2015年7月23日，一汽集团公司党委召开第十八届八次全委（扩大）会议。会上，新任董事长徐平强调，为了达到目标，“集团上下要担责善为，逆势争先，密切协同，砥砺奋进”。

他或许知道，更多的问题将在日后的改革中体现出来，而更多的痛苦也将随之引发。这一点，他在上任当天便颇有体会。

2015年5月7日，徐平上任的当天，数百名前长春一汽四环集团有限公司（2012年改名为“长春一汽富维汽车零部件股份有限公司”）的下岗职工聚集在象征着老一汽精神的工厂一号门，希望向新领导“讨个说法”。

一汽四环是一汽下属的配套零部件制造商，拥有多个零部件工厂。2009年，在徐建一任上进行的企业改制，导致一汽四环大批工人被买断工龄下岗。后来，他们多次找到徐建一，寻求进一步补偿，但都没有结果。

徐平当即安排手下从集团综合办、档案馆找出改制时的各项文件、合同等资料，逐篇核对，但从手续、合同流程上看，所有一切都合规、合法。

初来乍到的徐平必须将反腐作为最紧迫的工作，因为这既是中央的要求，也是一汽面临的现实问题，更是当时的大环境使然。

上任当晚，徐平便让秘书找来一汽集团关于反腐的文件阅读。第二天早晨8时，他紧急召集集团公司纪委干部在其办公室碰面。这是他到长春后主持的第一个会议。

很快，新一轮自检与轰轰烈烈的干部廉洁教育运动在一汽集团紧锣密鼓地展开。

四天后，2015年5月11日，一汽集团第一巡视组进驻旗下公司，计划在集团展开2～3轮巡视，巡视3～5家单位。

又四天后，5月15日，一汽集团“三严三实”专题教育正式启动。徐平在一汽轿车公司培训中心为一汽集团旗下领导干部讲授“三严三实”专题教育党课。

他在报告中提出“我们学什么、我们差什么、我们干什么”三个问题，国资委相关领导也参加了此次会议。

此次会议后，徐平明确要求领导班子成员及高级经理必须在6月30日前退出关联企业，或者让关联企业退出其分管范围内的业务，对于不认真开展专项治理或弄虚作假的单位和瞒报、虚报情况的个人将严肃追究责任。

随后，据中央纪委监察部网站刊登消息，截至5月22日，一汽集团领导班子成员及全部高级经理均已报告相关情况。

5月21日，一汽集团公司党委中心组举行“三严三实”专题教育第一次集中学习研讨，徐平主持。

5天后，徐平到一汽—大众调研时特别指出，一汽—大众要对存在的问题认真解决，对巡视中的问题要采取有效措施，消除负面的社会影响。

6月12日，一汽集团公司党委中心组第二次集中学习研讨“三严三实”，徐平主持。

6月29日，一汽集团公司反腐倡廉警示教育大会在第一汽车会堂召开，参会人员除集团公司领导班子成员、高级经理、重点领域二级经理外，还有此前涉案的经销商投资人。

会上，吉林省人民检察院检察长杨克勤与徐平签署《关于深化检企共建，共同开展职务犯罪预防工作的协议》。

这次会议播放了以石涛等人被抄家、调查、审判，以及自我反省讲话为主要内容的一汽集团典型腐败案件警示教育片，参加者将其描述为“真正触及灵魂”的教育活动。

这是徐平履新前两月参加的主要反腐败和廉洁教育活动，而各分公司、职能部门等自行展开的相关会议、学习更是在加快进行。

成立三个自主事业部

当然，反腐只是徐平的部分工作。在上任的100天里做完诸多调研后，徐平对一汽集团的自主汽车事业有了更深的了解，同时也启动了红旗H5、HS5、HS7以及电动车的研发工作。

2015年5月12日下午，徐平在一汽集团营销管理部调研时已经提出："红旗品牌是我们的金字招牌，一定要做好。"此后，这句话被他在多个场合数次提起。

当年5月22日，在一汽轿车公司调研时，他说："一汽的合资强、自主弱现象比较突出，虽然自主有了大进步，但总体来说还是弱，真正要具有国际竞争力，必须要发展自主"，"一汽轿车是一汽自主轿车的主战场，干好自主是一汽未来发展的需要"。

随后的6月4日，徐平前往天津基地调研。参观夏利公司华利工厂、整车质保室、第一工厂和内燃机公司时，他没有对夏利公司的自主事业作出任何指示。

有言、无言均代表了领导人的态度，同时这也是徐建一时代的一汽集团所没有过的现象。那个时候，基本上是"眉毛胡子一把抓"。有人形容，"不是不顾一切干自主，而是一哄而上干自主"。

徐平显然希望尽快改变这种局面，他开始出手了。

在执掌东风期间，徐平被评价为"低调""严肃"。来到一汽后，他依旧如故。每次调研时，他只带与业务相关的少数人员，集团宣传部不做随行，而且他在过程中"不苟言笑"。

来到一汽集团后，在短短的100天内，有关红旗H和L系列新产品开发的关键节点会议，徐平几乎都会到场。

2015年7月上旬，在青岛的一次项目评审中，徐平在征询销售部门意见后，不顾技术中心提出的上市时间将会被拖延的提醒，决意将一个造型方案的确定时限向后推迟。

此前的5月，徐平曾到一汽技术中心进行过一次近4小时的调研，主要内容是参观和听取汇报，之后当场提出了7条意见。

2015年6月30日，一汽集团正式启动“十三五”发展规划编制工作。徐平表示：“集团未来发展主要聚焦创新、品牌、质量、效益、国内和国际市场，要坚定做强自主、树立合作的信心和决心。”

按照副部级干部在企业可以干到63岁的不成文惯例，徐平在一汽还能够干5年。这也意味着，“十三五”规划将是决定其成败的一役。

根据一汽集团的“十三五”规划，红旗将有三个平台。

一是L平台。主要生产D级车、E级车，如检阅车、礼宾车、国家领导人和常委用车、高端面包车以及全尺寸SUV。

二是H平台。目前正在销售的红旗H7是这个平台上的产品，下一步还将推出H7的换代车型。此外，还有HS7、PHEV以及EV。

三是M平台。包括当时规划在2017年年底上市的H5，还有HS5。

位于长春的一汽技术中心乘用车所，即一汽乘用车研发基地将于2016年投入使用。届时，技术中心的乘用车整车部分、一轿负责产品研发的部门，以及天津研发基地会合并于此。

2015年5月13日，徐平在技术中心明确表示，“技术中心是一汽的核心部门”，“全集团要给予一汽技术中心更高的重视和支持”。

2015年8月初，履新不足3个月的董事长徐平颁布了一汽集团新的发展自主品牌的组织构架：组建三个事业部，同时确定了集团层面的负责人。

一汽轿车、天津一汽夏利等自主品牌，组成乘用车事业部，由一汽轿车时任总经理安铁成担任负责人，向集团副总经理秦焕明汇报。

一汽解放、一汽吉林、一汽红塔等组成商用车事业部，由时任集团副总董春波负责。

红旗品牌成立单独的事业部，由时任集团副总吴绍明分管，一汽轿车总经理安铁成暂代管理。

这次是一汽集团管理体系权力的下放，打破了徐建一在任期间建立的集中管理制度。

2015 年 7 月 17 日，时隔 4 年半左右，已经是国家最高领导人的习近平再次来到长春考察调研。两个考察点分别为中车长春轨道客车股份有限公司和长春一东离合器股份有限公司（简称“长春一东”），并不含一汽集团本部。

这或许是一种微妙暗示—— 一汽集团仍在“戴着镣铐跳舞”。

红旗脱离一汽轿车

大约 7 个月之后，2016 年 3 月，中国第一汽车股份有限公司董事会批准成立红旗事业部，红旗成立独立事业部的事项有了新的进展。

2016 年 4 月的北京车展上，红旗 L6、B-CONCEPT 和 S-CONCEPT 等概念车在一汽集团展台随其他自主产品一起亮相。这一次，一汽集团总经理许宪平给红旗制定了1 年销售 10 万辆的目标。但令人遗憾的是，他并没有列出完成这一任务的时间表。他说：“无论多难、多久，红旗品牌一定要实现这一目标。”

鉴于红旗巨大亏损和上市公司盈利的要求，大约 8 个月之后，2016 年 11 月 18 日晚，一汽轿车发布公告，确认将旗下的红旗品牌及资产以 4.28 亿元的价格转让给控股股东中国第一汽车股份有限公司（一汽集团为未来整体上市考虑而成立的，简称“一汽股份”）。

此次交易意味着红旗品牌正式从一汽轿车剥离，将由此后成立的中国第一汽车股份有限公司红旗分公司独立运作。

其时，红旗分公司人员架构已经搭建完成。

一汽轿车总经理安铁成不再代管理，韩新亮兼任一汽集团发展部部长以及红旗分公司总经理；原红旗事业部副部长郭世君任常务副总经理；张巍任主管生产的副总经理。

同时，一汽—大众奥迪销售事业部副总经理杜晓东任主管营销的副总经理，还兼任营销部部长；负责红旗品牌建设的一汽轿车销售公司总经理助理唐宏出任红旗市场部部长。

红旗资产从一汽轿车剥离，再到管理层基本到位，可以说红旗独立已经是尘埃落定。

红旗品牌独立的好处之一是，发展红旗再也不必看上市公司股民的脸色了。一汽轿车在 2016 年 9 月 18 日曾发布公告，称“目前红旗产品处于品牌培育期，尚未形成规模效应，一定程度上影响公司的盈利能力，对公司当前发展构成压力”。

独立出来以后，红旗的发展可以得到更多的资金投入。一汽集团或者说一汽股份旗下有一汽—大众、一汽丰田等若干中外合资公司，每年的利润可观，一汽轿车的经营压力在红旗转让后将减轻。

资产转让公告显示，目前红旗正在进行三大项目的技术升级改造工作，总投资额为 10.8 亿元，目前已投入 1.4 亿元。资产转让完成后，将由一汽股份继续投资。

红旗品牌独立的好处之二是，红旗作为豪华品牌能够形成独立、健康和快速运作的发展体系。

又大约 4 个月之后，一汽集团正式发文，宣布成立一汽红旗销售有限公司，直接隶属一汽红旗分公司。同时，任命一汽红旗分公司副总经理、经管会成员杜晓东为一汽红旗销售有限公司总经理。

耐人寻味的是，一汽红旗销售有限公司与一汽红旗分公司同级，属于一汽集团二级子公司。

然后是 2017 年 4 月 10 日，红旗品牌业务在集团层面有了新的分管领导，即来自东风汽车公司、刚刚出任一汽集团副总经理的邱现东。先前分管红旗的一汽集团领导吴绍明已经在 2016 年 1 月调任中国汽车工业协会秘书长。

当年 4 月 16 日，上海车展前夕，红旗首批 21 家 4S 店签约仪式在上海举行。一张中国地图，21 个地点被打上标记，地图上所标注的是不久后首批红旗 4S 店将出现的地点，覆盖了全国 18 个省、市、自治区。

但是，红旗品牌的管理、投资和决策仍然不算顺畅。

作为当事人的原红旗分公司常务副总经理郭世君说："我们以前就是一直在做项目，一些项目做成了，平台技术积累都到位的时候，基础也有了。本来设想的是，集团这时把红旗单独出来，再给它加持一下，发力，应该说马上就不一样了。"

可惜，这个新成立的红旗分公司有些资产在轿车公司，有些资产在集团，导致整个体系无法正常操控。郭世君觉得，红旗分公司的成立是用一个过渡的措施解决问题。

对于红旗分公司这个全资子公司，曾经长期担任一汽轿车总经理的张丕杰认为，刚成立时，一汽轿车不会把最好的人才给它，集团也没有多少人能够真正充实进去。

张丕杰说："集团是战略管控型的，职能部门是没有运营能力的，这对红旗分公司没多少帮助。除非集团给它配置非常强的力量，不仅给钱，而且给人。但作为全资子公司，集团所有职能部门都能管它。"

2017年7月17日，郭世君提出辞职。耿昭杰把他叫过去，问："你是红旗第二代复兴人，为什么离开？"郭世君说："耿厂长，红旗就像我们养的大胖孩子，可爱，但我无能为力，只能转身离开。"

现在看起来，郭世君走得有点着急了。

▲ 2005 年 4 月 20 日，在上海车展大张旗鼓展出红旗 HQD 概念车等诸多车型之际，一汽主办的第一汽车奖第一届中国汽车设计大赛颁奖典礼举行，竺延风亲自上台颁奖。

► 2005 年 4 月，上海车展，一汽展台推出了一汽设计师自己设计的红旗旗舰产品 HQD 概念车（后改名为 HQE），车前脸和劳斯莱斯接近。这是整车图片，拍摄地不在上海车展，
▼ 红旗 HQD 在上海车展上的照片。

► 以丰田皇冠 Majesta 为基础、仅仅外型略有变化的红旗 HQ3 因其血统问题饱受诟病。自 2006 年 11 月上市，它一共销售一千台左右，还曾经改名为红旗盛世，但向主流高端冲击未获成功。图为本书作者 2007 年年底在一汽轿车试驾 HQ3。

▲ 2002 年 3 月 12 日，红旗旗舰 CA7460 高级轿车在杭州举行投放仪式，最低定价 68 万元左右。这款车型除了外观上的些许变化，其动力和内饰等方面几乎原封不动地照搬了福特林肯 Towncar 车型。

▲ 2007年12月14日，在一汽集团党委扩大会议上，竺延风引用了这样一个故事来说明他离别的心情——美国国防部长罗伯特·盖茨原来是美国农业机械大学的校长，当他被任命为国防部长时，他说："我热爱这个大学，但更热爱我的祖国，我必须履行我的职责"。

▲ 2007年年底，在离开一汽前，竺延风曾独自驾驶这辆在林肯 Towncar 底盘上打造出来的外观造型仿照 CA770 的“大红旗”轿车，从一汽的五号门出发，经过长青路，向外开到宽屏大桥，然后再折返回来。

► 2008 年 5 月，在“感动红旗 50 人”评选颁奖典礼现场。当时，一汽集团决定：一汽轿车在未来一汽集团的发展战略中占据重要地位；二是自主轿车在一汽集团的地位举足轻重。图为时任一汽轿车总经理张丕杰在主持会议。如今，张丕杰为一汽集团采购部部长，全权负责红旗采购事务。

▲ 红旗 HQE 在 2007 年正式立项研发，供 2009 年国庆 60 周年阅兵使用，搭载 V12 发动机。L5 是在 L 平台上诞生的一款红旗旗舰车型，使用 V8T 发动机。

▲ 2015 年 5 月，徐平掌舵一汽后，在短短的 100 天内，有关红旗 H 和 L 系列新产品开发的关键节点会议，他几乎都会到场。图为 2017 年徐平（左四）到一汽－大众车间指导工作。合资企业是一汽集团全力做好红旗的有力保证。

▲ 2015 年 5 月 7 日，时年 58 岁的徐平出任一汽董事长、党委书记。2016 年，红旗品牌成立单独的事业部，正式从一汽轿车剥离。图为 2017 年 2 月他接见本书作者，翻看赠送的中国汽车人口述历史之《红旗》。

第六章

排山倒海的改革

第一是洞见，第二是勇气。既然已经看清楚了，为什么不下手呢？

——徐留平

受命于关键之际

午夜时分，天气寒冷，飞机降落在重庆，徐留平走出江北机场，张宝林和朱华荣突然出现在他面前。

这是 2012 年临近年关的一天。当天，徐留平刚从旗下一处汽车制造基地的闹事现场返回北京，在中国兵器装备集团总部逗留片刻后，就连夜飞往重庆。

这是一个特殊时刻。两位战友不寻常的接机，让身为重庆长安汽车股份有限公司董事长的徐留平有点惊讶，但却倍感温暖，甚至湿了眼眶。

5 年后，在人生地不熟的长春，身为中国第一汽车集团公司董事长的徐留平，说起和战友同甘共苦的往事，依然感慨。

2017 年 8 月 2 日，徐留平突然从一个异常熟悉的环境，一脚踏入陌生的、亟待振兴的东北老工业基地，成为一汽集团的掌门人。这颇有一种天涯苦旅的意味。

此前几天，关于他接替徐平掌舵一汽集团的消息已经刷爆朋友圈。尽管几乎所有人都认为他接受了一个不可能完成的任务，但包括一汽人在内的各界人士，还是有着隐隐的期待，期待他能够带来改变。

让徐留平北上，至少说明两点。

其一，中央政府对一汽集团作为“共和国长子”在振兴东北老工业基地这一历史使命中的重要性有了清晰的判断。

无论是 2016 年 4 月 26 日发布的《中共中央、国务院关于全面振兴东北地区等老工业基地的若干意见》，还是当年8月22日国家发展改革委印发的《推进东北地区等老工业基地振兴三年滚动实施方案（2016—2018）年》，都将东北地区的国企改革作为一大重点。

一汽集团属于与国计民生息息相关的汽车行业，同时其作为“共和国长子”，又具有鲜明的政治身份。搞好一汽集团具有旗帜作用，如果搞不好它，那么振兴东北就可能难以成功。

其二，一汽深化改革成功并不容易，现在让徐留平北上，是中央政府对他作为中国汽车业一位难得的领军人物的认可。

徐留平执掌长安汽车11年之久，他让一个地处西南边陲的汽车企业从一家汽车技术基础为零的军工企业变成了自主品牌的排头兵，尤其是为国有企业搞好汽车自主品牌找到了方法和路径，同时树立了信心。

反观一汽集团，它亟须一位强有力的汽车业领导者去大刀阔斧地改革，恢复信心，实现复兴。

那么，1964年10月出生、受命于关键之际的徐留平是否真的能够不负使命？因为改革一汽集团已经不是在白纸上画画，难度之大，人所皆知。

长春方面则对于徐留平进入一汽集团有一个较为普遍的看法：这不是跳入火坑吗？神仙来了恐怕也没用！

一位老一汽人曾形象地说：“一汽就像一个病人，你想问他哪儿有病，他也不是很清楚，因为他浑身都是病，从精神疾病到生理疾病，全有。他也知道自己病入膏肓了，并且完全不相信自己还能成为健康人。他或许也从来不想通过积极的治疗恢复健康，仍得过且过、心安理得、不思进取地做病人。因为他知道，他不可能死，他医保条件好，他江湖地位重要，国家会保证他不死。‘不死’就是他唯一的也是最大的追求，而‘活得精彩’则不是。”他的评价也许不准确，但好像说到了点子上。

尽管如此，很多一汽人还是怀着强烈的期待心情，觉得这次一汽集团或许真的有重燃的机会。

在中组部宣布中国兵器装备集团总经理徐留平出任一汽集团“一把手”的前一天，股价长时间下行的一汽夏利(000927)居然迎来了久违的涨停，由此可见股民对徐留平上任的期待。

当时，《汽车商业评论》杂志总编辑贾可在《困难很大，但相信徐留平拯救一汽信心很足》一文中写道：徐留平一定会发掘和带领一汽的“蓝血十杰”，进行大刀阔斧的改革，改革僵化的激励体制，改革集团的管理体制，改革各行其是的研发体制，激发一汽内生的“活得精彩”的积极性，给13万一汽人一个交代，给东北振兴一个交代，给中国汽车产业一个交代。

中国汽车工业协会常务副会长董扬也在《徐留平的使命》一文中说道：“提醒一汽诸君，留给一汽的时间并不多。如果一汽不能在5年之内在自主品牌、电动汽车、智能网联汽车方面取得巨大进步，届时外资股比再放开，一汽就会完全失去行业带头者的地位，被边缘化。若出现这种情况，我们有何面目见一汽的几代创业者？”

但谁都没有想到，徐留平前脚刚到一汽，后脚就展开了一场史无前例、疾风暴雨般的改革。

徐留平不仅让大家看到了他雷厉风行的铁腕作风，而且让大家看到了他不只是在“打碎一个旧世界”，同时也在迅速“建立一个新秩序”。

令徐留平欣慰的是，虽然人生地不熟，但他获得了不同寻常的信赖，相当一部分人，体现出了一种对新董事长的强烈期待和对改革者发自心底的理解与尊敬。

一汽集团党委副书记、副总经理秦焕明说：“董事长（徐留平）有思想，想干事儿，对一汽是一种机会，我们就得全身心做，大家共同把这个事情做好。”

一汽集团党委常委、副总经理王国强说："如果再不变，一汽还是用老的官僚体制运行的话，恐怕就得死，必须要大刀阔斧地改革。但客观地讲，我真没想到是这种做法。一汽成立65年了，我在一汽干了30年，这次改革从上到下，惊心动魄，但留平董事长带着大家做得还是很坚决。你说当时大家思想都统一了吗？没完全统一，但行动是高度统一的。"

在对一汽集团进行翻天覆地、暴风骤雨式的改革后不久，徐留平到日本考察合作伙伴丰田汽车。丰田的章男社长问他："我特别好奇一汽的改革，丰田也面临这个问题，你有什么可以告诉我的？"徐留平这样回答："第一是洞见，第二是勇气。既然已经看清楚了，为什么不下手呢？"

徐留平说："所有的挑战都来源于你对问题的把握程度和你的决心，如果你把问题看得很清楚，你的方向也很明确，剩下的就是你有没有勇气去改变它。如果你有这种勇气，就去改变它！"

同样在德国大众，时任CEO穆勒（Matthias Muller）也问了同样的问题。徐留平说："目标、方向、怎么做，现在很清楚，现在只需要有勇气去改革，有勇气去革自己的命。"

前所未有的上任宣言

改革或者革自己命的气息从徐留平上任第一天就已经让人感受到了。

2017年8月2日上午，在很多干部职工还在休设备检修假时，一汽集团就在东风大街2259号的总部大楼A座召开中层以上管理人员大会，迎接新一任董事长、党委书记徐留平的到来。

中共中央组织部副部长高选民代表党中央、国务院宣布了新的任命。徐留平作了慷慨激昂却又意味深长的表态发言。

他首先表明自己的态度，“很乐意过来”，因为60多年来，作为中国汽车行业的摇篮，一汽作出了很多历史性的贡献，同时他也意识到这个岗位的重要性，因为一汽现在正承载着振兴中国汽车工业和实现“汽车强国梦”的重大责任。

这种认知或者概括可以看作是对中组部副部长级干部带他来宣布党中央、国务院决定的一种积极回应。

对于一汽的现状，初来乍到的徐留平做了非常正面却又有极强分寸感的分析。他说：“最近几年来，一汽总体生产经营平稳，自主品牌取得进步，党建及党风廉政建设得到加强。”

但很快，他话锋一转，谈起了对当下汽车产业竞争格局和本质的认识，强调新形势下一汽集团“转型调整、加强自主是关键的关键”。

他认为，当前汽车消费者及其消费行为在快速变化，新能源、智能互联、自动驾驶等技术不断革新，新商业模式、新产业形态不断涌现，汽车产业将发生极其巨大甚至是颠覆式的变化。

他体会到，当前中国汽车市场正在经历一场既有跨国公司、又有自主品牌，既有国有企业、又有民营企业，既有传统企业、又有一大批互联网造车新势力的“血雨腥风”的“肉搏战”。汽车产业生死存亡的淘汰赛不仅已经拉开了序幕，而且加快了步伐。

徐留平表示，在残酷的市场竞争面前，不仅不进则退，而且小进也是退，强者大进，弱者快退。也许不出5年，有不少汽车企业，包括合资和自主企业，将会迅速消亡。同时，也许有一批优秀的汽车企业会脱颖而出，成为胜利者，进而成为世界级的汽车企业。

这些对当下汽车产业的判断，实际上也反映出徐留平对当下一汽集团的短板有着清醒的认识。面对这样的新形势，他在表态发言上直接明确了一汽集团具体工作的轻重缓急。

第一重要的事情是全力以赴地打造自主品牌，着力提高自主创新能力。

第二则是坚持两条腿走路，努力抓好合资合作，提升综合统筹能力，不断增强总体竞争实力。

第三则是进一步加强党建和党风廉政建设，全面推动各项事业迈上新台阶。

那么，如何全力以赴做强做优自主品牌？

徐留平特别强调，要“直面问题，直击痛点，大胆改革，大胆创新”，强调“鼓足干劲，聚精会神，横下一条心，背水一战”。

中国汽车产业乃至全球汽车产业正处在一个激烈变化的动荡期，这对于只有“解放”一抹自主亮色的一汽来说，也是一个巨大的机会。

他认为产业转型对于一汽当下的发展是一个有利时机，应该既遵循规律循序渐进，又抓住关键迅速突破。

徐留平大胆提到了搞好自主品牌的阶段性时间表，希望通过 3 ~ 5 年的拼搏，坚决把自主品牌搞上来，希望未来能够使一汽成为中国汽车业第一品牌、世界的金字招牌。

这对于当下的一汽来说，似乎是不可能实现的目标。但徐留平没有退缩，而是如他所言，直面问题，直击痛点，全面深化改革，充分调动全体干部职工的积极性和创造性。

众所周知，当下一汽员工的积极性和创造性都有些不足，必须有人提振士气。徐留平的说法可谓“抓住了牛鼻子”。

徐留平提出坚决按照中央关于国有企业全面深化改革的要求，认真开展三项制度改革，充分利用“权、责、利”相适应的杠杆机制，“充分释放每一位同志的聪明才智和工作活力”。

他表示要让企业和员工共成长，大力推动“企业关心员工，员工关心企业”的“双关心”文化，共同创造价值，共同分享价值，在企业成长壮大的同时，让员工的获得感和能力同步提高。

他还提到推进“双促进”理念——党建促进生产力，生产经营促进党建，坚决反“四风”，坚决反腐倡廉，坚决打造“廉洁、干净、透明”文化。

为此，他要求自己坚决做到“忠诚、干净、担当”，以身作则，严于律己，一心一意，全力以赴，攻坚克难，奋不顾身，秉持“集团就是我的家”的理念。

徐留平表示，个人的力量是有限的，只有融入集体和团队中，才能发挥巨大的力量；自己的水平和能力离要求还有不小的差距，但激情和干劲是饱满的，斗志是昂扬的，决心和意志是坚定的。

在演讲最后，他希望集团领导班子成员和各位同志能大力、真诚支持他，帮助他，共同奋斗。

当天上午，一些与会干部在微信里交流对徐留平这次演讲的想法，给出的评价关键词非常正面，诸如“接地气”“务实”“精彩”“很棒”等，对于他将如何付诸实践，颇感期待。

2016 年夏天，原一汽集团总工程师徐兴尧提到，一汽的物质基础包括技术队伍都不错，问题主要出在“上层建筑”上，“只要‘上层建筑’的问题解决了，一汽肯定能翻身。什么时候能解决？那就拭目以待”。

徐留平的表态发言可谓拉开了一汽改革的序幕，或者说拉开了对“上层建筑”改革的序幕。

队伍先要练作风

2017 年 8 月 7 日，星期一，过完一年一度的暑期设备检修假期后，一汽集团开始了新的上班季。

当天上午，徐留平带着秘书来到位于长春东风大街 2259 号 A 座的办公室，正式开始了他的一汽生涯。

上班后的第一件事，徐留平建立起了集团管理层先前未有的周例会制度，然后到各部门、各子公司、合资公司听取为期大约一个月的汇报。

为争取时间，在这个非常时期，徐留平将集团领导重大会议放在晚间开，经常是一筐馒头当晚餐，大家一起吃，经常工作到深夜。

他把自己加入集团上下多个微信群里，最大限度地打通沟通渠道。而在加入一汽之后，他就将自己的微信头像换成了一辆红旗。

他倡导主要领导干部只争朝夕，倡导“7·11”工作制，即每周工作 7 天，每天工作 11 个小时，因为“当下的产业竞争激烈，形势严峻，必须全力以赴，抓住当下，争取最好的结果”。

他要求大多数的工作以天为流程，一天之内必须把所有的事情结清。也就是说，凡做事必须有时间节点。他安排的任务，没有说明时间节点的，必须当天完成。

而徐留平自己的工作风格是化繁为简：凡是副总能够直接决策的，就由副总决策，他只抓他关心的事情、一定需要他定的事情，而且一抓到底，直至细节。

来到一汽的第一周，徐留平对一些小事的处理让他的话没有成为空谈，而且迅速树立了权威。

比如，厂办人员出入办公室和进饭堂需要刷两张不同的卡；车辆出入证要到深圳去办理，而且要花几个礼拜的时间。

徐留平要求：两张卡必须合二为一；必须把车辆出入证办理机构移到长春来，所有人办证必须在当天办完。结果，这两大问题在一周内全部得到解决。

他到一汽—大众听汇报，得知中外双方领导出差标准不一样导致了一系列问题，便要求在不违反中央规定的前提下，立即解决问题，令中方员工欢欣鼓舞。

2017年8月7日，在徐留平正式在长春上班的第一天，江苏省宿迁市网名为“友亚宝”的高尔夫7车主发了一个帖子，称他的汽车在一次车祸中损坏了变速箱电脑板，但是4S店的变速箱电脑板一直缺货，也不知何时有货，希望新董事长能够帮忙解决这个问题。

大概两天后的凌晨2点，徐留平在网上看到了这个帖子，他当即打电话责成相关领导解决这个问题。远在德国大众集团总部沃尔夫斯堡的一汽—大众总经理张丕杰和商务副总经理董修惠迅速和在国内的售后副总安立波制订解决方案，紧急协调配件。

“友亚宝”的车很快修好了。他说：“徐董事长重视客户的投诉加上雷厉风行的作风，让我看好和期待一汽的改革。”

徐留平认为，一支队伍要带好，首先得练作风，“队伍是拉练出来的”。一周以后，不仅是在内部，整个中国汽车界都感觉到一汽上下动起来了。

徐留平到奔腾调研，为加快解决销售渠道中存在的问题，他要求集团主要领导带队，把所有主要城市调查一遍。在上海，徐留平找经销商一对一了解情况，确保不会有人说假话。

徐留平到红旗调研，要求红旗到2017年年底，质量要达到奥迪车水平的90%。对标奥迪体系，先解决口碑问题，彻底扭转人们一谈红旗车就觉得质量差的本能反应。

为了迅速打消消费者的疑虑。2017年9月16日，在一汽集团向常州公路运输集团交付100辆新红旗H7轿车的仪式上，徐留平亲自站台并宣布，红旗轿车将推出终身免费服务政策。

徐留平在那次会议上说："我们一汽人正在马不停蹄、不分昼夜地推动'红旗'（轿车）的伟大复兴和发展。"

他到技术中心调研，提出改革是一汽和技术中心发展的关键，要以客户为中心、以产品为主线进行改革；要在全集团层面尽快形成全价值链协同局面，组织上要紧密结合，流程上要逐一打通，逐一审查每个阶段的流程。

2017年8月21日下午，徐留平开会提出关于红旗的三个重大话题。

一是红旗要不要复兴？能不能复兴？这个问题的答案是肯定的。因为徐留平发现，对于一汽人来说，这是"众心所向"。大家一致认为，红旗品牌必须复兴，而他自己的体会是一定能够复兴。

二是要不要把红旗作为一汽的主品牌？换言之，未来一汽和红旗是什么关系？一汽以后的发展模式是"一心一意""一心二意"，还是"三心二意"？或者是"干一手、留一手"？

三是红旗的品牌精神、标识和内涵是什么？红旗品牌曾经有过辉煌，有过威严、庄重、高端的一面，但是到了今天，红旗的内涵是什么？特别是在产品、服务和体验层面，它需要注入什么新内涵？

从8月21日开始，史无前例的"我心中的红旗"大讨论和"我为红旗复兴献一计"活动开始。

当天晚上，在一汽—大众第1500万辆整车下线仪式上，徐留平选择第一次公开亮相并发表演讲，称一汽将加快自主品牌的发展步伐，重整第一汽车、第一品牌的雄风，"这场伟大的改革和行动已经开始，并将加速"。

这天，徐留平还和奥迪时任CEO施泰德（Rupert Stadler）以及大众集团董事会成员、中国区CEO海兹曼（Prof. Dr. Jochem Heizmann）教授开会。会后，海兹曼对他说："我没有想到今天和徐先生开会的效率如此之高，我深深地感受到你的企业家作风。你才上任两周多，对问题了解如此之深，并能够当场作出决策。”

海兹曼没有料到的事情还在后面。

2017年8月23日，一汽集团在红旗工厂召开了产品质量誓师大会，提出红旗产品的质量标准应该是世界顶级豪华车标准。这被外界解读为红旗在产品质量上向世界顶级豪华车看齐的一次宣言。

为期两周的大讨论吸引了2万多人参与，3万余人参与了网络调查，5万余人为红旗品牌发展建言献策。

徐留平在总结发言中说，此举的一个重要目的，就是迅速提振士气、凝聚人心，让大家感受到一种责任、一种压力，点燃每一位一汽人复兴红旗的希望与梦想。

徐留平认为，这不仅仅是一次有关红旗的大讨论，还是一汽人一次解放思想的大讨论，是一汽一场深刻变革的伟大行动的开始，也是一汽人蕴藏于内心深处、与生俱来的那种不甘落后、永不言败、勇夺第一的爱国情怀和价值追求的再次爆发。

一汽集团体系管理及IT部部长李冲天表示，开展红旗大讨论，同时也把体制、机制问题暴露了出来。

2017年9月1日，徐留平在集团党委理论学习中心组学习发言中，要求贯彻习近平总书记要求，坚决杜绝“四不”（不思进取、不接地气、不抓落实、不敢担当）干部。他同时指出一汽干部存在的六种现象和一汽面临的严峻形势，要求开展作风建设大讨论、大检查和大提高。

上任才一个月，集团所有的问题徐留平都看得清清楚楚，而他也感到，一汽的有些干部远离市场和专业水准太久了。

“每个人都应该扪心自问，是否对得起一汽？是否对得起自己？水平怎样？能力是否达到发展汽车产业的要求？”徐留平在这次会议上说，“工作本来是一件快乐的事情，但能力不足会导致自己难受、家庭不快乐、上级不满意、下属不舒服。这样的干部就赶快让贤吧！”

2017 年 9 月 3 日，芝加哥大学布斯商学院中国高峰论坛在北京召开，徐留平选择这个机会对外公开演讲，提出要让红旗成为“中国第一和唯一的豪华车品牌”，一时引爆舆论，也带来了争议。

到一汽一个月，徐留平就基本上把该调研的、该发动的、该启发的都做完了。同时，他的思想和作风也都一点一点地渗透进来。

更重要的是，通过不停地和大家讨论，徐留平对一汽集团的改革思路也已经形成。2017 年 9 月 7 日，徐留平给了管理部两页纸，要他们在他设定的集团管理改革方案上进行丰富。

总部运营红旗

改革的思路，很快被公之于众。

2017 年 9 月 9 日下午，一汽集团公司总部大厦 A3 报告厅，“我心中的红旗”大讨论召开总结大会。在会上，徐留平首次公开提出，将集团总部的职能定位为运营红旗。

他对广大与会人员说：“我们总部就是和红旗的喜怒哀乐、成长与繁荣完完全全地绑在一起，而不是让红旗作为一个简单的分公司运营。对于一汽人来讲，这无疑是在新形势下，我们面临的一个历史性的并且会产生深远意义的重要任务。”

2017 年 9 月 21 日晚上，趁改良款红旗 H7 在北京上市之际，徐留平对外正式公开这一消息，誓言要把红旗品牌真正打造成中国第一豪华车品牌。

在这个意义上，徐留平就成了红旗的总经理，以此类推，其余副总经理则分别要负责红旗业务的各个方面。

如此，红旗在生产、研发、质保、销售等各个方面获得了最大的支持和最直接的决策管理，体系能力得到进一步加强，最优势的资源开始向红旗倾斜。

这不仅显示了一汽集团对振兴红旗的真正重视，更重要的是让整个集团的领导班子直接面对一线的战火，大家一起被“放到火上烤”。

打开一汽集团原有的组织架构和领导分工图可知，权力都在职能部门手里，而责任都在分公司、子公司那里。负责组织结构和体制设计的李冲天说：“大家讨论的时候说，母子关系不顺，责权不对等，上下都有怨气，经营结果不好，都认为责任在对方。”

比如一汽轿车，产品研发、投资、人事权等在职能部门，而指标由一汽轿车承担，一汽轿车感到很委屈，有苦难言。而职能部门认为，全资子公司就是负责具体运营的，就应该承担所有责任，而审批的权力本来就是集团的。

这是徐建一时代围绕集权思想建立起来的集团管控体制带来的后果。

比如，集团的生产制造技术部、质量保证部、采购部、营销管理部等，本应该设置在汽车生产部门里，但围绕集权思想建立起来的这些部门，因为没有实施运营的载体，所以对子公司的管理就很尴尬，常常是“管也不是，干也不是”。

美国著名管理学家钱德勒（Alfred D. Chandler Jr）曾经提出结构追随战略的命题，即企业的组织结构必须根据战略进行调整，组织结构是战略落地、执行，特别是配置资源的体制保证。

要实施实际管控的话，必然要基于某个载体。竺延风时代强调分权，徐建一时代的管理思路是既要战略管控，又要实际管控，搞成了一个“四不像”，组织结构与战略的匹配度没有调整顺畅。

2013 年 5 月调任一汽集团管理部部长的李冲天说，体制问题束缚了整个一汽集团前进的步伐，并且与体制匹配的机制也在束缚一汽前进。

“当然，一汽这些年对改革的思考和动作也从来没有停止过，只是思考和动作的幅度不大。”李冲天说，在徐留平来之前，一汽集团管理部已经推出过 11 版改革方案，但只是出了方案，并没有进行认真系统的讨论。

一汽集团原组织人事部（现人力资源部）部长陈辑认为，原来的改革只是作作绩效、薪酬制度的调整，个别地方作一些考核、评价制度的调整，大多是局部的，不是系统的，属于修修补补，对整体影响不大。

毫无疑问，顶层设计问题严重束缚了底下各个事业板块的发展。如果体制问题不解决的话，会阻碍各个事业板块前进的步伐。

徐留平的改革可以用翻天覆地来形容。时任办公厅主任孙志洋问徐留平：改革幅度能不能小一点？徐留平的回答是：不只是时不我待的问题，更为关键的是，如果总部要直接运营的话，原来的系统根本用不了。

徐留平确定总部的主要精力用来运营红旗，也就意味着把集团原先的“审批”部门全部做实。此外，设立解放品牌和奔腾品牌两个事业本部，它们完全独立运营。

解放事业本部把围绕解放的单位都合了进来，包括一汽客车、一汽通用；奔腾事业本部把围绕整个奔腾系列的单位都合了进来，包括一汽吉林、天津夏利。

由此，一汽集团的管控结构进行了重大调整。李冲天说：“这个过程体现出了高度的放权。向谁放？向这些事业板块放。”

以前各事业板块底下想成立一个机构，得经集团管理部批准；想增加编制，也得经集团管理部批准。现在集团管理部定原则、定标准，各事业板块按原则、按标准去执行就可以了，不用向上报批。

这样的机构设置，最起码从生产关系上能够保证未来一汽集团根据不同板块的战略任务，充分集中资源、集中力量实现重点突破。这个生产关系促进了战略落地和战略实现，促进了生产力的发展。

李冲天说："从顶层设计的角度说，要想实现自主品牌腾飞，要想实现红旗复兴，没有一个很好的顶层设计，没有一个好的体制架构，根本无从谈起，因为体制是一个根本问题。"

由此，一汽集团形成了新的公司组织架构。这个组织架构对各事业板块高度放权，总部则以运营红旗为核心。这个组织架构也意味着，一汽集团总部不再进行简单的战略管控，首先是负责实际的汽车品牌，即红旗的运营。

徐留平说："对于一汽集团来说，什么最重要？什么最难？红旗最重要，红旗最难。这么重要、这么难的事情，总部不亲自去干，想交给下面的人去干好，怎么可能？"

大破之后是大立，徐留平给一汽集团确定的是国际通行的强矩阵管理方式，即完全靠流程，靠一套制度、一套标准、一套体系来运行。

徐留平的思路特别清楚，就是以市场、客户为中心，以产品为主线，打通所有业务链。在这个过程中，向两个方向倾斜：一是向研发倾斜，二是向营销倾斜。

围绕这样的指导思想，李冲天和他的同事们围绕总部直接运营红旗和集团进行管控两个方面，设计了新的编制总量，对总部结构进行了重大调整，很多无用的行政岗位被取消，很多以前看起来重要的部门也被合并。

比如发展部、规划部和生产制造技术部合并为发展制造部，从建工厂、做工艺，一直到生产准备，都是这个部的职责范围。

王国强说："以前规划部是画圈，发展部是把这个圈变成一个坑。留平董事长来了，我和他说，规划部就是'鬼话部'，太虚了。"

改革后，李冲天所在的管理部更名为体系管理和 IT 部，这个部门今后的重要任务就是制定好红旗品牌的运营流程。

关于红旗的运营流程，一汽集团先前只有一个，就是产品诞生的流程。但这个流程已经比较陈旧了，而其他涉及红旗运营的流程实际上都散布在各个子公司的板块里，没有流程就没法运营红旗。

集团总部的各个部门以前不会运营，只会管控。现在，集团直接运营红旗，就需要制定完善的流程架构。

体系管理和 IT 部围绕红旗运营规划了 353 个流程，其中，一级流程 14 个。李冲天说："二级、三级、四级、五级流程架构都给大家发下去了。我们的原则是，一级流程和大家一起做，二级流程我们指导做，三级流程督导做。"

拆掉技术中心

集团层面组织架构调整中最关键的一个环节是对研发部门的组织架构进行调整。在这次调整中，饱受诟病却从未有人敢"动刀"的一汽技术中心被毫不留情地拆分，青岛造型中心也被收回到长春。

然后，一汽集团汇聚集团资源成立研发总院、造型设计院、新能源开发院、智能网联开发院、奔腾开发院和商用车开发院。

技术中心原有的行政部门如综合部门、采购部门、后勤部门等七个部门全部被取消。

这样的调整，不仅能够聚合集团的研发资源，而且能够紧跟当前汽车产业的技术发展趋势，使研发体系更加扁平化，加快信息的传播速率，提高决策效率。

一汽技术中心被拆之后，负责奔腾产品开发的奔腾开发院交给了一汽轿车，负责解放产品研发的商用车开发院交给了解放。也就是说，这两个事业部内部就形成了一个完整的研发产业链。

“这个方案很明确，权责对等。”李冲天说，“研发都给你，你想要的我全给你，你的要求集团完全满足，一个不落全给你。这样，责权绝对对等后，再搞不好经营就是你的事了。”

李冲天认为，对于一汽来说，这绝对是前无古人的，过去没有任何一任领导者敢对技术中心“动手”。这种做法完全符合汽车产业以品牌划分事业群和研、产、供、销紧密运营的基本原则。但在先前的技术中心体制下，这难以做到。

一汽技术中心的前身要追溯到1950年重工业部汽车工业筹备组在北京成立的汽车实验室，它负责一汽前期筹备中的科研工作，后更名为第一机械工业部汽车拖拉机研究所。

1957年年底，这个研究所的汽车科研部门迁至长春，1964年更名为长春汽车研究所。长春汽车研究所几次被划入一汽，后又被划出，最终在2001年与一汽工艺处、技术处部分业务结合，组成一汽技术中心。

过去的一汽集团有个论调，认为技术中心就是一汽的一个独立窗口，讨论技术、研发产品都归技术中心管。它的主要工作涉及红旗、奔腾和解放三个品牌的技术研发，但又完全独立运行，既和集团职能部门关系不太紧密，也和营销部门不太贴合。

1997年，一汽轿车上市以后，按照上市公司原则，应该保证垂直的生产链完整。但是由于历史原因，一汽轿车的技术部门被归并到长春汽车研究所，也就是后来的技术中心，所以一汽轿车的组织构成中就没有单独的产品研发部门，而是由技术中心来做研发，矛盾也由此而来。

技术中心离市场“远”，轿车公司离市场“近”。技术中心开发的产品能否真正满足市场的需求？轿车公司需要的产品，技术中心能否及时开发？当前市场到底需要什么车？谁来解决这个问题？到底谁说了算？都没有明确。技术中心和一汽轿车扯来扯去，最后逼着一汽轿车建立了自己的研发队伍。

王国强曾经当过一汽吉林的总经理。他说："他们都在给自己干，没有一个部门是在为用户造车，这才是最要命的地方。我说的用户可不仅是终端用户，在企业内部也是有用户的。技术中心是为谁服务的，应该给一汽轿车、一汽吉林服务。可工程师们觉得不是，领导也不这么认为。以前一汽轿车和一汽吉林只负责生产，开发产品得听技术中心的。"

一汽集团旗下的客车公司，原来也有自己的研发团队，但为了集中，一汽把它的研发团队并到了技术中心，一汽吉林的研发团队也被并入技术中心。结果是多方扯来扯去，合作不顺。最后没有办法，客车公司、一汽吉林都成立了自己或大或小的研发团队，做年型车开发。

解放卡车也是如此，整个汽车的生产链在解放公司，唯独产品研发在技术中心，一段时间内也是矛盾重重。好在解放分公司的领导与技术中心的领导关系比较好，问题才得到缓解。

"哥俩好，凭这个，互相之间形成了默契，两个团队配合得不错，但这个是靠个人，不是靠制度。"李冲天说，"换一个领导，如果两人关系不那么默契，结果就会大不一样。"

改革前，技术中心负责红旗或者解放产品开发的部门领导同时兼任一汽轿车或者一汽解放负责产品的副总，一肩双挎。

比如，徐世利既是技术中心负责乘用车的副主任，同时又是轿车公司负责研发的副总经理；朱启昕是技术中心负责商用车研发的副主任，同时兼任解放公司的副总经理。

这种安排是想通过一个人在几个部门兼职来解决研发、制造、营销等环节的衔接问题，使各个环节的沟通和生产效率高一些，但这并不能从根本上解决问题。

作为当事人的徐世利对这种设置带来的尴尬感受颇深。他 1985 年进入一汽集团，先是在技术中心，后到一汽—大众，干到研发总监的位置后，2007 年重新回到集团总部，之后开始负责红旗项目。2014 年，他到技术中心任担任乘用车的副主任。

徐世利负责整车研发，但整车研发包括很多其他分支领域。比如，造型和动力就分别归两个不同的副主任管理。这种交叉管理模式导致即便是技术中心体系内的资源也很难高效利用，很多工作必须要在技术中心主任的协调下才能完成。

拆掉技术中心后归属集团用于总部运营红旗的研发机构分为研发总院、造型设计院、新能源开发院、智能网联开发院。

其中，研发总院的职责是研究平台、研究基础模块、研究性能、研究可靠性、研究整车。

原来技术中心里面有新能源部和电子电器部，但它们都没有独立的职能，技术中心对它控制得太多。技术中心被取消后，这两个部门被升格为新能源开发院和智能网联开发院。

改革之初，这四个研究院与产品规划及项目部紧密衔接，为总部运营红旗奠定了坚实的基础。

徐留平认为，作为一家面向市场的汽车公司，技术中心的称呼给人一种保守的、偏基础研究的感觉，特别是对一汽这样一家老国有企业来说，更有一种不面对市场、不面对用户、不接地气的味道。改掉技术中心的名字，本身就意味着向过去告别。

这是对旧体制的否定，也是对老思想、老观念的否定。

2017 年 9 月 21 日，号称中国汽车行业规模最大的汽车产品研究、开发和试验检测基地的中国一汽技术中心宣布摘牌。

在技术中心摘牌前，其官网上最新的一条新闻还是2012年2月19日集团公司领导到技术中心拜年的消息，官网5年多没有更新。有人质问，这是不是给今天中心的解散埋下伏笔？是不是5年前就该解散？

对此，清华大学汽车发展研究中心主任李显君教授说："这次解散尽管晚了几年，但还是要拍手称快。一汽乘用车的市场绩效说明了原有技术中心及其体制真的无法支撑一汽未来的自主创新事业，再不改，一汽将错过重整旗鼓和复兴的最后机遇。"

天下武功唯快不破

2017年9月18日上午，一汽集团召开深化改革工作动员会，对组织结构和人事进行重大变革，以实现"国内第一、世界一流"的企业愿景。

此时距离9月7日徐留平给李冲天提出丰满宏观改革方案的要求只过去了短短的11天。期间还召开了4次常委会、若干次专题会和职代会，以完善和通过方案。落实速度之快，令李冲天感到惊讶。

一汽集团党委副书记、副总经理秦焕明则说："提出的理论如果站得住脚，走起来就比较快、比较稳。"

当然，在流程制定之前，即整个机构和编制明确以后，先前的组织人事部、后来的人力资源部已经开始配置相应的人员，实施人事制度的改革。

尽管如此，人力资源部部长陈辑说："从我们内心来说，已经准备好迎接快速变革，但是没有想到这么快。我们所有人全部的星期六、星期天都搭进去了，那个月每一天都工作到半夜，甚至后半夜。常委会也经常是大半夜召开。”

徐留平在启动人岗匹配的深化改革工作动员会上先给大家打预防针，指出现行人事制度存在的三大问题：干好干坏一个样、吃“大锅饭”；价值创造者未得到有效激励，成就感、获得感不强；员工发展论资排辈。

为此，一汽人事制度改革正式启动。第一阶段的任务是引入竞争机制，实施全员竞聘上岗，包括各子公司和职能部门的正职、副职、处级干部及员工四个层面；第二阶段的任务则是完善发展通道，强化绩效和薪酬激励。

此次竞聘上岗，部长级别的人员报名完以后，按人岗匹配原则，由集团常委会研究确定；副部长、普通员工则公开竞聘。

副部长竞聘时的评委一般是五个人，有集团的分管领导、来自咨询公司的外部评委以及其他横向部门的领导。

部长可以挑选副部长，这种竞聘方法称作“组阁式竞聘”，给予部长一定的选择权利。

2017 年 9 月 18 日上午，集团部长层面的负责人全体“起立”，报名参与竞聘。当天晚上，经集团常委会讨论，午夜之后，核心业务板块 28 个部门的一把手名单出炉。

来不及迎来送往，第二天早上八点，这些部门的正职干部便前往任职部门宣布到任，然后立即开始组织竞聘副职工作。时任奔腾事业本部副本部长后成为本部长兼一汽轿车总经理的柳长庆说：“这在以往是不可想象的。”

2017 年 9 月 20 日，一汽集团 420 名高级经理的竞聘工作全部完成。原有高级经理，通过此次公开竞聘上岗的有 349 人，退出领导岗位的有 71 人。

很快，10 月 13 日上午，一汽—大众启动中方高级经理竞聘工作，这是徐留平执掌一汽集团后启动的第二批班子副职调整的改革，随后便是一汽丰田等合资公司。

一汽—大众的竞聘工作同样是迅速完成：从发出通知要求报名，到竞聘者演讲，再到评委评定，最后到决策层批准，11月15日晚上全部完成。11月16日上午，竞聘结果正式宣布。

2017年10月，党的十九大后，解放事业本部、一汽铸造有限公司、长春一汽富维汽车零部件股份有限公司、机械工业第九设计研究院有限公司、一汽模具制造有限公司等完成竞聘工作，总计1.7万余名员工参与，7.9%的员工未匹配到新岗位。

陈辑说，通过此次竞聘，干部队伍的年龄结构得到了优化。改革后，处级以上干部平均年龄下降了3岁。在晋升发展上，“不唯资格”“不论资排辈”的业绩导向更加明显。

最年轻的处级干部只有31岁（1986年出生），从入职到提拔为处级干部历时7.2年。按照原来的干部选拔程序，从入职到晋升为处级，至少需要16年，而实际平均年限是19.3年。

通过这一轮竞聘，很多原来认为没有晋升机会、没有发展空间、打算离职的年轻人由于得到重用，就选择了留下。

一切看起来顺风顺水，但重新竞聘速度之快也让一些人质疑会不会存在“萝卜快了不洗泥”的现象。有人亦质疑，在这么短的时间内，有些有实力的人根本没来得及准备，是否会让嘴皮子好的人上位？

陈辑说：“我觉得可能会存在个别这种现象，但是整体上来说，大多数竞聘上岗的人是比较优秀的。”

通常来说，一个表达能力不好的人是不适合当领导的。更重要的是，在没有准备的情况下，才更能看出一个人的真正实力。因为如果你平时没有积累、没有做过，临时讲便会讲不出来，所以时间短有时间短的好处。

而且，这次如暴风骤雨般的改革也带来了令陈辑意想不到的效果——一夜之间，很多干部的观念完全变了，他们有了危机意识，“认识到原来岗位并不是铁座椅”，这是非常大的转变。

比如有一些高级经理，原先要调岗时，考虑得很多，如那个岗位怎么样、各方面会不会好一些？但是，这一次竞聘，第一个岗位没有竞聘上去，他的危机意识马上就有了，立即思考能不能报下一个岗位，因为如果不报下一个岗位，可能后面就没有了。

危机意识正是很多一汽干部、员工所极度缺乏的。一汽的很多人也能感觉到一汽存在的危机，但他们一方面认为靠合资体系支撑着，一汽一时半会儿死不了，另一方面认为要死大家一起死，于是都耗着。

多年从事人力资源工作的陈辑说，一汽人经常说，“前面标兵渐远，后面追兵渐近”，实际上后来的追兵都已经跑到前面去了。外部在变，市场在变，用户在变，但内部并没有变化，包括观念、机制等。

有一些员工大学一毕业就到了一汽，他们也想干点事情，也想有成就感，但来了若干年以后，他们的能力水平并没有得到多大的提升，原因何在？

陈辑反思，一方面有他们自身的原因，另一方面也有企业体制、机制的原因。在这个大环境里，大家都过得比较舒服，没有更多活力和动力，“没有我要做得更好，我要更努力，我要进一步提高”的意识。

李冲天团队在拟订方案的过程当中，曾经根据一汽原有的状态和习惯跟徐留平进行过沟通，建议有些改革措施可以缓一缓，让大家有思想准备。

徐留平态度非常明确：不快，一汽就没有机会。只有快，才可能迎头赶上。快的过程中，肯定会出现小的瑕疵。不过，没有关系，一方面在方案设计时尽可能完善，另一方面可以在过程中不断完善。

因此，在竞聘过程中，一汽当时成立了两个委员会：一是投诉委员会，谁有意见和建议可以马上提；二是监察委员会。

但从现在快速改革的结果来看，李冲天说，只有快才能打破传统的壁垒，只有快才能把人的惯性打破。这种快是对人的传统思想、传统观念的当头棒喝、迎头痛击，它给一汽人带来的思想上和观念上的冲击是前所未有的。

秦焕明认为，最根本的是，虽然时间短，但是体现了“能者上、庸者下”的原则，达到了改革的预期目的，这是毋庸置疑的。

有人认为这次改革导致了不少人才流失，特别是一汽技术中心人员的流失。但陈辑表示，是有一些员工离职，但员工流失率并没有增加，更多的人看到了希望。

根据陈辑提供的数据，2016 年，一汽的员工离职率为 3.30%；2017 年改革前，离职率为 5.77%，改革后的离职率与改革前基本持平，其中高绩效员工以及骨干层面员工的离职率明显降低。

对于李冲天和他的团队来说，一方面要忙人岗匹配改革，另一方面要忙体系流程建设。对此，徐留平提出的要求也是一个字——快，在 2017 年 11 月底之前完成的流程要保证红旗的基本运营，“急用先行，先解决有无的问题，之后再逐步优化”。

在设计流程的具体过程当中，李冲天还带队去长安汽车了解情况，长安汽车方面也派人过来深入交流。

李冲天说：“我们的实际进展跟董事长的期望可能有点差距，因为对于我们来说，这方面的工作是一张白纸，原来没有过这些东西，但我们在加油！”

反对六种现象

尽管这次一汽集团的机构大调整可谓翻天覆地，但是党群机构基本没有什么调整，在编制总量上依然积极予以保障。

管理部将党建工作的“四同步”原则完全做到位，一个也没有少。“四同步”原则即党的基层组织和生产行政组织同步建立，党务干部和生产行政干部同步配备，党建工作制度和生产管理制度同步制定，党建工作和生产经营工作同步考核。

李冲天说：“这次机构改革，既体现了一汽作为一个央企应该如何面向市场进行顶层架构设计，又体现了一汽作为一个央企应该如何加强党的领导。”

在 2017 年 9 月 18 日一汽集团召开深化改革工作动员会之前，徐留平已经对一汽—大众进行了中外方员工出差同等待遇的改革，同时处理了几个刁难、克扣供应商，并且搞微腐败的人。他对此毫不含糊，也没有手软。

李冲天说：“党建工作必须与生产经营工作密切结合，党中央、国务院也是这么号召的，不能空泛地谈党建。可以把董事长的思路理解为党建不能搞形式主义，必须结合实际，一旦有问题，必须立即处理，一票否决，而不是看你开了多少会、传达了多少文件，你的党建工作就做好了。”

在这场引发中国汽车界强烈关注的改革前，徐留平已经在 2017 年 9 月 1 日举行的党委理论学习中心组学习发言中打了预防针：“党建工作不是口号，是具体行动。”

徐留平将自己学习习近平总书记系列重要讲话中对干部要求的要点摘录，然后对照现状，指出一汽干部存在的六种现象和一汽面临的严峻形势，最终提出一汽下一步的措施。

此番发言十分尖锐，一度引爆了一汽的微信朋友圈。

徐留平告诫下属，习近平总书记反对干部“不思进取、不接地气、不抓落实、不敢担当”，主张干部要“亲力亲为抓改革，扑下身子抓落实”，好干部“能办实事、能打开局面和能得到群众拥护”，并能“批评与自我批评”。

所谓不思进取，就是责任心不强，故步自封，得过且过；所谓不接地气，就是高高在上，不去调研，基层情况不掌握，一问三不知；所谓不抓落实，就是光开会、发文了事，不去落实；所谓不敢担当，就是私心太重，遇到困难和矛盾绕着走，不敢作为。

徐留平认为，一汽的领导干部中就存在这样一些“四不”干部，有一部分人的问题还很严重，必须彻底改变。同时，他还表示，目前一汽的一些干部存在六种现象：

一是一问三不知，对自己的职责、外部行业的变化、自身的竞争力等都不研究，什么都不清楚。

二是整天什么事情都不想干，混日子，推卸责任。

三是存在口号式的干部，只说不做，高谈阔论。

四是办事拖拉，应该当日完成的工作当日不完成，应当当周完成的工作推迟到一个月。

五是遇到问题、困难绕着走。

六是不学习、不钻研，思想严重跟不上形势。

徐留平认为，当下的产业竞争激烈，形势严峻，留给一汽的行业跟进窗口期就剩两三年了，如果抓不住，一汽就真的有生死存亡的危险了，必须全力以赴，抓住当下，争取最好的结果。为此，要激活目前的环境，把想干事的人推到前台。

徐留平要求开展作风建设大讨论、大检查和大提高。

首先，按照习近平总书记的要求以及中央党委和集团党委的要求，认真学习国际、国内先进的企业，开展“我为一汽做什么”的大讨论。

其次，各级单位尤其是领导干部要进行个人剖析，对照“四不”干部和六种现象进行自我检查，写出心得。

徐留平提出，要解放思想，立即行动，不讲借口，以目标为导向，坚决完成任务目标；要加强学习，提高专业水平。

他还要求组织人事部和两办（党委办公厅、集团办公厅）尽快整理汽车行业应知、应会的提纲和内容，发给大家参考学习。

选什么样的人决定了企业行动的风向标，也决定了干部作风和工作作风。徐留平要求各级领导机关要充分发挥选人、用人指挥棒作用，淘汰不思进取、态度消极、只唱高调的干部；提拔、支持和保护作风正派、锐意进取、敢担当、善作为、不怕得罪人的干部。

总之，要让有担当者担当，让干事者无忧，建立科学合理的评价机制，有责必问，问则必严。

按照一汽全面进行制度改革的“四能”要求，徐留平提出，其中的“一能”就是领导干部能上能下，组织人事部要解放思想，不能僵化，用能干事儿的干部。

除了干部能上能下，其他“三能”—— 薪酬能高能低、员工能进能出、机构能增能减同样至关重要。

为此，徐留平要求组织人事部要用优秀的人，不能让大家吃“大锅饭”。一汽不是慈善机构，有些分公司、子公司明明没有什么业务，却还养着几千人。“职责不清，机构臃肿，为啥不改？”

徐留平要求加速调整，加快改革，要对整个组织进行基于产品线的组织架构调整。

首先调整自主品牌的发展方向，打通产业链。责、权、利要统一，快速追赶竞争对手。

其次，合资企业要加快调整思路，加快发展速度。

最后，加速新业务发展。新能源、智能网联目前还有机会追赶，大家目前还差不多处于一条起跑线上，要铆足劲加油干。

徐留平提出组织人事部要更加解放思想，要用市场化的机制去管理人力资源，因为得人才者得天下。薪酬不是问题，问题是能力够不够？能不能成一方之业、撑起一片天空？如行，就要重奖，要有这个胸怀，企业不能总是求着员工干活儿而不给有获得感的奖励。

徐留平说："一把手要有胸怀，不能跟武大郎开店似的，自己薪酬低也让底下的员工薪酬低，要让员工珍惜自己的岗位。如果做到责、权、利清晰，员工会轻易放弃自己的岗位吗？如果把岗位工资弄得这么低，谁还会珍惜？"

不再死气沉沉

人岗匹配制度改革后，内部提拔的尤峥和外部吸引来的董海洋与况锦文三人出任集团总经理助理。

尤峥曾任一汽轿车制造技术部部长、一汽—大众轿车二厂厂长和一汽集团规划部副部长，在这次提拔为总经理助理前，任集团产品策划项目部部长。

董海洋则来自北汽，而更早前，他也在一汽任职。离开一汽前，他是一汽丰田汽车销售公司副总经理。他的回归基本开创了一汽流失人才再回流的先河。

况锦文则来自长安汽车。他先前在上海通用工作，后来到长安汽车成功组建并运营自主品牌销售公司。

此次出任总经理助理的还包括办公厅主任孙志洋、一汽轿车总经理柳长庆、一汽—大众总经理刘亦功、采购部长张丕杰、解放公司总经理胡汉杰以及人力资源部部长陈辑。

加上早就是总经理助理、新任战略规划部部长胡咏，整个一汽集团共有10位总经理助理。他们中除了柳长庆、刘亦功和胡汉杰，其余人的主要职责就是运营红旗。

再加上质保部（部长金锋）、新组建的发展制造部（部长韩新亮）、品牌公关部（部长杜晓东），可以说，红旗各职能部门及负责人的架构基本搭建完成。

这是激活一汽活力、把想干事的人推到前台的举措。但让集团总部直接运营其实并不简单，因为集团总部的各个部门过去只是管控，根本没有直接运营的经验，更没有直接感知市场压力。现在这种模式，大家一时压力巨大。

不仅流程要重新制定，而且人才和专业能力也跟不上。这次总部为了运营红旗，编制向重要部门倾斜，但原有的人才并不能满足需求。

一方面不少干部员工由于能力不足去了人岗匹配中心，另一方面空编不少，许多重要岗位没有找到合适的人才。陈辑说："当然也给未来吸引其他人才留下了足够的空间。"

在人力资源整合的过程中，一汽集团管理部是挨骂最多的部门，作为部长的李冲天甚至还受到过威胁。

他说："那些下岗的人认为我们给的编制太少了。有人给我打电话，说知道我家在哪儿，说我怎么这么缺德。还有的人给我打电话打到后半夜三点多。"

但李冲天表示，改革必须要有担当意识，既然想这么走，就必须坚定不移地、不打折扣地往前推进。遇到问题解决问题，遇到瑕疵就弥补。

从2017年9月7日开始，整整两个多月的时间，管理部几位核心人员包括李冲天在内，没有前半夜回家的时候。李冲天本人因为在前期机构调整和重新编制工作中表现突出，还被表扬，并得到了10万元人民币的奖励。

秦焕明认为，虽然有一些杂音，但整体上来说，改革推进得非常顺利。这源于徐留平董事长的担当意识和使命意识，千方百计要把自主干好，要把红旗干好。同时，更重要的是广大干部员工有所期盼，改革顺应了大家的愿望，是大势所趋。

这不免又让人想起2017年8月21日开始的“我心中的红旗”大讨论。短短两周内，无论是经营管理人员，还是专业技术人员；无论是一线生产人员，还是离退休老同志；无论是办公室、实验室，还是生产现场、车间里；无论是报纸、电视、网站，还是微博、微信、朋友圈，一汽集团上上下下关心红旗的热情一下子就被点燃。

当得知有这场大讨论活动后，自嘲一辈子只造了一辆换型车——解放牌CA141型五吨载重汽车的81岁一汽原设计处设计员谷旭照给徐留平写了一封4000多字的信函。除对解放和红旗品牌标识提出建议外，他在信中还这样写道：发动一汽全体职工就公司发展问题开展大讨论，提意见，这虽不能说在一汽是空前的，但恐怕也是很久以来未曾有过的事情。作为一位老一汽人，我深为感动，从内心里感到欢欣鼓舞，我为我们的领导点赞。

可以说，徐留平的到来给积累了多年能量的一汽打开了一个巨大的口子，大家都迸发出了工作的热情和活力。

为了将这种热情和活力保持住，此次体制和机制调整并非一劳永逸，只是告一段落。按照新的体制和机制运营一段时间后，将遵照“干部能上能下，员工能进能出，机构能增能减，薪酬能多能少”的“四能”方针，继续进行改革。

对于人才管理来说，薪酬和绩效体制的完善至关重要。徐留平来一汽之初在技术中心进行调研时，就提倡多劳多得，“做得差没饭吃，做得好，一年挣两年的钱”，必须要让每一个员工有一份“沉甸甸的感觉”（指挣钱多），珍惜他们的岗位。

2017年年底，一汽集团的整体绩效薪酬方案编制完成。从2018年1月开始，新的绩效薪酬体系开始实施。

时任人力资源部部长陈辑说：“我们不是一次竞争上了岗就可以旱涝保收了，后面的绩效考核还会跟上。未来，我们每个季度都要考核，半年进行一次评判，谁在岗位上干得不好，就有被调下的可能。”

2006年，陈辑曾在一汽—大众搞过一次激励机制改革，2009年到一汽总部工作时也引入基于平衡积分卡的绩效管理体系，但是效果不太理想。他认为不理想的原因是先前的绩效考核都是部门层面的，而不是自上而下地从最高层把指标、任务分解下去，高层把指标分给中层，中层再往下分解。

陈辑说，没有这样的责任传导机制，只是设定一个绩效考核工具，如KPI (Key Performance Indicator，关键绩效指标)，各子公司、分公司的人使用工具的积极性和主动性就会很低。他们不会去想怎样把这个工具用好，而只是应付，安排人把KPI分解了就算完事，并且在定指标的过程中，始终想着把指标尽可能地定低一点，定高了，明年就不好干了。

竞聘上岗也好，绩效考核也好，这些都是执行制度的工具。如果真想把事干成，工具稍微差一点也没有关系。无论是开好车还是差车，只要想往目的地走，就肯定能到达。开再好的车，如果没有动力去目的地，也难以到达目的地。陈辑说，徐留平就是通过这种激励来给大家动力。

得人才者得天下。鉴于人才短缺是业内普遍现象，徐留平在强调建立市场化的人才机制的同时，也十分重视人才的内部培养。从2017年12月开始，一汽开始对中层干部进行行业基本入门知识的考试。

“这些是你必须要懂的，是你必须参加的测试。”徐留平说。他同时要求领导干部必须学会编教材，开展领导力培训。作为董事长，他已经多次授课。

从整体上看，陈辑觉得一汽集团动起来了，原来大家一片死气沉沉，现在大家的积极性、主动性是以前没法比的。

一个有趣的现象是，改革之后，晚上吃免费加班餐的员工越来越多。起初管理部门还要求各部门统计加班人数，以便安排晚餐，但后来发现，经常加班的队伍并不少见，而且人数保持在一个基本恒定的数字。此后，食堂也就不再统计加班人数了，而是按照大致的人数准备饭菜。

《汽车商业评论》总编辑贾可曾笑问徐世利："会不会有人为了免费晚餐而留下来加班？"他笑道："现在还有谁会为了一顿饭而放弃八小时之外的时间？"

上任不到两个月，徐留平翻天覆地的改革引发了外界的好评。2017 年 10 月初，《美国汽车新闻》中文版发表评论说，中国媒体称徐留平是改革者，应是实至名归，他的到任对一汽集团来说应该是福音。

这篇文章写道："鉴于一汽在国内汽车行业的重要地位及其业务体量之大，徐留平正在为其他经营不善的国有车企提供改革的样板和案例，但这些企业是否会因之受到促动，进而更新图强，尚待观察。"

第七章

你是谁，到哪里去

你所有的焦虑和不安都源于你看不清趋势。

——肖明超

红旗为什么存在

红旗的品牌使命是什么？红旗的目标消费者定位是什么？在徐留平的领导下，一汽集团通过翻天覆地、暴风骤雨式的改革，确立了集团直接运营红旗的组织架构和相关流程。但为了做好这项工作，他们必须明确回答根本性的问题。

如果不能回答这些问题，那么这一次红旗的重新出发，也许仅仅是比以往多了一些组织上的保证而已，其结果是，又增加了一次失败的冲锋。

一般讲，一个企业之所以管理糟糕，一般会存在两方面的问题：一是不知道自己想要什么，从而什么都想要，什么也舍不得放；二是不知道用户想要什么，甚至连用户是谁都不知道。

反过来说，无论是国内的企业，还是国外的企业，判断一个企业好不好，可以先问问企业想要什么、用户是谁？这两个问题的答案可以将好企业和差企业立刻区分开来。好的企业，由上至下，全都知道要什么、不要什么，后面的管理就会极为清晰。

现代管理学之父德鲁克对管理所下的经典定义是这样的：管理就是界定企业的使命，并激励和组织人力资源去实现这个使命。界定使命是企业家的任务，而激励与组织人力资源是领导力的范畴，二者的结合就是管理。

那么，再回到这个问题。一直以来，红旗想要的是什么，红旗的使命是什么？或者再直接点，红旗品牌为什么存在？

曾经的红旗设计师常冰说："之前红旗的定位是很清楚的，就是给官员使用的车，而且是给中央最高级领导人使用的车。20世纪80年代一汽市场化之后，红旗车的定位就变得让人困惑了，不知道红旗车的客户是谁，也不知道红旗品牌需要什么。"

一汽—大众造型科的刘丽姝是一位"90后"汽车设计师，在她眼里，红旗是国车，庄重威严，但与此同时，红旗又有着古板守旧、远离市场、目标用户不清晰的特点。面对新时代的中坚力量——"80后""90后"甚至"00"后时，红旗该如何定位？

2009年诞生的红旗L系列主要定位为国家领导人用车，通过这一系列车的开发，红旗车作为高端品牌的血脉被认真、扎实地保留了下来。但是，随后开发的红旗产品无疑都存在不同程度的定位不清问题。

由此，红旗品牌先前确定的使命在一汽实行市场经济之后就游离了，变得不确定了，这或许也是导致后来红旗"迷路"的一个重要原因。

如果红旗一直坚定自己的品牌使命就是为国家领导人服务，那么即使没有奥迪100附体，靠几年出现一次的红旗检阅车，红旗品牌同样不会被灭掉，反而会更加熠熠生辉。而因为奥迪100的借用，红旗有了"大红旗"和"小红旗"之分，它品牌的使命也变得复杂。

可以说，改革开放以后，除了为国家领导人服务这种明确的使命，如何给红旗确定新的市场使命，给一汽集团和红旗带来了挑战和困境。

如果说红旗曾经提出过品牌使命的话，2013年开始出现的"让理想飞扬"这句口号还是很响亮的。但它依然不是明确的品牌使命，因为先前，红旗为谁造车很清楚，后来就开始不清晰了。

品牌使命的一般定义是品牌主体在社会历史和现实生活中所承担的重大责任。品牌使命为品牌提供了存在的理由，也为组织决策和品牌营销提供了依据。伟大品牌背后的使命，能够激励团队向目标前进。

2017年10月4日，徐留平专门组织了一场红旗讨论会，其中的一个最重要主题就是明确红旗品牌的使命，这无疑是抓到了根本。

有人说，红旗的使命就是成为中国工业最高水准的代表。也有人说是让中国精英坐上中国人造的豪华车。还有人说红旗每个阶段有不同的使命，现在的使命是要让中国人坐上自己的豪华车。更有人说，红旗的使命，就是要做中国唯一的豪华车品牌，如果一汽不去做，那中国就没有别的汽车企业能做。

品牌使命涉及红旗品牌的基因问题，从基因中探寻它在新时代的使命，是一个必经路径。

红旗品牌有着其他中国汽车品牌从来不具有的烙印——独立自主的民族精神、平地起高楼的开拓精神、中国人的高尚审美视角，等等，它是铭刻时代潮流的历史经典，是激励后来者打造豪华汽车品牌的动力源泉。

显然，无论是历史传承还是当下现实，红旗品牌使命的落脚点就是这些让中国人骄傲、自豪和认同的因素，这是其成为豪华车品牌的历史基因，也是新时期红旗品牌使命的出发点。

参加讨论会的一位专家说，他有一位河南客户买了一辆红旗L5。客户提车走的时候，命令他车队里的劳斯莱斯、宾利、奔驰、宝马都跟在红旗L5的后头，他自己坐在红旗车里开路。某种意义上，让中国人开红旗车时有这种成就感、自豪感，就是红旗的品牌使命，这是其他中国品牌绝对不能带来的。

正因为如此，红旗才敢生产价格跨度非常大的各类车型：有卖600万元一辆的L5，有24.98万元起价的H7，还有14.98万元起价的H5。无论红旗的哪种车型，都让中国人有一种带着自豪感的认同。这样，未来红旗品牌使命的重心不仅是为国家领导人服务，同时也为更多普通消费者服务。

当选择了这种品牌使命的时候，实际上为国家领导人服务的品牌使命不仅不会阻碍红旗走向市场化，而且会有重大促进作用。如同凯迪拉克既有总统座驾，更有面向主流市场的走量产品。这是我国其他任何品牌都不具有的特点，也是红旗有比一般豪华车更高端的消费顾客群体存在的原因。

实际上，国家最高领导人习近平2011年在一汽集团说的这句话——盼望着更多的中国人能坐上中国一汽产的红旗牌轿车，已经为红旗的品牌使命明确了方向，只是，当时的一汽未必真正理解罢了！红旗的品牌使命就是应该为更多的中国人服务，这也是新时代下一汽做好红旗最关键的地方。

徐留平对此的理解是："要形成一个从国家领导人到中国普通民众都能够尊享红旗车体验的红旗产品矩阵。"

这样，对于红旗来说，除了继续维护其作为国车的形象，如何开发其作为市场经济下的汽车商品的价值也尤为重要。

宝马中国原负责市场的副总裁朱力威说，品牌的基础是人，品牌的价值体系得到社会认同后，才能更好地传递给消费者，才能慢慢增加销量。塑造高档品牌，是一件需要长久规划的事情，红旗也不例外。只有站在品牌战略高度，站在未来5～10年的时间维度上，才能找到可行路径。

于是，2018年1月8日，在人民大会堂举行的红旗品牌战略发布会上，一汽集团对红旗品牌的使命、愿景、理念和目标客户进行了非常清晰的阐释。

新红旗的品牌使命是满足消费者对新时代"美好生活、美妙出行"的追求，成功肩负起历史赋予的强大中国汽车产业的重任；愿景或者说战略目标是打造"中国第一、世界著名"的豪华车品牌；品牌理念是"中国式新高尚精致主义"；而目标客户则是"中国式新高尚情怀人士"。

车和家创始人李想说："做 D 级车还是 C 级车，其实根本不重要，品牌使命才是最重要的。品牌使命确定了，大家动作都会一致，而不是针对不同的路线、不同的东西在纠结。在（打造新红旗）这条路上，所有的人都会全力以赴。"

这个"全力以赴"的重要性在于，当红旗确定了品牌使命后，不会因为遇到一些暂时的困难就停止前行，而是会想尽办法克服困难，实现愿景。

这是红旗拥有自己明确品牌使命的最重要意义。

因为只有知道未来在哪里、使命在哪里，只有清楚未来 5 ~ 20 年内要做什么事，徐留平和他的团队才能面对现状和挑战无畏前行，才不会在战术层面纠结。

品牌复活的生死交点

红旗产品如何跟上时代发展，如何找到新产品的突破点？

大家的共识是，如果红旗继续采用常规战略、战术，采用常规舒适区思维和做法，是绝无可能实现品牌复兴的。只有打破常规，摆脱惯性，跨界融合创新，才能超越目标。新时代恰恰给了红旗这个机会。

2017 年 4 月，由工信部、发改委、科技部出台的《汽车产业中长期发展规划》对"什么是汽车"有了令人耳目一新的定义——汽车正从交通工具转变为大型移动智能终端、储能单元和数字空间。

徐留平在红旗品牌使命中提出的满足消费者对新时代"美好生活、美妙出行"的追求，已经体现出新红旗对于汽车产业未来发展趋势的深刻理解。

这也许上是徐留平长期思考的结果，或许是他在长安汽车时代就已经有了的阶段性探索和实践。

2017 年 4 月 7 日晚上 8 点，长安汽车“生命动感，智色双旋”设计理念战略发布会在北京举行。身着蓝色西服的徐留平出人意料地骑着一匹黑马上台，他由此解释了什么是未来的汽车。

马是人类最早的出行工具，汽车凭借先进的技术将其取代。而马作为出行工具所带来的一些独有的东西也随之消失，如马和人之间产生的伙伴般情感，这是现代文明带来的缺憾。徐留平选择骑马上台，是想表达出整个汽车行业都将向着更高程度的文明回归的理念。

徐留平认为，“生命动感”是汽车作为人类出行工具的精髓，是新时期汽车产业的本质特征和未来。他说：“生命的本质就是不断向更加完美的生命形态演进，不断传承、生长、突破。一个好的企业要有自己的生命力，并专注于将灵魂注入产品，与用户产生共鸣。”

“智色双旋”则是“生命动感”之下顺理成章形成的设计理念和语言。

“智”——无智能，不汽车。所谓“智”，即是智力、智能，强调人和车理性、逻辑的一面，未来的汽车是一个智能的移动终端。

“色”——无色，不汽车。“色”即是色彩、性情、美感，产品必须符合消费者的审美和情感要求。

“智”“色”是新时期对于“生命动感”汽车本质特征认识的具象和展现，“双旋”则寓意着 DNA 双螺旋结构，是生命动感的具象元素。徐留平说，“智色双旋”是将“智能化”“人性化”纳入汽车设计，将汽车的生命与人的生命融为一体，让用户体验到更具未来感的乘驾体验。

回到红旗这个话题，新红旗品牌使命中确定的目标客户是“中国式新高尚情怀人士”，和当前红旗车的消费群体还有一定差别。

一项调查显示，大家认为，红旗车的用户主要集中在非一线城市的40岁以上、具有民族情结和家国情怀的男性群体。

红旗现在的用户群体和设定的目标用户群体之间的落差还是显而易见的。如何弥补这个落差？这是一个问题。

2017年9月9日，一汽轿车公司技术部员工张博在“我心中的红旗”大讨论中说：“20世纪五六十年代出生的人，提起红旗，想到的是五星红旗和一汽生产的红旗轿车。而现在的‘90后’，你跟他们提到红旗时，他们只会想到五星红旗。”

一位参加红旗讨论会的专家在他的粉丝群里做了一个调查，询问一群1988—1998年出生的年轻人，问他们对红旗车有什么印象？他们的回答是：政府用车，国家主席用车，老化、老派、没科技感，不帅、不酷。有一个“95后”说得比较极端，他说：“这种领导人的用车跟我有什么关系，那是国家形象，不买这种车并不代表我不爱国。”

红旗车经典形象犹存，但品牌形象呈现老化趋势。岁月的记忆、曾经的荣耀和对于中国汽车的意义固然重要，但年轻人心中的红旗车形象还停留在过去的时代。现在的年轻人一想到红旗车，第一反应是“这是爸爸、妈妈那个时代的东西”。

显然，红旗想要吸引这些未来的用户群体确实是要彻底改变过去的“守旧”形象，要打破大家脑海里形成的“红旗车已经不是这个时代汽车消费主流”的固有印象，创新地构建吸引未来消费者的崭新形象。这种形象，既有对优秀基因的传承，也包含新时代的创新和进步，两者之间交汇融合。

一汽—大众奥迪销售事业部执行副总经理荆青春说，在用户定位层面，红旗的当务之急是打造更清晰准确的价值取向。L系列的价值取向可以从目前的领导人用车向商业领袖用车转变；H系列可以从目前的公务员用车向新生代社会精英用车转变。

他认为，要瞄准占豪华车消费市场60%以上的“80后”“90后”主流群体，以及快速成长起来的女性汽车消费者群体。在豪华车市场，深入洞悉他们的需求特点，充分满足其真实展现自我价、追求独立自由个性的需求，这也是属于这一代消费者的独特需求。

今天的红旗车公众认知度非常高，但是美誉度却有待提高，认同感也不强。对大多数人来讲，红旗是一个符号、一种情怀，是新中国成立之后60年代至80年代的那段激奋的怀旧情怀。因此，新时代下的新红旗要想成为“中国第一、世界著名”的豪华车品牌，靠什么支撑？

2018年，最后一批“90后”也已经18岁了，这意味着“90后”一代已经全部成年，1990—1995年之间出生的人群甚至已经开始组建家庭，抚育子女；1995年后出生的人群则也已经走出校门，开启职场生涯；而“70后”“80后”则大部分已经进入富足阶段，成了最具消费实力的新中产阶层。

消费群体的结构变化，也进一步驱动着中国消费市场的变化。无论是以“90后”为代表的年轻人，还是以“80后”为主的新中产阶层，他们对日常生活中的很多环节都有着极致化的追求，并通过对细节的考究、关注与品鉴，达成自我从外在到内在的内涵提升。而这种追求在消费市场中呈现出两大行为特征：一是“品质至上”；二是“新精致主义”。

过去中国消费者的很多消费都是“显著性”消费，强调符号感，希望通过消费获得社会和他人的认同。但是，新消费时代的中国消费者则越来越关注一些“非显著性”的消费，也就是一些藏在产品细节或者蕴藏在品牌背后的文化、精神、时尚元素等感知和体验，并愿意为这样的产品或者品牌买单。

这种非显著性精神消费浪潮驱动商业品牌从大众时代的功能商业向精

众时代的精神商业进化。商业趋势观察家肖明超说，商业大师们开始围绕精神商业打造产品，以存在感、仪式感、参与感和幸福感为核心，消费者的消费趋势从“拥有更多”到“拥有更好”转变。

显然，除了国车这一超强政治和民意资本，面对这样的时代变化，红旗需要在商品经济层面和新价值体系下找到自己的价值定位和价值取向。

徐留平坚信，汽车消费者的变化是中国甚至于全球汽车产业变化的根本驱动力。现在中国的消费者主体呈现年轻化趋势，这些年轻消费者的需求也必将更加个性化和多样化。

由此，徐留平提出，必须要为新红旗注入“新高尚”“新精致”“新情怀”的品牌DNA——它们是在传统的红旗DNA基础上面向新时代的升华，在这个基础上打造出吸引新一代消费者的产品和服务，而新一代的消费者就是或者即将是“中国式新高尚情怀人士”。

“政府用车是红旗的重要一部分，但是不多。我们的目标用户变了以后，从产品设计到产品定义，都会更多倾向于普通消费者。”徐留平说，“‘豪华’到了21世纪这个年代，应该定义为‘高尚’。我觉得‘高尚’这个词也更能够精准地表达出未来红旗的目标消费群体的特征，里面暗含着一种从物质层面定位到思想层面定位的转化。”

徐留平认为，在思想、精神层面丰厚的当下，从国家领导人到各类社会精英，都不太愿意坐单纯物质层面定义的豪华车，而倾向于坐精神层面的高尚车。

在这个过程中，传统的红旗车消费者并不会就此失去，因为他们是红旗品牌精神和情怀的坚实拥护者。

而如果能成功建立新的红旗价值体系，新一代的消费者将被体现“美好生活，美妙出行”的红旗产品不断吸引。这将是红旗作为豪华车经典品牌复兴并真正在全世界豪华车品牌中占据重要地位的必由之路。

可以看到，世界著名的可口可乐品牌永远是既传承经典，又跟上时代，很好地保持着与时俱进的品牌精神。

还可以看到，故宫博物院借助互联网的传播，通过对产品进行时尚化改造，用有品位的现代营销方式让古老的文化发扬光大。这是明智的做法。

如今，各个领域的领先品牌都在思考如何应对两股新消费浪潮：一种是如何针对高端消费人群需求，推出更有品质的升级换代产品；另一种是如何针对年轻人个性化需求，打造出个性化、族群化的产品。

徐留平提出的产品和服务解决方案，就是要体现“品味高尚、大气典雅”，“理想飞扬、激情奔放”，“精益求精、细心极致”和“随心合意、完美体验”。为此，新红旗将“尚·致·意”确定为全新的设计语言。

这种全新设计语言在红旗概念车上体现得十分明显。“高山飞瀑、中流砥柱”的格栅，“气贯山河、红光闪耀”的贯通式旗标，“梦想激荡、振翅飞翔”的前大灯，“昂首挺胸、旌旗飘扬”的腰身，已经打破了红旗L5那种中庸古板的四平八稳风格，寓意着“三十六天罡”的36根直瀑中网呈现出了自信的姿态，同时带来了充满科技感的细节和充满活力的体验。

“尚·致·意”，这些体现红旗豪华车品牌内涵的中国式形容词看似宏大，却是对新红旗产品和服务的全新理念和最高要求，也为经典的红旗品牌赋予了时代内涵——乐于开放包容，热爱颜值正义，勇于开拓进取，追求极客精神。而这其中天然地包含了年轻化元素，因为年轻化，才能拥有如此有时代感的精神。

或者说，为了吸引未来的用户，徐留平提出的新红旗产品和服务内涵包含了符合当下中国消费市场升级背景的“新四化”——科技化、时尚化、精致化和精神化。实际上，科技也是一种时尚。徐留平认为，未来的新红旗汽车，不仅有硬件的迭代，还将重塑整个电子架构，使红旗作为智能汽车能够由软件随时随地迭代。

当然，这个时代大家你追我赶，产品已经开始呈现高度同质化的趋势。或者也可以说，这是一个不再单纯卖产品的时代，品牌背后的精神、文化很大程度上决定了品牌的差异化，决定了品牌的价值。对于红旗来说，其背后的精神意义比其他汽车品牌显然更具有优势。

一位“90”后女孩在了解了红旗过往历史后说：“以前不知道红旗是这样一种有历史的汽车，它包含了很多的传承和精神，但这些传承和精神却没有在品牌宣传中被体现出来。如果把这些故事讲出来，可能会更打动人。”

汽车新时代合作共赢趋势

对于一个汽车品牌来说，最重要的或者说最终能够让其占领市场的还是产品的竞争力。要让经典的红旗品牌复兴，产品竞争力如何保证？又用什么产品来实现豪华车品牌的目标？

换句话说，红旗如何做出适合未来新高尚情怀人士需要的好品质、高科技和高颜值？如何能够“上”成为顶级豪华车，“下”和奔驰、宝马竞争？

一位汽车咨询师说：“我们都知道吉利现在不错，沾了沃尔沃的光，这其实是集体氛围的力量，是一个潜移默化的事情。我觉得红旗的下一步可能要跟某一个顶级的东西相遇，结合去做。”

李书福通过吉利与沃尔沃合作，有效地整合了全球资源，徐留平领导下的一汽也看到了这个方向。

但这个方向不再像以往那样，沿用奥迪或者丰田的一个旧平台，亦步亦趋地跟在对方后面，然后别人走1000步，我们走800步，而是要整合全球资源，利用“汽车四化”年代全球汽车行业巨变的机会，进行适应自身目标消费者群体需求的全新开发，真正缔造属于一汽、让对手仰望的新豪华汽车。

全球汽车产业迎来的是以智能网联为支撑和以新能源为驱动的新汽车时代，汽车共享化也如火如荼。用徐留平的话说就是，原来的汽车产品是单个的、孤立的，而在智能网联，特别是智能汽车时代，网络将汽车、人、交通和社会形成了一个强连接，这种连接将重塑整个汽车产业。

这可以说是中外汽车遇到的共同机会。

徐留平认为，当下的汽车产业构建了一个比原来更高维的、更复杂的方程组，求解困难，而且求解的结果也不确定，或者说有多个结果。

全球未来出行大会组委会秘书长王丰斌说，要给这个方程组求解，其实应该更宽泛地去理解自主创新，即研究如何用全球化力量和国际化思维去整合资源，解决问题，可以参考高铁或者恒大足球的例子。

徐留平或许也正是这个思路。2018年1月9日，红旗品牌战略发布会的第二天，他在北京接受媒体采访时说：“对于红旗来说，它肯定是创新自主，这是必然的。同时，它也不是那种简单的关门造车，而是敞开胸怀和所有合作伙伴都合作。”

早期中国没有汽车工业，零部件配套根本谈不上，几乎所有的一切都得自己造。历史上，一汽讲自强自立的精神往往也是从这个角度出发，但现在已经逐步进入共享经济组合资源的时代，绝不能“闭门造车”。

徐留平认为，汽车行业变革带来了汽车行业内诸多全新品牌的崛起，以及全新商业模式的出现。

崛起的全新汽车品牌让传统豪华汽车品牌固有的护城河变浅，如以电动汽车为主要产品的特斯拉从无到有，迅速占领了高端新能源汽车市场。换个角度说，特斯拉能做到的，红旗也能做到，只是路径不同。

新商业模式则让品牌之间的竞争有了更为宽阔的维度，也让大家刷新认知的节奏变快。只要朝着正确的方向努力，红旗“大有作为”的机会比任何时候都多。

多年来自主乘用车陷入低谷的一汽集团现在正紧紧跟随着这个时代汽车行业发展的新趋势。

2017年2月17日，一汽与东风汽车在长春签署共建“前瞻共性技术创新中心”合作协议。徐留平掌舵一汽集团后不久，长安汽车也成为合作伙伴。

同年12月1日，一汽与东风汽车、长安汽车在湖北武汉签署战略合作框架协议，希望通过前瞻共性的技术创新、汽车全价值链运营、联合出海“走出去”、新商业模式四大板块开展全面合作。

在如今这个时代，无论是面对传统车市场总量的下滑，还是新能源汽车领域的崛起，抑或是共享汽车模式的风靡，汽车企业之间必须开始互联互动，单打独斗的模式将逐渐被取代。

一汽集团与东风汽车、长安汽车结成了战略联盟，意味着它们之间可以实现资源共享，以及操作形式的多样化。这种战略联盟的合作模式，既可以实现合并所能带来的好处，比如前瞻技术的协同开发、平台共享、面向移动出行的协同布局等，又能避免由于迅速合并所带来的规模骤增，以及管理成本的几何级数飙涨。

徐留平说：“这个合作是全方位的，T3（指一汽、东风汽车和长安汽车，被称为‘中国汽车央企三巨头’）合作的结果是非常丰富的。”

不只是T3之间的合作，一汽的合作触角还伸向造车新势力。像拜腾、蔚来还有爱驰、奇点等，徐留平及他的团队都广泛地与他们接触，既不断更新对未来汽车发展模式的了解，同时也与部分车企通过资本合作的方式进行共同研发。

奇点汽车创始人、CEO 沈海寅非常赞同这样的逻辑。他说："未来能不能共同去研发一个新的电动车平台？一汽作为老大哥，能不能跟我们一起研发、分享这个平台？我觉得这是给红旗带来新产品、新竞争力的一种快速方式。因为互联网的核心是开放，我们可以一起分享、一起开放。"

徐留平就具有这样的开放心态。汽车产业无论新旧，谁能够做出最好的、符合当下汽车产业特征的汽车，谁就是优秀的。同样，汽车产业价值链的延长和商业模式创新的无限可能性，也带来了众多的机会。中国汽车产业的格局正在被改写，这个过程虽然挑战巨大，但是机会也很多。

在 2018 年第十届中国汽车蓝皮书论坛上，徐留平在参加"'四化'年代的汽车变革"讨论时说："汽车作为一种产品和服务，合作的领域众多。将来还会看到一汽集团在不同领域的布局，如电池、电机以及服务领域，等等。"

对于一汽集团来说，这种多领域的合作可以囊括产业链上的横向和纵向领域；从合作的形式来看，既可以是业务合作，也可以是技术合作，还可以是资本合作。

除了国内的合作，一汽集团还在全球领域加大合作。一方面加紧与合作伙伴大众、丰田研讨新时代下两个母公司之下的合资企业怎么进行下一步动作，另一方面在外方母公司支持下，加强和顶级豪华品牌如宾利的深入合作。

2018 年 6 月，一汽集团副总经理王国强跟随徐留平赴欧洲考察，其中的一个成果就是新红旗旗舰产品 L5 将和宾利深度合作。

红旗这次重新出发的不同之处在于，既有传承又有创新，同时整合一切能用得上的世界顶级资源，包括顶级的人才资源、供应商资源、新能源资源和智能网联资源，为红旗赋能。

确定总部运营红旗之后，徐留平要求必须站在巨人的肩上，建立起全球视野的资源利用格局，在全球招募优秀人才，应用最先进的技术。只有这样，才能取得成功，否则难以为继。现在一汽集团最高领导层每周都会进行一次关于全球最新技术的讨论，而这些技术或将会在今后的一系列产品中应用。

当下语境下的合作共赢是新时代、新经济和新汽车产业的根本特征。徐留平说："从我认识的或者与之交流过的一系列合作伙伴来看，他们跟我们的理念是一致的。如果不合作，就不可能创造出伟大的时代。"

作为当下的汽车人，徐留平强调看清本质，抛弃幻觉；直面用户，直击场景；聚焦核心，扎根专业；统筹周边，合理布局，这也是他对汽车产业的一个理性考量。

为什么以红旗为中心

中国汽车界从业者的朋友圈里曾经有一个段子来嘲讽一汽，大意是它手里有一手好牌，但没有打好。客观而言，直至今日，这手好牌依然紧紧握在一汽集团手里，而且牌局还没有结束。

首先，一汽拥有造血能力最强的合资公司，大众、奥迪和丰田三大品牌不仅可以为一汽集团创造利润，提供现金流，而且可以根据红旗品牌发展的需求提供人才以及其他资源。

其次，一汽在基础技术领域内拥有深厚的基础。作为在中国从事汽车产业最早、始终执着于汽车专业的汽车厂家来说，一汽集团的技术积淀无疑是中国汽车企业中最为深厚的。

再次，红旗这个品牌本身具有海量的价值，这一点同样毋庸置疑。红旗是中国唯一一个凝结着新中国成立初期那种自强不息的奋斗精神的汽车品牌，这是中国其他汽车品牌根本无法企及的。

当年上汽集团也曾经探讨过复兴上海牌轿车的话题，但经过一轮审慎评估后却发现，复兴这个品牌没有意义。SoCar 汽车数据工场创始人张晓亮说："虽然在我儿时的记忆里，我坐过上海牌轿车，也坐过伏尔加车，但我没有机会坐当年的红旗车，这就是差别。"

也许，红旗的品牌价值也是促使徐留平决定一汽集团总部直接运营红旗的一个重要原因。最后，也是最重要的是有一批怀揣振兴中国汽车产业梦想和红旗品牌情怀但无法或无处发力的一汽人，虽然他们历经困难和挫折，甚至是无奈，抑或是被外界误解、歧视，但是厚重的基础、良好的汽车素养和不曾泯灭的雄心仍在，只是期待找到发力的时机和用武之地。

红旗品牌发展的内部条件加上汽车产业正在转型的外部条件，构成了红旗拥有新梦想、展开新征程的必要条件，但利好的因素还远远不止这些。

2018 年，上至党的十九大报告提出我国社会主要矛盾已经转化为人民日益增长的美好生活需要和不平衡不充分的发展之间的矛盾，下至充满爱国主义情怀的电影《战狼 II》的票房屡破新高，都告诉我们：今天的中国正处于一个完全不同的新时代。

经历了40 年的改革开放，我国步入中产阶层的人数在不断增加，也拥有完备的工业基础和强大的制造能力。我们开始彻底告别那个物资匮乏的年代，中国人的财富水平已经位居世界前列。

如今，我们的精英阶层可以站在真正的全球视角上来品评各国的优劣，感受世界各国的顶尖产品、文化和历史。

中国的消费能力足以支撑我们选择全球各国最好的东西，而中国人背后这个巨大的市场，也促使全球顶级品牌为中国而变。

当下主流的中国汽车用户需要的可能是美国车的宽大、豪迈，德国车的完美操控，以及日本车的精致细腻。如果能将这三方面的特征集中在一辆车上，这辆车将会是取各家之所长的完美产品。当前中国的多家汽车企业也确实都在朝着这个方向努力，而且在智能网联方面，中国车还可能走在了世界的前列。这意味着，中国开始以自己的标准影响世界。

中国作为一个汽车大国，拥有全球最大的汽车市场，我们特别希望看到由中国人自己创建的豪华汽车品牌走上世界的舞台。我们不仅仅期待外国品牌按照我们的需求定义产品，更希望看到有人将中国的传统文明用一种新的方式演绎出来，把最精华的内容与世界文明融合在一个产品上。

徐留平说："我们必须把中华优秀文化和世界文化、现代时尚的设计、最新的科学技术等融合在一起。比如，中国人对汽车的消费是很细腻的，而'细腻'这个词会体现在造型元素上，会体现在内饰用的材料上，还会体现在功能和服务上。如果把'细腻'这个词作为一个重要的产品和服务的设计标准的话，我们就得给它定义，并且是全场景的定义。"

如今，中国人开始有了这份自信，也希望找到自己在世界上的存在感，而实现中华民族伟大复兴的使命给我国各产业的发展带来了最重要的天时。

徐留平认为，中国的消费时代、中国的设计时代、中国的产品时代、中国的服务时代已经到来了。"中国经济持续增长、汽车产业面临转型、中国消费者对于高品质产品的需求以及对民族品牌的自信，这些环境都是原来所没有的。这是我们这一代人的幸运，也是想做强中国品牌的人的幸运。"

曾经长期作为公关专家的王丰斌则觉得，新的时代和徐留平的到来共同构成红旗品牌能够走下去的幸运因素。

王丰斌个人认为，华为手机虽然不完美，但为什么中国人还要力挺华为呢？因为华为在国人心目中树立了“优良国货走向世界”的企业形象，而且这种企业形象深入人心。

他说：“徐总来了以后，改革动静很大，决心要把一汽的精气神彻底调动起来，决心找回那种战天斗地的精气神，从而让一汽充满时代活力。红旗要想卖好，一汽的企业形象首先得立得住，这很重要。要让消费者觉得，一汽的人是一帮真正想干事的人，这样他们才会从心底支持红旗品牌复兴，购买红旗产品。”

红旗把一汽人重新凝聚起来了，这不仅是红旗，也是一汽重塑形象的最好起点。

对于任何企业来说，企业品牌形象都被赋予了人格化的意义。每一位创业者或者企业家的精神和思想、企业每一位员工的行为方式和精神面貌，都会被浸润到企业文化和企业品牌形象中，所以企业品牌形象能折射出企业里每一个人的形象。

树立良好的企业品牌形象是一个周期很长的过程，要在短期内迅速靠产品提升企业产品的美誉度可能性不大。一汽的改革措施、红旗的复兴行动，所有这些都是在为未来做准备，但这些准备工作必须与消费者、市场连接起来。

国家信息中心副主任徐长明相信，红旗沿着徐留平开拓的道路坚持走下去，完全有可能成为中国第一的高端汽车品牌。他是从中国汽车的总量还在增长和豪华车需求量增长幅度变大两个角度来解释的。

2017 年，中国汽车销量为 2887.89 万辆，其中乘用车销量为 2471.83 万辆。全世界车辆饱和国家的千人汽车保有量均值为 600 辆（除美国之外），中国现在的这一数值是 131 辆。根据国家信息中心研究，中国千人汽车保有量会在 450 辆左右，达到 600 辆有一定难度。

仅仅按照千人保有量 450 辆来计算，中国有近 14 亿人口，汽车保有量将为 6 亿多辆，按照 15 年车辆报废的周期，中国汽车市场年需求量的高峰值将是 4000 多万辆，现在的数字还远远没有饱和。

徐长明说，在未来，中国市场上的豪华车占比还会逐渐提高。

世界各国的豪华车市场大概分两种。一种是人均 GDP 提高了，但豪华车市场比重不怎么涨，典型代表国家是韩国、日本、法国、美国，其豪华车占比大约是 14%。另一种是人均 GDP 涨了以后，豪华车在城市占比飞速上涨。豪华车占比最高的国家是德国和英国，两国的豪华车占比为本国总市场的 30%。

徐长明认为，中国豪华车市场的路径非常像德国。2017 年，豪华车在中国市场占比已经达到 12%。在发达地区，这一比例更高。按省份算的话，浙江省的豪华车占比最高，达到 17%；按城市算的话，杭州的豪华车占比超过 30%，北京、上海的这一比例为 25% 左右。

也就是说，中国高收入地区的豪华车市场占比已经达到德国和英国的水平。当中国汽车市场需求量达到高峰值 4000 万辆时，按其中 3000 万辆为乘用车以及豪华车占比 20% 测算，那时，一年的豪华车需求量就是 600 万辆。

徐长明说，如果红旗能够在其中占比 5%，就是 30 万辆；如果占比 10%，就是 60 万辆。当今发达国家里汽车人口加起来大约 10 亿人，这 10 亿人养活了十一二个豪华汽车品牌。中国有近 14 亿人，就算将来有一半的人买车，对于豪华车的推动也相当惊人。

一份数据显示，成熟的“新世代”消费者（15 ~ 35 岁）在中国城镇 15 ~ 70 岁人口中占比 40%，在 2020 年将达到 46%。这些出生于物质富饶年代的年轻消费群体从小就处于优越的消费环境中，他们对品牌的知晓程度很高，这是渴望进入市场主流的红旗复兴的机会。

国家信息中心曾经对“95后”人群做过市场调研，发现他们非常有爱国情怀。如果给红旗品牌赋予新的内涵，融入很强的进取创新精神，把它变成国家的、民族的品牌，“95后”应该能够接受。

徐长明说，调研发现，“90后”的民族自豪感远远超出了人们的想象。他们几乎没有经历过自主品牌没落的时期，恰好赶上了像华为这样的优质国有品牌的崛起。随着收入水平的提高，他们经常出国旅游，在对比中，他们更能感受到中国的富强，也更为自己的国家感到自豪。

这就是红旗能做起来的市场基础。徐长明甚至表示，现在能够做中国豪华车品牌的也就是红旗，因为豪华车品牌有国别特征。红旗是唯一一个有历史基础的豪华车品牌，红旗这两个字就代表着豪华车品牌，别的品牌想做豪华车，难度非常大。

“现在，红旗要决心有决心，要资金有资金，要人有人，我不相信红旗做不起来。”徐长明说。

如果还要给红旗能成为豪华车品牌加一个外在条件的话，那就是豪华品牌天生溢价能力就高，这使其有本钱“武装到牙齿”，天然地超越一般的自主品牌。这恐怕也是一些自主品牌企业从2017年开始努力推高端品牌的原因。

第八章

新机器开始转动

质量就是生命，生命只有一次，任何时候都要坚持质量第一，有质量问题一票否决。

——红旗《质量十大公约》

先解决口碑问题

2017年8月之前，红旗还只是由一汽集团的一个副总分管，但之后，却由徐留平董事长亲自操刀，从战略管控变为直接运营。秦焕明说："他组织我们这些副总分兵把口，组织力度和重视程度空前。"

当时的秦焕明尽管是副总却起着事实上的总经理的作用，他负责总执行和协调；先前统管红旗分公司的副总经理邱现东现在则负责制造、采购和质保；纪委书记还是王昭翩；即将退休的副总经理、总会计师滕铁骑则负责财务。

2017年9月18日启动的人岗匹配工作结束后，一汽集团运营红旗的各职能部门形成，集团层面的领导机构也有了基本雏形。除了副总经理王国强掌管奔腾事业本部、副总经理董春波负责解放事业本部，其余所有集团层面领导都直接参与到红旗的具体运营工作中去。

当然到这本书写作的时候，他们的职务又一次发生变化，王国强到总部专门负责研发、产品、技术，董春波则被调往中国兵器装备集团公司。

一汽集团从"管"到"干"需要大量运营人员来充实，为此，徐留平在改革前已经要求从合资公司等相关子公司调集优秀人才加入红旗的队伍中去。

2017年9月1日发出第一个调令后，20多名来自大众和奥迪两个合资公司的基层骨干迅速充实到红旗的制造、质保、销售、市场等岗位上，这在红旗发展史上是史无前例的。

先前“大红旗”的生产是在轿车公司以一个项目的形式进行，秦焕明作为集团负责一汽—大众和质保工作的副总经理也没有介入红旗事务。他真正介入是在2013年红旗H7上市前后，因为这款车由集团负责开发。

秦焕明算是和如今的红旗业务最有关系的集团领导。他说：“那时候我抓集团质保，保证车出去后没有大的质量问题。”秦焕明说，“但是小毛病多。”

徐留平介入红旗运营以后，第一个动作就是抓质量。

2017年8月23日傍晚，徐留平到红旗分公司H平台总装车间召开全面提升红旗质量誓师会。9月9日下午，他在“我心中的红旗”大讨论总结会上特意强调：“我们要在尽可能短的时间内，让红旗质量得到大幅提升。

邱现东主管的发展制造部、质量保证部和采购部的工作都与质量息息相关。他说，要解决质量问题，首先要解决意识问题，没有意识到质量的重要性，就难以形成习惯。

很快，经过系统梳理，关于红旗产品的《质量十大公约》出台。

一、客户满意是红旗品牌永续经营的根本保证，对内外部客户的需求要立即响应，负责到底。

二、质量就是生命，生命只有一次，任何时候都要坚持质量第一，有质量问题一票否决。

三、极致品质是红旗质量工作永恒的追求。

四、极致品质是策划出来的、设计出来的、制造出来的，也是检验出来的，要严控过程，一次做对。

五、流程、标准、规范是基本法则，一切工作按规则办。

六、只有培训到位，熟知要求，具备资质，才能上岗作业。

七、没有 PDCA 就没有持续改进。[5]

八、不接受缺陷、不制造缺陷、不传递缺陷。

九、视问题为财富，鼓励早举手、早暴露，坚决惩戒隐瞒不报、弄虚作假等不诚信行为。

十、对质量问题必须做到“双归零”。[6]

徐留平强调，红旗产品要追求极致品质，质量是绝对不可以打折扣的。为此，他甚至从员工着装、发型上开始严格要求，以培养每一个员工的精致意识和工匠精神。

红旗工厂举行“匠•新改善”活动，制定《2018 员工素养之“十不”》和员工着装标准，要求员工严格遵守“步行五规则”，同时在入口处配上了衣冠镜。

红旗工厂员工的工服先前都是自己负责清洗，很多员工穿的是脏兮兮的衣服。徐留平来到一汽后，采取免费给员工洗工服的措施，很快就让所有的员工都变得干净、整齐、有朝气。

刚到一汽，徐留平发现办公厅主任孙志洋总是穿着夹克上班，他认为这与红旗的调性不符，要求大家穿西服，而且衬衫袖子应该露出多长也有讲究。孙志洋说：“这种对细节的讲究现在也逐渐体现在我们的品牌调性和产品上。”

徐留平如此强调细节，是希望通过运营红旗来营造一种追求“精致、极致”的管理环境。

秦焕明说：“就像你去串门，人家家里不一定奢华，但是干净，你进去就想脱鞋，然后规规矩矩地，扔个废纸都要找垃圾桶。但假如你进一个乱

5.PDCA 循环是由美国质量管理专家休哈特博士提出的全面质量管理方法。PDCA 循环将质量管理分为四个阶段，即计划（plan）、执行（do）、检查（check）、调整（Adjust）。

6“双归零”指对在设计、生产、试验、服务中出现的质量问题，同时从技术上、管理上分析产生的原因、机理，并采取纠正措施、预防措施，以避免问题重复发生的活动。

七八糟的屋里，门口也没有拖鞋，你可能穿着鞋就进去了，都没有脱鞋的意识。”

一些合资企业营造的管理环境就类似于人走进了干净房间的感受。这种遵守规则的意识不是靠严刑峻法取得，而是靠严谨的流程和文化来建立。秦焕明说：“在合资企业工作过的人都有这种感觉，但等他们一回到自主体系，可能刚开始还能自律，时间长了，看别人那样，自己也就松懈了。”

为了让红旗产品做到极致，无论在硬件上还是在形式上，大到工厂环境和机器人，小到工作服和个人仪表，徐留平都要求形成仪式感来约束、规范和熏陶人的行为。

红旗工厂改造也是其中的一部分。2018 年 7 月 15 日，改造工作初步完成，已经向外界呈现出高档一流的生产基地状态。秦焕明说：“环境对人的影响会立竿见影。”员工的精气神、外表形象也为之一振。

除了建立规章制度、进行意识培养，邱现东要求质量保证部真正沉下去参与运营，而不只是先前那种只管指标的做法。刚一开始，难度也不小，操作起来缺乏技术和手段，而且投入也不够。

邱现东说：“留平董事长总部运营红旗的想法非常好，但是现在的问题是总部的干部已经十几年没有从事过运营的工作了。你让他干运营，一开始，他根本就听不懂，得教。”

徐建一时代恢复起来的集团质量保证部因为长期没什么事干，基本上就不会运营。最初闹的一个笑话是，采购的零件来了，质量保证部门的检具竟然拿错了。

“总部那些没在合资企业干过的部长，脑子里就没有运作一个品牌的概念，他们只会在自己的职责范围内指手画脚，管理和业务之间的冲突也多一些。”邱现东刚开始颇有抱怨。

起初，大家都认为质量保证部是解决一个又一个实际质量问题的。但实际上，一个成熟的质保体系应该有前期介入的过程，可以对供应商进行飞行检查，对它的工艺进行复核，对质量保证体系进行认证。

为此，一汽集团除了调原来负责过解放车质量的金锋任质量保证部部长，还从一汽奥迪的工厂调了一批核心人员过来任副部长。

同时，邱现东正在让红旗贯彻 ISO/TS16949 标准体系[7]，逐步转变人们的理念和认识。

现在很多方面作了调整。比如，现在，红旗 H7 生产系统的多数人员都是来自一汽—大众负责奥迪生产的集团干部；又如，原来成本、费用等各方面控制得都很严，现在品质第一，为了品质把品牌做上去，一汽确定的原则是，为了品质，该花的钱必须要花。

“不投入是不行的。”邱现东说，“现在感觉好多了，和以前大不一样了。”

“干好了就是头”

同样正贯彻 ISO/TS16949 标准体系的还有一汽集团或者说红旗的采购部。对于采购，采购部长张丕杰并不陌生。他 1997 年开始担任一汽轿车采购部部长，后来出任一汽轿车总经理，再后来是一汽—大众总经理。

现在重操旧业，张丕杰有他的自豪感。但让这位热爱红旗、自己收藏了一辆红旗 CA770 经典轿车的一汽人苦恼的是，他领导的采购部虽然有着宏大的目标，但在体系上却有很多工作要做。

“从事红旗采购的采购部连个像样的信息系统都没有。”张丕杰自嘲，

7. 一般的质量体系标准是 ISO9001，它仅就顾客对各类组织的一般需要和期望，提出最基本的通用要求。而在它基础上增加了汽车行业特殊要求的 ISO/TS16949 标准，被认为代表着目前全球汽车行业最新的质量管理理念和未来趋势。

“就连红旗的供应商也不存在这些问题。”

张丕杰上任交接的时候，采购部里的老采购员有100多人，平时只是搞一些平台采购，和零部件、材料采购没有什么关系。在他正式任采购部部长前，被红旗项目所逼，邱现东从外面借了50人进行零部件发包。

但当时，他们只是基于当下任务发包，绝不会基于整个供应链的长期建设去规划，也不可能有战略思考。张丕杰说：“结果，活儿也没少干，问题一大堆。”

人岗匹配行动结束后，给采购部的编制一开始只有60人，还不能外招。2018年5月第二轮改革后，采购部扩编到120人。

作为一汽集团的采购部，它现在的主要职能是运营红旗。除此之外，还要指导子公司采购。

但张丕杰思考的问题是，如果没有对其他采购资源的战略管控权，红旗的采购也不好干。

集团采购部因为目前产品不多，现有采购额很小，主要是采购红旗H7的相关配件产品。H5因为是由一汽轿车研发，采购由轿车公司负责。受红旗现有销量的限制，现在红旗在规模上很难经济，但初期成本还不能太差，所以必须依靠集团的战略资源解决这些问题。

解决之道是成立一个采购部长联席会。张丕杰说：“我在一汽干了大半辈子了，卡车、轿车、合资企业，特别是大众，我都干过。我吆喝一声还行，联席会主事人就是我。”

2017年10月，踏着一汽集团改革的步伐，张明出任一汽—大众采购总监。他说，为了红旗的采购，他们派出了很多人到集团采购部支援。“这是真心实意的支持”。

除了原一汽—大众总经理张丕杰到集团当采购部部长，原来一汽—大众采购部总监潘占福也被调任集团合资合作部部长。他们既对采购熟悉，又具有一定的影响力，可以吸引一汽—大众的供应商为红旗服务。

2018年4月27日，以“合·砺—让梦想成真”为主题的2018一汽红旗供应链伙伴大会在长春召开，获得很好的反响。张丕杰在会上提出要建立健康、有效的生产材料采购体系，打造合规、高效的一般材料采购体系。

此前，2017年11月14日，中国汽车零部件行业高端俱乐部铃轩思享会走入一汽集团。徐留平在与会员交流中表示：“一汽集团与供应商之间要加强合作。内部的供应商要全面地面向市场，引入竞争。我们不是要盲目降成本，而是希望得到良性循环。”

“小红旗”时代的一个重要教训就是零部件企业的能力不强，导致产品质量问题层出不穷。

1997年，还是一汽转向机厂副厂长的王国强从事过一段时间的“小红旗”促销工作。他说：“当时打开‘小红旗’前盖一看，整个就是乡镇企业大全，零部件是东拼西凑的，不成体系。很多都是小厂生产的，还是和一汽有关联的厂，不给他们干，他们就觉得你是不给他们饭吃，还要威胁你。最后，进入一个怪圈，救了供应商，把红旗坑了。”

对此，2000年7月18日，时任总经理竺延风在一汽协作配套处改成采购部的会议上感慨，红旗轿车的问题有相当一部分是配套产品质量的问题。

竺延风曾说：“红旗轿车走到今天如此艰难，大家评论它毛病这么多、那么多，关键原因是红旗轿车在跟对手进行比较时，它是纯而又纯的民族企业，走的是计划经济体制，考虑更多的是让协作配套厂吃上饭、拥军爱民。因为红旗所作的贡献太多了，所以红旗的飘扬是非常艰难的。”

一汽集团那时就不得不对协作配套件产品进行更加严格的管理，但在整顿的时候，有人扬言要一汽领导的命。竺延风在那次会议上说：“既然都走到这一步了，就坚决干到底。今天被我们开除的60多家企业中，看看哪个是第一家委托市长来找我们的。市长也不用来找我，该怎么办就怎么办，我就不怕得罪人。”

但可惜，最终红旗仍然存在不少质量问题。现在已经是一汽集团副总经理的王国强反思道：“那会儿如果踏踏实实地把红旗质量干好，把供应商体系培养起来，红旗绝对不会是现在的样子。”

现在，红旗正在全面整顿供应链体系，将能力不强、质量差的供应商彻底淘汰出局。

一汽集团采购部想方设法把供应商和设计人员请到一起，看哪儿不清楚、哪儿不合理，马上就改，不浪费时间。对于某些特殊零部件，采购部专门发起设立零件俱乐部，把质保、财务等相关部门非正式找来，同供应链的人进行交流，以减少扯皮现象。

“把开发者和供应链的人弄到一起，是一个好办法。”张丕杰说。

他正在梳理采购部流程，打造集团采购电子招标平台，以做到公开透明、过程留痕、进程加速。

原来一汽招标时，只保留中标的标书，而且纸质的标书也无法共享。这个招标平台与以往的不同之处在于，所有的标书，包括没有中标的标书都会保存在数据库中，将来采购人员可以挖掘数据，完善、优化流程。

“这个平台我们已经搞了6个月了，8月份正式上线。”张丕杰说。有了这个平台以后，一切运作就变得比较刚性，一旦进入这个平台，任何操作都不能随意更改。

采购模式要变化，人员必须快速转型。张丕杰说，他在采购部的一件大事就是培训，把人教出来，然后和其他体系配合起来。

采购部有人说：“每天异常繁忙，什么时候是个头？”“干好了就是头。”张丕杰说，从2017年9月18日到现在，还不到一年的时间，已经干了太多的事，现在采购部已经有模有样了。

有了系列会议制度

集团运营红旗之后，各种工作会越来越多、越来越深入。徐留平从每周一次的集团常委会和总经理办公会开始，建立系列会议制度，将改革排山倒海般地推进。

除了集团常委会和总经理办公会，还创立了每周一次的集团各板块经营情况报告司务会、红旗经营管理委员会周分析会以及每月一次的月度经营会。

所有这些会议，徐留平都参加，如果出差，不管到哪儿，都会通过视频、音频参加。

红旗经营管理委员会的主任是徐留平，常务副主任是奚国华，执行副主任是秦焕明，各位副总是副主任。在红旗经营管理委员会每周分析会上，直接解决运营红旗过程中出现的各种问题。重点关注一周市场反馈、营销服务、质量、供应、制造、研发等一系列工作。

一汽集团副总经理、时任办公厅主任孙志洋感觉这种有层次的会议制度带来的第一大变化就是决策效率的提升。他说："我们现在的工作是拉动式的，原来是推动式的，一件事从层层提报到最终决策要几个月。"

比如，原来红旗事业部常务副总经理郭世君想提报一个项目，先要递交报告到一汽轿车。一汽轿车要等经管会、常委会讨论完，才能送交集团各职能部门联审。联审完了，才能上报集团投资委员会。投资委员会决策以后，才能到集团党委和董事长那里。

也就是说，一级机构在向上提交方案之前，下一级的决策程序要先结束，不结束，上一级没法决策，这就导致了漫长的审批过程。

徐留平改革后，就杜绝了这种问题，涉及决策的时候可以随时开会。徐留平的态度是，“不能因为我们没决策导致项目拖期。只要需要我们决策，就是晚上12点，会也要开”。

这在一汽历史上是史无前例的。

孙志洋永远记得集团批准他主管的中国一汽移动出行有限公司项目的获批时间——2018年3月16日晚上9点20分，这是集团党委常委会召开的时间。他说：“我会记一辈子，以后公司做大了，这就是历史。”

徐留平恢复了早餐会，每天早晨利用7点半左右到8点正式上班前的这段时间，管理层边吃边聊，交流相关信息。

王国强说，“虽然有司务会，但毕竟也是一周一开。早上吃饭工夫，几个横向部门的副总聊一聊，沟通一些问题，哪怕决策不了，但在正式会议上就不用再作背景描述了，直切主题。”

还有一个特殊的公关联席会也在徐留平的倡导下举行，一汽集团旗下各品牌，包括红旗、丰田、大众、奥迪、奔腾、马自达、解放，每个品牌的公关部长都参加。理论上，只有徐留平参加这个会议才召开，一般一个月召开一次。

会议主要汇报当月集团在媒体上有哪些重大事项，各品牌在当月或者下一个月有哪些计划，同时每个品牌至少分享一个好的品牌营销案例。“这样做的目的是发挥协同作用，实现资源共享。”负责主持会议的一汽集团品牌公关部部长、红旗品牌发言人杜晓东说。

除了把会议体制建立起来，徐留平还给总部换了新办公大楼，也就是把办公地点从长春市东风大街2259号往西搬到8899号。在新的办公大楼里，办公、研发在一栋楼里，以此来提高工作效率。

搬出旧的办公大楼，是不是也意味着一个旧时代的结束，一个新时代的开始呢？

2010年就开始策划的一汽技术中心乘用车所，经过漫长的扯皮和建设阶段，到2016年，主体工程还是一个烂尾楼状态。2017年10月，徐留平找来邱现东，对他说："你把这事弄好。一要搬家，总部和研发部门都搬进去；二要把工程延期的原因弄清楚。"

邱现东通过处理这个花了50亿元的项目发现了一汽集团原先的管理体系设计的又一个大问题，即"三个和尚没水喝"。

这个工程项目的名称是一汽技术中心乘用车所，业主是技术中心。按照一般的认知，业主提要求后，集团发展部批准投资后不用再管。业主委托九院设计和总承包，推进项目建设，一切都要服从业主的要求。

而实际情况是，工程在实施的时候，三个部门都在参与管理：技术中心负责技术管理，九院代表一汽做总承包，发展部代表总部控制每一笔投资的去向和招标管理。合同都是以中国一汽的名义签的，有的是发展制造部签，有的是九院签，设备是技术中心签。

邱现东说："在这种情况下，责任说得清楚吗？业主变成中国一汽了，大家都在里面搅啊搅，大家都有理，也都没理。这个项目有土建，有设备，有办公，有一系列的事，各人按各人的想法弄，提不同要求，所以变更也特别多。整个过程，没有一个为整个项目负责任的人。"

这个项目表面上有一个项目组，却是一个松散项目组。组长是技术中心的一个副主任，平时主要精力放在研发上，而且他也没有权限管理总承包，也指挥不动发展部。项目组成员挂职的居多，"人都是兼职的，兼职的人哪有责任心呢"？

2017年9月18日进行改革后，原来项目组的成员各奔东西。邱现东重新成立了项目组，重新划分职责：办公厅负责这幢楼办公设施的投资、招标、验收；研发院负责所有和研发相关的设备；九院负责总承包。"我就是总负责人，专门干这个事。”

那么以前这个项目就没有分管领导吗？“有分管领导，但就是把大家召集在一起开个会，进展有问题报了就完了。”邱现东说，“留平董事长来了，跟我说我要用这幢楼，你赶快给我弄好。所有的事你负责，责任人就是你。接到总部要搬的指令，大家多多少少更上心了，再加上我亲自负责，该拍板的拍板，该做主的做主。”

邱现东最后使了一招：工程中所有没有启动的小项目，项目投资归零；已经启动的项目，原则上做到什么程度，就在什么程度上结束，不再允许有增项。

如此，2018 年 3 月，在徐留平作为全国人大代表在北京开会期间，一汽集团总部和研发部门全搬了进去。

这个地方现在在地图上标注的名称是中国第一汽车集团 NBD。NBD 的英文全称是 New Business District，占地面积 51.23 万平方米，总建筑面积46.34万平方米。园区内有办公楼、实验室、造型评审中心、会议中心、动能中心、仓储物流中心、停车楼等 14 座楼宇。

2018 年 6 月 25 日晚上，在一汽新总部大楼 C 区 4 楼的一个房间里，一汽研发总院常务副院长徐世利说：“职能部门和研发部门都集中在这一个区域里面，使得我们的沟通效率高了很多。原来东一块、西一块，开个会都费劲。”

主动出击接触前沿

徐留平在人民大会堂的红旗品牌战略发布会上设定了未来新红旗家族将包括 L、S、H、Q 四大系列产品，分别为至尊车、轿跑车、主流车和商务出行车，2025 年之前推出 17 款全新红旗车型。并且确定，已经在研产品还沿用传统动力，而新规划的产品则会以电驱化为主。

在徐留平接手一汽之际，一汽刚刚有了直列 4 缸的 1.2T、1.5T 和 2.0T 系列发动机，以及供 L 系使用的 V6T、V8T、V12 大排量发动机。目前，国 6 标准的发动机也即将开发完毕，但红旗的发展重心在新能源汽车市场，同时，所有这些产品都要实现智能网联化。

如秦焕明所言，一汽在新能源和智能网联方面的技术积累需要增强，这正是未来汽车确立市场竞争力的重点。为此，在改革之初，徐留平首先将技术中心为红旗服务的资源分拆成研发总院、造型院、新能源院和智能网联院四个院，然后派出“重兵”从事这方面的工作。

其时，刚被提拔为总经理助理的尤峥除了担任产品规划及项目部部长，还主管研发总院。尤峥说：“这样能够强化跟踪新技术，主动出击接触前沿科技、接触竞争对手。智能网联这个团队能够更加面对市场，以前的智能网联院只是一汽技术中心的电子电器部门，只面向整车开发。被拆分出来后，它必须关注整体、大局，关注大趋势。”

2017 年以奥迪 A8 为代表的自动驾驶 L3 水平[8]已经可以实现，实际上给红旗智能网联团队面向市场来进行技术布局、硬软件的布局提出了更高的任务和要求。

智能网联布局需要有前瞻性。2017 年年底，一汽在美国的硅谷和底特律设立了两个研究基地：硅谷研究基地重点是人工智能，底特律研究基地重点是平台研发。

而在新能源研发方面，一汽通过密集调研，确认在三电（电池、电机、电控）核心部件和研发能力方面进行布局和建设，并且新能源和智能

---

8. 2014 年，SAE International 国际自动机工程师学会制定了 J3016 自动驾驶分级标准，将自动驾驶技术分为 L0-L5 共六个等级。L0 代表没有自动驾驶加入的传统人类驾驶，而 L1-L5 则随自动驾驶的技术配置进行了分级：L1 为驾驶支援；L2 为部分自动化；L3 为有条件自动化；L4 为高度自动化；L5 为完全自动化。

网联融合发展，一体两翼。

造型开发院迅速在慕尼黑建了一个研发中心，从事前瞻造型设计工作，从 2018 年 9 月开始，由世界著名汽车设计师前劳斯莱斯设计总监贾尔斯•泰勒（Giles Taylor）担任一汽和红旗的造型工作。

“红旗这个品牌给我带来了挑战，我非常乐意去攀登这样的高山。”泰勒说，红旗品牌可以让他在中国文化和红旗的角度同时获得各种挑战，而他也有迎接各种挑战的欲望和兴趣。在他看来，不同于劳斯莱斯品牌理念相对固化，红旗相对开放的品牌形象可以为他提供更多的施展空间。

为了更好地推动一汽的研发走在时代前列，2018 年 5 月，一汽正式以 2.67 亿美元入股拜腾汽车，占股 12%。入股之后，一汽一批研发人员已经前往美国硅谷与拜腾技术团队共同开发智能新能源汽车的平台架构。

2018 年 4 月 25 日，红旗首次以独立品牌形式参加北京国际车展，一下子带来了红旗 H5、红旗“E•境”GT concept 概念车、红旗首款 SUV E-HS3、红旗 L5、智能驾驶舱和“旗宝”机器人等 7 款车型及技术展品。

首发的红旗“E•境”GT concept 概念车是红旗用全新理念和设计语言打造的概念车。徐留平试图通过它来充分演绎“中国式新高尚精致主义”及未来造型风格。“E•境”这个名字更是恰如其分地彰显了以“尚•致•意”为关键词的全新红旗设计理念。

红旗首款 SUV E-HS3 也在这次车展上全球首发。它是红旗全球研发布局后生产的首款新能源电动车型，集成了目前红旗在新能源和智能网联技术上的前瞻优势。徐留平说，既然传统汽车没赶上机会，那就要在新能源领域有大作为。

另一个亮点是首次展出的红旗智能驾驶舱。它不但拥有全场景 Face ID 识别、AR 合影体验、MR 混合现实体验等“黑科技”本领，还能实现全语音人机无障碍交互，甚至根据参加者衣着变化推荐不同音乐，不但

“懂你所说”，连你不说的，它们都能懂，被称作“有情商的智能”。

这个极具未来感和科技感的智能驾驶舱在车展现场吸引了众多观展者的眼球，它代表着红旗对未来人车交互的全面理解，改变了人们对红旗科技内涵的认识，被评价为同级领先的智能驾驶系统、最具乐趣的智能网联系统以及全新的智能远程遥控体验。

徐留平认为，这个驾驶舱是对消费者出行体验和感受的一种探索，“四块屏，坐在前排的两个人是一种感受，坐在后排的两个人又是另外一种感受”。

他表示，推出智能驾驶座舱，实际上就是在设计未来的汽车，特别是设计汽车的内部，无论是坐在前排还是坐在后排，都必须去探索，哪种东西更能够吸引未来的消费者。“消费者不太喜欢的，就去掉，一些新的概念再输入进去。未来真正量产的车，比现在还要好，体验还要强。”

在这次北京国际车展和红旗H5上市前，徐留平策划了包括H5、H7以及竞品组成的大型车队进行长测路试。

从长春出发，一直往北走到哈尔滨、抚远、东极、漠河，再往南来到呼和浩特、西安、成都、腾冲、拉萨。车队经过了寒冷的漠河、沙漠地形的呼和浩特、平原地段的西安，覆盖了各种路线。

测试的11天一共跑了12130公里，整个过程车几乎不停，大家倒班开，这是对一台车的极限体检！一般产品开发过程中都有路试、质保路试，这次是在H5上市前模仿客户进行的一次先期终极长途路试，以检验产品的质量、可靠性、性能等。

负责执行这次路试活动的尤峥说：“你想想你的车一年也就跑一万多公里，我们通过长测，希望能够经历顾客在使用过程中可能遇到的所有问题。如果发生了，我们可以迅速整改。也就是说，客户在使用过程中可能会发生的痛点问题在短时间内就能被发现，并快速解决掉。”

此次长测一共出动了 7 辆车，研发总院、智能网联院、质保部、市场部共同参与，每辆车 3 个人，分 5 个不同的站，一共 100 多人参加，包括徐留平、秦焕明等高层领导。

徐留平参加长测路试是从成都开始的。他当天晚上 12 点到成都，然后早上 4 点准时出发，6 小时内大概开了 700 多公里，然后下午到下一站后才离开。秦焕明也从腾冲往拉萨开了 700 多公里。

在这个严酷的长测过程中，尤峥说，红旗 H5 表现出了惊人的优良品质，无论是可靠性、性能、体验、油耗都大大好于预期，好于竞品！更为重要的是，高层领导们在亲自开车体验后，对自己的产品增强了信心，感到这么多天来付出的心血没有白费。

徐留平感慨，大家深刻地体会到了什么叫“幸福都是奋斗出来的”。

第一个 3 万辆目标

对于红旗，一切都是急事，红旗销量提升也是当务之急。虽然产品单一，但也必须让这单一产品上量。

2016 年 12 月，时任一汽—大众奥迪销售事业部副总经理杜晓东调任红旗分公司副总经理。第二年3月，一汽准备成立一汽红旗汽车销售公司，让杜晓东出任总经理。随后，他启动红旗首批经销商招募活动。

2017 年 4 月 16 日，上海车展前夕，一汽红旗首批 21 家 4S 店举行签约仪式。杜晓东在签约仪式上说：“红旗要想在高端市场竞争中占有一席之地，在用户心中有品牌影响力，在可持续发展中有经济性保证，就一定要挑战 10 万辆目标，进入豪华车品牌第二阵营。”

按照原定计划，2017 年下半年红旗要上市改良款红旗 H7 和全新 H5，但是直到8月徐留平来到一汽，签约经销商中只有一汽奥迪老牌经销商投资人宋立恭投资的长春通立正在建设红旗4S店和一汽红旗培训中心。

这对实现10万辆目标是一个极其巨大的挑战。徐留平不能容忍这样慢吞吞的节奏。抓质量、抓采购、抓研发，面对已经和即将“临盆”的产品，他要求迅速把销售工作抓起来，否则势必难以实现他在人民大会堂的品牌战略发布会上提出的到2020年销量达到10万台级的目标。

2017年8月下旬，北上长春不久，徐留平就要求班子成员兵分三路，带队到各地落实一汽集团自主品牌销售渠道中存在的问题，一周之内，把主要城市过一遍，从而总结经验，推动销售。

当年8月30日，一汽红旗汽车销售公司正式注册成立。9月18日，原长安铃木汽车公司常务副总经理况锦文加盟一汽集团，出任总经理助理、营销服务部部长和一汽红旗销售公司总经理。徐留平给况锦文定的第一个目标是2018年实现红旗3万辆的销售目标。

对徐留平来说，这是一个小目标，但对于红旗，却已经是一个历史上从没有实现的大目标。

但况锦文面对的又是一个怎样的红旗营销局面？2016年，红旗全年售出4800辆；2017年上半年，也只销售了1900多辆，全年销量只有4571辆，且同比下降9.7%。

和采购部张丕杰一样，为扭转颓势同时为第二年迅速上量做准备，况锦文必须迅速建立自己的营销体系：一方面是建立内部组织和规章，另一方面是招募经销商队伍。

先前21家脱胎于奥迪的签约经销商，由于对红旗信心不足，大部分建店行动缓慢。2017年10月28日，一篇以《与红旗携手，共筑强国梦》为题的红旗4S店招商公告发了出去，短短两天之内，收到200多份建店申请。

红旗4S店有6档建设标准。况锦文主张改建优先，迅速铺设100个渠道。2017年12月，签约投资人开始建设或改建红旗4S店，中间还跨了个春节，但到2018年3月31日，覆盖全国40多个省会城市和二级城市的60家红旗4S店竟然完工。“100多天干出60个店，而且标准还都很高，这个速度全国都没有。”况锦文说。

这与徐留平在一汽集团展开的大刀阔斧改革带给红旗品牌未来更多可能性密不可分。保定中冀汽车贸易集团有限公司董事长沙晓曼在12月初正式签约红旗经销商后说，徐董事长的身先士卒让她看到了红旗的希望。

沙晓曼在红旗文化展馆参观时，看到的1958年一汽用33天打造出第一辆红旗CA72轿车的故事，她琢磨着是不是也用33天把红旗体验中心建起来，后来与总经理李超一合计，就确定了这个疯狂的想法。

在接下来的落实过程中，遇到了不少障碍。当时中冀的基建工程部长说，肯定做不完，不愿接这个活儿。招投标时，几个供应商也不敢接，最后是一位军人出身、很喜欢红旗品牌的建筑商接下了建店的工作。

李超说：“33天这个工期，其实体现了一种红旗精神。明明知道有困难，我们唯一能做的就是定了目标，就想办法去完成它。就像徐留平董事长说的那样，努力到不能再努力，创新到不能再创新。如果33天真是完不成，我们也可以接受。”

2018年1月25日，在工程启动后的第33天，保定中冀华达红旗体验中心顺利竣工，创造了红旗4S店建店史上的新纪录。

这个33天建成的红旗店，不只是得到了厂家的认可，在中冀集团内部也传递了一种力量，一种精神。沙晓曼说：“这就是红旗精神，让我们把很多不可能变成了可能。”

况锦文听说了33天建店的事，不太相信，没有提前通知，就亲自来到了施工现场。看到店面大局已定，他非常吃惊，说：“当所有经销商都在观望的时候，保定中冀率先开启了这样的风气，相信红旗，相信主机厂，他

们起到了很好的引领作用。”（参见本书附录一《为什么她要33天建店》）

2018年2月26日，位于长春的一汽红旗培训中心开始密集培训全国各地的红旗经销店员工，每天开设20多堂课，33天时间培训了1300多人。

其时，不仅是一汽集团上下，全国舆论也为红旗2018年能否完成3万辆的销售目标捏一把汗。因为2018年前4个月，红旗的销售只有1900辆。虽然同比增长了55.61%，但离目标还有十万八千里。

就看红旗H5的了。2018年4月25日，红旗H5在北京国际车展上正式上市。5月，H5的销售成绩出炉：批发销售2106辆，零售1651辆，而且，罕见的是，红旗H7批发销售800辆，零售826辆。这是红旗历史最好成绩。

况锦文说：“为了提高红旗销量，高层对我的支持是非常大的，支持我调整人，支持我动用一系列资源。这样，产品没有问题，知名度不缺，情怀也不缺，渠道不断增长，100家经销店出来，经过艰苦努力，销量也上来了。”

2017年12月26日，一汽红旗在长春正式发布红旗服务品牌“红旗心服务”，同时宣布成立红旗粉丝社群组织——旗仕团。

“红旗心服务”的一个核心点是红旗品牌将给消费者提供“终身免费保修”“终身免费救援”“终身免费取送”三项超级服务。这在所有豪华车品牌中是绝无仅有的。

更让红旗万众瞩目的是，从2018年1月开始，红旗推出全球限量100台起步价为600万元的红旗L5定制服务。同时，红旗还以每位L5车主的名义为慈善公益基金捐款50万元。这是况锦文上任后，根据红旗产品在市场现实影响力的现状，迅速提升红旗品牌形象的重要举措。

先前红旗L5都是通过各地屈指可数的经销商销售，推出定制服务后，统一由一汽红旗销售公司的定制团队在长春销售。他们在一汽集团74栋设立了专属定制中心，通过对申请人相关资质审核，进行限量定制的详细洽谈，为用户制定独有的专属产品方案。

红旗品牌代言人靳东自己掏钱定制了一台，并加了50多万元尽显独特豪华和中国元素的定制项，而玻璃大王曹德旺则加了近50万元，一位不愿透露姓名的车主甚至加了110万元定制项。

红旗L5定制产品，外漆提供黑色丹砂、舒俱莱紫、静远藏蓝、寂静深棕、夜空蓝、雅典紫共六种配色方案；轮毂可选择标配的20寸9辐标准轮毂或更加庄重的国宾轮毂；内饰面板多处采用早期红旗CA72采用的福建大漆；座椅等其他内饰还采用奥地利阿尔卑斯山脚下小公牛皮手工包覆。

除了官方提供的六种内饰整体风格外，用户还可以自行搭配缝线、地毯、顶棚等。红旗L5限量定制版在头枕、仪表台等专属位置，可将用户的签名、家族徽章、企业徽章等融入车内，尽显神秘与高贵。

2018年8月1日，靳东和曹德旺作为第一批定制红旗L5车主，来到长春，身着红旗专门为其量身定制的礼服，参加盛大的交车仪式以及红旗L5全新专属定制中心和尊享交付中心落成仪式。

全新专属定制中心和手工定制区与红旗L5总装车间紧密相连，构成了红旗L5全新定制工厂全貌，整体建筑风格延续了20世纪50年代复古苏式风格，整个工厂以白色为主色调，配合大面积的原木色与浅灰色的地面，营造出高雅、科技、富有质感的环境。

红旗L5总装车间在空中设有专供客户参观的玻璃廊道，能够在空中以最佳角度欣赏整个装配生产过程。每个作业岛都设有高清摄像头，客户可以通过手机APP实时查看自己定制产品的生产过程。

况锦文说，红旗L5全新定制工厂集柔性化、定制化、体验化、观赏化于一身，是中国唯一的智能化、定制化超豪华车工厂。

红旗L5在红旗全新品牌战略中属于红旗新高尚至尊车，2014年开卖的红旗L5，三年才卖了11台。自2018年年初开启预订以来，已接到全球超600位用户报名，半年已出售21台。

这可谓开了中国豪华汽车的先河，在中国甚至在亚洲，也只有红旗这样的经典品牌才可能有这样的资格。这样的资格在红旗的复兴之路上越来越彰显它的价值。

如果说 2018 年 4 月红旗首次独立参加北京国际车展显示了它真正独立坚定走向未来之路决心的话，那么随后的 8 月，两台红旗轿车——CA72 和 CA770 首次踏上全球最为著名的美国圆石滩（Pebble Beach）车展，可谓是为它成功走向未来的一次壮行或者说强有力的一个背书。

圆石滩车展有着“全球最豪华汽车展”的别号，它所展出的车型都是价值连城的古董老爷车及未来的豪华概念车。这是该车展68年历史上首次有中国经典老车出现，开创了历史。

由于交易、修复和收藏名贵汽车需要很大的资本，所以圆石滩车展被认为是只有腰缠万贯的藏家、骨灰级车迷才会参加的活动。酷爱汽车的影视明星吴彦祖为此专门在社交媒体上发文感慨红旗轿车出现在圆石滩上。

进一步开创历史的是，成都三和老爷车博物馆馆长黄宗敏带来的这台1965年产红旗CA72获得了圆石滩经典车优雅大赛特别奖项——主席杯（Chairman’s Trophy）。圆石滩优雅竞赛主席杯设立于1983年，由竞赛组委会主席亲自甄选并颁给当年最具意义的参赛车。

黄宗敏酷爱红旗，1998年，在建三和老爷车博物馆之前，他甚至为3辆红旗CA770盖了玻璃展厅。他说，现在想要收到一辆红旗CA72几乎不可能了。事实上，自2017年8月徐留平执掌一汽，开始集团总部运营红旗的大举措后，红旗经典车的价格突然开始飙升。

看准时机，徐留平对于红旗的未来信心越来越足，他对况锦文的要求是 2018 年必须要达到并超过 3 万辆的销售目标，同时又提出更具挑战的目标——2019 年卖出 10 万辆，比原计划提前了整整一年。

如果完成，这些都堪称史无前例。

▲ 2017 年 8 月 21 日，一汽开始“我心中的红旗”大讨论。81 岁的一汽原设计处设计员谷旭照（右）写了一封长达 4000 字的信函，说：“发动一汽全体职工就公司发展问题开展大讨论，提意见，这虽不能说在一汽是空前的，但恐怕也是很久以来未曾有过的事情。”

红旗
锐气这事，很难被关得住。
锋芒
每一次改变，
红旗H5，锋

◀ ▲ 2018 年 3 月上旬，一汽集团总部和已经分拆的技术中心及乘用车相关的研发部门从长春市东风大街 2259 号往西搬到 8899 号，这里成为一汽集团新总部所在地。上图为 A 区外景，左图为中庭局部。

▲ 一汽集团原总部大厦对面的一号门广场，前面竖立着毛泽东 1953 年题写的“第一汽车制造厂奠基纪念”石碑。

▶ 一汽集团老生活区街口的雕塑，呈现出一种深厚的历史感。旁边红色的宿舍楼，全部是砖木结构，墙厚四层砖，墙面为红色，局部装饰虽带有西洋化，但是整体趋向简约、浑厚、沉稳、大方且凝重的感觉。

◀ 2018 年 4 月 25 日，全新红旗 H5 在北京车展上市，著名主持人朱丹（左）现场宣布 2018 平昌冬奥会短道速滑 500 米冠军武大靖（右）成为红旗 H5 的首位车主。

▼ 从 2018 年 1 月开始，红旗推出全球限量 100 台起步价为 600 万元的红旗 L5 定制服务，玻璃大王曹德旺成为首位预订车主。这是北京国际车展期间 L5 的展示区。

▲ 2018 年 4 月 25 日，北京国际车展成为红旗首次以独立品牌形式参加车展第一站。智能座舱和“旗宝”机器人显示出红旗对未来人车交互的全面理解。

▶ 2018 年北京国际车展上首发的红旗“E• 境”GT concept 概念车，充分演绎“中国式新高尚精致主义”及未来造型风格，彰显了以“尚 • 致 • 意”为关键词的全新红旗设计理念。

▲ 2018 年 2 月 26 日，位于长春的一汽红旗培训中心开始密集培训全国各地红旗经销店员工。◀ 左图为学员宿舍，上图为学员餐厅，尽显红旗格调。▼下图为与培训中心一墙之隔的红旗 4S 店一景。

▲ 保定中冀汽车董事长沙晓曼用 33 天改建完成的保定中冀华达红旗体验中心 4S 店。她说，看到徐留平对一汽的改革决心和行动，对做好红旗充满信心。

▼ 2018 年 8 月 26 日，黄宗敏带来的这台 1965 年生产的红旗 CA72 获得美国圆石滩经典车优雅竞赛特别奖项——主席杯（Chairman' s Trophy），这是历史上中国车型第一次登上圆石滩颁奖台。

▲ 2018 年 6 月 15 日，一汽红旗总装车间，4 位工人正在给一辆即将出厂的红旗 H7 贴上进口的车身保护膜。

第九章

在新长征道路上

因为梦想，所以焦虑；同样，因为焦虑，所以才能够成就梦想。

——徐留平

改革没有浪漫曲

2015年6月，在国防和军队改革实质性启动之年，《解放军报》发表了瞿建波的至今读来还酣畅淋漓的评论文章《勇于承受“改革阵痛”》。

文章认为，无论方案多么缜密、措施多么周详，都不可能“喜大普奔”。如果前怕狼后怕虎，那就什么事也干不成！

文章说，如果像叶公好龙，改革没来盼改革，改革来了怕改革，口头上赞成，实际上抵触；像貔貅吞金，只想动别人盘子里的肉，不愿对自己的利益做减法；像坐井观天，看不到全局，站在自己那一块想改革，那么改革就进行不下去。

这篇文章也是对徐留平2017年8月以来展开的狂飙突进式改革的最好注解。

其实外界并非对徐留平开启的改革风暴一边倒地叫好，牢骚、抱怨甚至愤怒也不时在媒体中出现。

的确，改革没有浪漫曲。一汽党委副书记、副总经理秦焕明将出现以上现象的原因归结为如下三点：

第一，企业之间的竞争已经到了白热化的阶段，不排除竞争对手有意地释放一些东西，来干扰、拖延一汽发展时机。

第二，现在汽车是热点，一汽现在又是汽车中的热点，任何改革都不可能完美，所以，一汽一有什么动作都会被放大。

第三，像习近平总书记说的那样，“中国改革已经进入攻坚期和深水区，要敢于啃硬骨头，敢于涉险滩。但凡有改革都会动到某些人的奶酪，一动奶酪，就会有不同反应。

实际上，一汽的情况还更加特殊。在徐留平前往一汽之初就有人提醒他："一汽人际关系非常复杂。比如这人是谁家的媳妇，那人是谁家儿子；这人是谁家的女婿，那人是谁家的什么，就这个…… 父一辈、子一辈的，一汽老国企已经是一个小社会了。"

有一汽员工甚至在网上这样描写一汽集团：一汽集团"在长春就像一座大山一样横在那里，关系网密切交织，盘根错节，更像一个独立的小王国。对于长春这样一个经济体单一的城市来说，汽车行业已经算是收入比较高的行业。第二代一汽建设者从父辈 —— 第一代一汽建设者手里接过了接力棒，必然守着这个大系统继续运转。好的资源、好的岗位只留给一汽内部子弟，其他人想进去，真的很难。"

但是，谁也没有料到徐留平竟然会有如此巨大的改革动作。这也让很多一汽人惊叹：这么多年来，一汽很少有人敢这么干。

2017 年 9 月 1 日，徐留平在党组中心组学习会上措辞严厉的发言再次引爆微信朋友圈，也让很多人为他的改革捏一把汗。

有人说："董事长这发言，太猛了，一汽干部一下子接受不了。当然，接不住是正常的，过去的思维已经固化。干事的，听完会很高兴，都会接受；不干事的，都不会高兴。"

但徐留平并不担心，他说："为什么令行而禁不止？私利也。我的原则是：我和领导班子成员，都不为私利。我的立足点是，你有能力，你就会不停向前走。"

徐留平自我约束三条：第一，自己要立得住；第二，要有胸怀；第三，要处理好身边人的事情。正因为有这样的底气，徐留平的改革没有畏首畏尾，也不算计个人利害，而是迅速展开行动，一刻也不拖延。

徐留平说，如果改革非要找合适的时机，那就是现在和马上，时不我待，一汽改革必须抓住当前稍纵即逝的全球汽车产业变革的机会，抓住新时期全面深化国有企业改革的机会，再有延迟，或许永无翻身之日。

因此，他认为，必须马上行动，立即动手，直面问题，直击痛点，全面深化体制机制改革，激发活力，增强动力。

秦焕明是徐留平实行改革的坚定支持者。在2018年6月27日奚国华出任一汽总经理、党委副书记之前，在总经理空缺两年多的时间里，负责党务和战略的党委副书记、副总经理秦焕明事实上担负着不少统筹执行的使命，有力支持了一汽当下的改革。

他说："我（19）83年到一汽，是一汽给我提供了平台，但一汽这些年都在走下坡路，走到今天这一步，从大局势来看，这应该是一汽最后的一次机会了。我们都憋了一口气，出去让人瞧不起。人不就为了活一个面子嘛，更重要的是，留平董事长给我们带来希望，他对汽车行业发展有自己的洞察，他指的方向大伙儿觉得能行。"

这一次徐留平的改革能够得到推动，不少一汽高管还总结出了这样三条重要原因：

一是"他能够做到公平和奖罚分明。好，他就鼓励；不好，他就鞭策。改革中有不合适的，他不会修修补补对付，他不是那样的人。他看到错误马上就纠正，这样，咱们就相信他真是为了事业"。

二是"他雷厉风行，有强大的事业心，拼死也要把红旗搞好，敢于破釜沉舟、背水一战，有魄力和决心"。

三是"他对我们给予了巨大的信任，充分放权。咱们中国人，大多讲究士为知己者死，有这么个机会，领导信任你，自己又想为一汽做点事，怎么能不全力以赴？"

这些高管表示，他们按照徐留平董事长的改革方向，结合实际把具体事情落地，使得这些政策大家能接受，战略方针能执行。执行起来如果有问题，我们再修改，这总比政策落下来下面不行动强。”

他们表示，最近一年虽然也累，但是心不累，不用为其他乱七八糟的事累心。“这样吃得好、睡得香，干活也有劲儿，挺好。”

这些高管比较一致地认为，也就两三年时间，能起来就起来，如果起不来，一汽就可能被边缘化或者被整合、重组了。但他们相信，只要坚定地干，一汽最终一定能干出效果来。

秦焕明说，这个过程中肯定会得罪人，“如果都不得罪，最后得罪的反而是大多数，因为你把企业搞萎缩了，党的执政基础、国有资产搞没了，这就得罪大多数人了。所以在这一点上，董事长承担的压力非常大”。

这让人不由想起2016年10月在《汽车商业评论》10周年庆典上秦焕明和徐留平同台读诗的情景。

秦焕明朗读的是英国诗人雪莱的《西风颂》，其中的名句是“冬天来了，春天还会远吗”。而当时身为长安汽车董事长的徐留平朗诵的是苏格兰农民诗人彭斯的名作《往昔的时光》。这似乎已经预示着一年以后他们将成为事业上的搭档，为红旗的春天全力以赴。

面对终将来临的红旗春天，一汽集团党委常委、副总经理王国强对于改革中的不和谐音的态度是，“根本不用在意，林子大了，什么鸟都有”，“十几万人的企业，让它只有一个声音是不可能的。如果真是一个声音，反而不对了”。

王国强说：“徐留平董事长讲，他将把在一汽的工作作为他人生职业生涯的最后一站，我们大家都深受鼓舞。我认为，红旗想不起来都难。我对董事长说，我在一汽30年了，我有两个母亲，一个是生我的母亲，一个就是再造我的一汽。我不可能不用生命和情感来爱惜这个企业，可能能力有限，能走到哪儿我不知道，但我一定拼命按这路子走。”

徐留平刚来一汽的时候，曾经和来一汽不久的邱现东聊过怎么改革。邱现东说："我是从外面来的，一汽只有改革，否则死路一条。不是说不改就活不下去，而是说不改，一汽在行业中就会变得默默无闻。在一汽当副总，出去没人尊重你。"

对于外界对改革的闲言碎语，邱现东总结为两条：一方面是因为有些人的既得利益被触动；另一方面，"舒适了多年，现在从舒适区一下到了恐慌区，所以反应比较大"。

2018 年 5 月升任一汽集团副总经理的孙志洋曾经针对媒体关于改革的质疑发问："一汽不改革，行不行？有没有希望？大家都说没希望。"

孙志洋又说："有人今天就要有改革结果，明天就要有大变化，我说，那怎么可能？造车不像造别的，总得有个过程，最少也要 24 个月，你还能两天就干完了？"

他感叹，徐留平董事长对自己考虑得比较少，真心愿意去改革，真心愿意让红旗有进步。这种勇气，这种决心，这种做事的态度，值得尊重。

一汽集团一位普通员工在知乎上写道："我本来早就有离职打算，也一直在找合适的机会，正巧碰到改革，留下观望。作为普通人，我真心希望公司有发展，每天看着这么大一个公司的诸多病症，没人出头摆平真是十分痛心。改革成功就算我被裁了，我也心甘情愿，总比在一个半死不活的公司待一辈子强。"

徐留平就是这样一位要替一汽未来出头的企业家。有人认为，他是国有企业中少有的企业家，而且还是一位没有"油腻味"的汽车改革家。

徐留平凡事追求"日清日高"，做事极有章法。他到一汽后进行的"改革三部曲"完全可以看出他的这种行事风格：首先抓作风，夜以继日地工作，把整个一汽点燃；其次调体制和机制，改革不适时的管理和运营模式；最后制订具体的业务计划，开始新生产关系下真正的企业运营。

徐留平甚至给一汽亲自设计了体现他强调计划性工作风格的工作笔记本。本子上，设计了每天的日计划、日总结区域，然后是周计划、周总结区域，还有月计划、月总结区域，以要求大家每天检视自己的工作，不要被杂事遮蔽了自己真正想要干的事情。

2017年流行调侃中年男的“油腻”，但在徐留平身上完全不存在。他对工作、生活都非常认真。他爱读书，注重品位，注意形象，并要求下属同样如此，不能邋里邋遢。在他看来，一个没有对形象和品位有深刻理解的领导，不可能做好作为时尚大工业的汽车行业。

一汽的改革发展才刚刚开始，未来结果如何尚难准确预料。但是，在这个风云激荡的时代，有这么一位在长安汽车证明过自己的企业领导在前面身先士卒，可能真是一汽的幸事、红旗的幸事。

具有符号意义的事情

不知道人们有没有注意到这么一个具有符号意义的事情。

2018年5月1日晚上，以“中国梦•劳动美”为主题的庆祝“五一”国际劳动节的“心连心”特别节目在中央电视台播出，而节目的主会场就是中国第一汽车集团有限公司（一汽集团）长春总部。

一汽集团也由此成为这个由中宣部主导、中华全国总工会和中央广播电视总台共同主办的特别节目的首个京外主会场。

20世纪90年代以来，东北就像一块被诅咒的土地。虽然2003年以来，国家层面屡次有振兴东北的文件发放，但“投资不过山海关”的“潜规则”已经耳熟能详了，没有人相信东北老工业基地能够振兴。

20世纪90年代以前，东北地区是我国经济相对发达的地区，同时也是我国最重要的工业基地。一般认为，1990年以来，东北老工业基地的企业设备和技术老化，竞争力下降，资源性主导产业在衰退。

衰退的原因也许不在于国有经济占主导地位，可能更是改革不彻底，僵化的体制和机制形成的弊端导致无论是企业还是职工，竞争意识都薄弱，“等、靠、要”思想严重，几乎无改革意识。

2016年10月，知名财经评论员叶檀在《最无前途的七个中国城市》的文章中写道，长春、哈尔滨和沈阳这三个省会城市被她看成是中国最无前途的城市。原因不在于这里国有企业太多，而是产业不够细分，更重要的是制度成本较高。“什么叫制度成本较高？有些东西需要通过太多关系才能得到。”她在2017年7月如是说。

或许这些因素从整体上束缚了东北地区发展的手脚，让本地的企业家想离家出走，让外来的企业家望而生畏，整个东北颇有点灰头土脸的感觉。

于是，原来曾经拥有强大工业基础的东北优势开始削弱，关外的优势在增长，此消彼长的结果造成东北地区今天的经济局面。这样，东北的汽车产业也不能幸免，一汽也未能幸免。

人们不由自主冒出的问题就是：这个地方还会好吗？

此次“心连心”特别节目来到东北，来到一汽演出，毫无疑问是一个象征，它是对一汽集团当下改革所展现出来的前景的一种认可，也是对东北振兴重燃希望的一种期许。

这次“心连心”特别节目包括了《致红旗》《致祖国》等节目，塑造了包括一汽建厂至今的四代劳模在内的劳模群像，文艺小分队把《50岁的老司机》等节目送到解放卡车厂生产一线。而在长春会展中心的录制外场，还举行了以红旗品牌轿车为主角的汽车炫技表演。

一汽集团的官方微信公众号说，这是对中国一汽特殊的历史地位和改革发展新成就的充分肯定，是对中国一汽“振兴一汽，复兴红旗”新征程的又一次鼓励和鞭策。

没有人能否认，对于一汽，对于徐留平狂飙突进式的改革，这绝对是一种肯定、鼓励和鞭策。

具有鲜明政治身份的一汽集团如果能深化改革成功，则对振兴东北老工业基地将具有重要的标志性意义。

不过，在东北这个地方，在一汽这样的老国企进行改革，必然会引发一定程度的不良反应。这需要一汽人能咬紧牙关，坚持住，挺住，熬过艰难的开始，就会步入良性的循环。

2017 年，一汽集团全面完成了国资委下达的经营目标，同时在 2018 年上半年实现收入、利润“双过半”。很久以来，似乎已经被外界遗忘的一汽一下子又站到了中国汽车产业舞台的中央。

实际上，在 2018 年 4 月 19 日“心连心”特别节目到一汽集团录制前，作为对徐留平积极推进改革的一种呼应，2018 年 4 月 17 日，吉林省支持中国一汽改革发展暨红旗品牌建设推进会也在一汽总部召开。

会议由吉林省省长景俊海主持，省委书记巴音朝鲁、国资委主任肖亚庆以及数十家央企领导人悉数出席，会议规格之高出乎意料。

巴音朝鲁强调，这是吉林历史上首次以省委、省政府名义就一户企业召开专门的推进会。他要求举全省之力，确保一汽改革发展各项政策措施落到实处。

显然，这可以看作是地方政府转变职能的重大举措。2016 年 2 月 10 日发布的《中共中央、国务院关于振兴东北地区等老工业基地的若干意见》首先提出要加快转变政府职能，这是 2003 年和 2009 年颁发的振兴东北地区的相关文件所没有提及的。

同时，这也是对习近平总书记关于国资国企改革发展重要思想的贯彻落实。习近平在十九大报告中明确表示，要推动国有资本做强做优做大，培育具有全球竞争力的世界一流企业。

巴音朝鲁认为，一汽在吉林振兴发展大局中具有特殊的重要地位。进一步深化吉林省与国务院国资委战略合作，支持红旗品牌红遍大江南北、插遍世界各地，支持中国一汽做强做优做大，向具有全球竞争力的世界一流企业迈进，能够为新时代吉林全面振兴提供有力支撑。因此，全力支持一汽改革发展，是吉林省委、省政府义不容辞的重大责任。

国资委主任肖亚庆对徐留平的改革寄予厚望并提出新要求。他说，走进新时代，应对新挑战，一汽必须紧紧抓住并探索出一条具有中国特色的汽车产业突围和赶超之路，努力在企业高质量发展、吉林振兴、东北崛起中展现新气象，实现新作为。

政府的大力支持给一汽改革带来了很好的外部环境。徐留平在推进会上表态，作为东北地区最大的国有企业，坚决做到“扛红旗、抓自主、强合作、狠创新、快布局、勇改革”，努力打造“中国第一、世界一流”移动出行服务公司，努力为国家、为汽车产业、为吉林地方经济长久发展作出积极贡献！

会后，吉林省出台了支持一汽发展的 10 条措施。

比如，将在新能源汽车领域支持红旗等中国品牌新能源汽车平台开发建设，加快推动奥迪、大众等合资品牌新能源汽车导入和发展，推进氢能源汽车研发示范，打造氢能源汽车产业链。

又如，在智能汽车领域，将加快建设国家智能网联汽车应用（北方）示范区，2018 年配套建设 5G 网络基础设施，为红旗绿色智能小镇（简称“红旗小镇”）建设及智能网联汽车测试运行提供有力保障，并推进出台智能网联汽车道路测试地方性规范和法规。

在当天的会议上，吉林省委常委、长春市委书记王君正向一汽发放智能网联汽车道路测试牌照。

对于这次大会的召开，一汽上下十分振奋，备受鼓舞。这对于一汽的改革和红旗未来的发展，无疑是最好的激励。

2018年年初刚刚升任吉林省省长的景俊海对一汽的关心和支持也非常到位，他半年内5次到一汽现场办公，当场解决问题。他在那次会议上说，“良好的投资环境是经济发展的‘生命线’”，“吉林将大力支持一汽的改革发展”。

对于这次极具象征意义的推进会，秦焕明说：“不光是吉林省，而且是国资委和吉林省联合支持一汽集团的发展，这在历史上是第一次。”

或许，上一次吉林省对一汽集团的支援还要追溯到2005年。当年上半年，一汽集团亏损严重，吉林省立即制定出50条优惠政策作为红头文件下发，要求“省内都要尽量购买一汽汽车，县以上行政单位，经批准购买汽车的，要按规定的标准首选一汽汽车，省直机关及所属各单位购车和报废更新车辆时，必须购买一汽汽车”。

如今，经济发展软环境的支持对于一汽集团的改革发展应该说更加重要。

2018年6月下旬，贯穿“汽车厂”[9]的“东风、锦程和创业”三条大街的人行道都在集中修缮。这些路多年前是由一汽集团自己负责维护，后来交给了长春市政，但经常处于翻修之中，导致有人抱怨“汽车厂的路是用来修的，不是用来走的”。

现在，他们应该会认为这些路是用来走的了吧！

9. 一汽集团总部工厂和家属区对一汽集团的习惯性称呼。

越来越多的行动派

2018年6月19日下午，长春，外面雷阵雨不断，刚刚从欧洲斯堪尼亚汽车公司赶回来的一汽解放事业本部本部长胡汉杰在他的办公室里说道："我是干解放的，我要做的就是坚定不移地把解放干好，让董事长少操心。我把解放的改革问题、发展问题解决好，就是对红旗最大的支持。"

胡汉杰也是改革最坚定的支持派。"我是一直在推动解放改革这个事。不改肯定是不行的，但没想到董事长来了步子这么大。解放改革的好多事，都是顺着集团改革这股东风做起来的，这样大家也比较愿意接受，以前真是怕动静太大，没敢先下手。"

胡汉杰所说的解放改革是指2017年10月他们效仿集团总部运营红旗的模式，在一汽解放本部直接运营解放的同时，其余业务部门和子公司整合成了进行战略管控的发动机事业部、传动事业部、青岛整车事业部和面向未来新业务的F事业部。

比如，发动机事业部就包括一汽解放无锡柴油机厂、道依茨一汽（大连）柴油机有限公司、一汽股份无锡油泵油嘴研究所、无锡大豪动力有限公司和一汽商用车研究院发动机开发所。

每个事业部都是研、产、销一体，责任非常清晰。为真正优化内部资源，形成有效管理，每个事业部有一个主体企业，发动机事业部由无锡柴油机厂统率，青岛整车事业部是以一汽解放青岛公司为主体，传动事业部的主体则是变速箱厂。

胡汉杰说："这样改了之后，变化挺大的。原来的工厂什么都有，现在压缩很多人，减少了管理层级。"

解放事业本部这些改革的具体方案，按照原先的思路，都是要集团管理部批准才能进行。徐留平强调放权，明确集团只管到胡汉杰他们这个级别的任免，其余再往下的事由他们自己来确定。

“这样我们得到充分授权，管理空间比较大，改革的步子也大了。”胡汉杰说，“在改革过程当中，我们设立了采购部，把采购基本上统一了，这是以前一直想做但没做到的。采购部建立起来后，实现了整体平台的协同效益。”

但一汽解放的这次改革也不平静。“按照徐留平董事长提出的‘双率提升’的改革要求，即利润率和市场占有率都要提高，我们的改革力度不小，该拆的庙拆了，机构整合之后，重复的岗位没有了，如何把现有人员盘活，使人尽其能，也是颇费周章。”

“我们不是简单地让他们回家，而是给他们转岗，活化人、优化人。有的人接替劳务工、发包工；有的人不行就培训，培训还不行，那就只能买断工龄回家。”胡汉杰说，“多数人通过培训，找到了合适的岗位，重新上岗了。”

这些人里虽然也有闹事的，但胡汉杰认为，这种变化对大家思想的冲击还是挺大的。他说，这是猛击一掌，让大家从睡意当中惊醒，有危机感了，就像往死水里扔进了一块石头，荡起了涟漪。

2018年5月，胡汉杰升任解放事业本部本部长、一汽解放董事长，原副总经理兼商用车开发院院长朱启昕出任总经理。胡汉杰说：“现在要管更多战略上和改革上的事情，还有很多困难，比如一汽客车、一汽通用。”

因为历史的因素，一些陈年老账需要胡汉杰去彻底结清，但他没有感到有什么不能克服的困难，改革没有坚定的意志和充分的自信是不行的。

这次一汽集团的大改革，支持的、反对的、怀疑的人都有，领导的压力可想而知，但胡汉杰说他很佩服徐留平董事长，并从他身上学到了很多。“第一，他很有战略眼光；第二，他执行起来非常坚定、自信；第三，他很勤奋，带头去做，亲力亲为，不知疲倦。”

2018年上半年，解放中重卡车共实现销售16.9万辆，市场占有率达到21.7%，较2017年提升了2%；同时，轻型车销量较2017年同期增幅37%。胡汉杰希望一汽解放一方面能强化载货车和牵引车的市场优势，另一方面在自卸车领域也强化自己的能力，以确保整体竞争优势。

这位和徐留平同龄的一汽人对于未来很有信心。他说："一个企业，有个好的带头人很重要。以前的一汽确实暮气沉沉，没有朝气，没有激情，好像失去了方向，就像人到了老年一样。"

2015年11月，接替田青久负责一汽马自达销售公司工作的郭德强也借着一汽大改革的机会把合资销售公司连人带组织地进行了变革，以更好地响应市场的需求。

郭德强说："过去，合资企业要谈机构改革，没有半年是下不来的，我现在不到一周就完事了，为什么？这个想法早就有了，在接替田总的时候，这方案和日方也酝酿得差不多了，但是没敢推动，因为大环境不支持，现在机会一到，我们就马上行动。"

越来越多的行动派在改革后出现了。

2018年4月，北京，临空皇冠假日酒店，在中国汽车营销奖——金轩奖颁奖典礼上，1972年出生一汽轿车股份有限公司副总经理、负责销售工作的杨大勇上台为"一汽奔腾'让爱回家'第七季"角逐现场大奖而激情演讲。这对于其他车企来说可能很平常，但对相对保守和封闭的一汽集团来说，不同寻常。

现场的金轩奖评委，原一汽—大众奥迪销售事业部副总经理、资深汽车营销人柳燕如此评价：如果没有徐留平的大改革，如果没有徐留平在各种场合身先士卒地激情演讲的示范，杨大勇是没有机会和勇气上台角逐大奖的。可以说，这是他，是一汽轿车，也是一汽人的巨大突破。

突破是一种连锁反应。

2018年6月22日晚，一汽丰田首款小型SUV奕泽IZOA正式上市。在上市仪式现场，张靓颖的热情演绎以及飞行员、悦跑圈、时装设计师们的跨界呈现，意在表达这款新车年轻化、新生代的产品定位。

但最让人感到与众不同的是，一汽丰田销售公司总经理田青久竟然开通抖音账号，颇有激情地跳起了舞，让我们看到的不只是一个不一样的一汽丰田，更是一个不一样的一汽集团。

几天后，在苏州高新区，向来老成持重的一汽—大众举行全新一代宝来上市发售仪式，一汽—大众汽车公司商务副总经理、一汽—大众销售公司总经理董修惠和他的同事们上台时已经摘下了领带。

2018年7月6日，全新奥迪Q5L在贵州安龙重磅上市，无论是一汽—大众总经理刘亦功，还是一汽—大众奥迪销售事业部执行副总经理荆青春，都摘下了领带，以跟车、风景天然吻合。

这些看起来很小的事情，在以往都是不可想象的。他们摘下领带和徐留平要求运营红旗的同人西服穿得端庄得体道理都是一样的，就是倡导一种有利于各自企业发展的文化。当下的一汽，对于合资公司来说，严肃有余，而激情不足；对于自主品牌来说，则是松散有余，而严谨不足。这些状态都亟待改变。

这就如同2016年10月巴黎车展上经常摘下领带的戴姆勒CEO蔡澈说过的那样："尽管衣着是表面化、符号化的，也会传递一些信息。"服饰上不拘束和向轻松自然转变是一种开放文化的表征，在过去10年中，奔驰的企业文化发生了很大的变化，未来他也希望加速这种文化的变化。

徐留平说："汽车产业有它的规律，不可小看。过去10年中，昙花一现的汽车企业不少，能不能坚持下来，还要看能否塑造一种好的企业文化。"

“四能”不只是四句话

如果说2017年8月到12月这短短四个月内，既要干当前的事，还要干长远的事，一汽集团或者说红旗事业就在这样看似矛盾的状态下向前推进，那么在“急用先行”大概7个月之后，徐留平的改革措施进一步深化而清晰。

2018年5月16日，一汽集团发文，在继2017年9月进行机构和人事调整后，又对组织架构和相应的人事进行微调，包括成立红旗小镇事业管理部、移动出行事业部和新技术及创新业务部等10个方面的内容。这次改革起着两大作用：一是进一步强化研发管理和移动出行这两大核心板块；二是让整个集团的管理运转更加高效。

这符合2017年9月18日改革时徐留平提出的“四能”主基调，即干部能上能下、薪酬能高能低、员工能进能出、机构能增能减。

“原来这只是四句话，现在真的落地了。”王国强说，“董事长经常做飞行检查。有的人需要培训，有的人可能不适合现有岗位，大家都很有压力。”

徐留平对于属下的要求是：“优秀的指挥官一定是开战以前把能想到的都要想到，要看是否充分利用了一切资源。你提的方案，如果没有超越历史和竞争对手，我原则上不会通过。必须创新到不能再创新，努力到不能再努力，不能有一个框就一劳永逸。”

实际上，2017年9月开始的改革是从管理渐渐渗透到运营的，而2018年5月的调整是审时度势后，为了实现更好的运营和更好的市场化而实施的。如果说前期很多业务属于探路的话，那么现在是探完路后努力落实的过程。

比如，让人出乎意料或者说极富创意地成立红旗小镇事业管理部。红旗小镇事业管理部的成立既是对红旗制造基地的升级，同时又跨界融合了诸多元素，给红旗的未来增添了诸多想象空间。它由原负责智能网联开发院的一汽集团总经理助理董海洋出任部长。

又如，调整原有的移动出行办公室，成立移动出行事业部。它与不久前成立的移动出行公司实行“一个机构、两个名称”。更重要的是将一汽服贸公司、红旗智行科技公司、一汽国际融资租赁公司、红旗出行（雄安）公司等与移动出行业务相关的公司进行融合。

再如，撤销原有的新能源办公室、智能网联办公室，成立新技术及创新业务部，主要负责新技术、创新业务的识别、引进、孵化和推进；负责创新实验室、创业平台的创立和管理。

对新技术及创新业务部职责的准确表述是，负责总体战略与落地实施之间的创新技术、创新业务的识别、引进、孵化、推进工作；负责产品前瞻技术及预研统筹及管理；负责创新业务统筹管理；负责创新业务识别开发、创新业务商业模式研究及应用、培育、推动落地；负责创新实验室创立和统筹、协调、管理；负责组织创业平台建设和管理；等等。

王国强认为，新技术及创新业务部起着发现新技术源头并将其转化为项目的职能。

新技术及创新业务部部长由一汽旗下的启明信息技术公司原总经理吴建会担任。为了孵化一些新技术、新项目，一汽在海外特别是在美国硅谷设立公司，同时正在香港设立基金，投资一些可能的项目。

而这轮调整在产品和研发上形成了“二部四院”构架：“二部”是指新技术及创新业务部、产品规划及项目部；“四院”是指研发总院、造型设计院、新能源开发院和智能网联开发院。

2017年成立之初，造型设计院、新能源开发院、智能网联开发院等都与研发总院处于并列关系，经过一段时间运转后，又开始了一体化融合。

最新的“四能”举措是，为了适应红旗未来营销，2018年10月，一汽集团组建要客营销部，况锦文出任部长。由此，红旗销售形成2B和2C两大独立阵地。

近一年来，一汽集团的领导班子并不齐整且处于跨度新老交替的情况，这也使改革发展大大增加了难度。

2017年12月，党委常委、副总经理、总会计师滕铁骑退休。2018年3月，原中船财务部主任曾祥新接替他的位置。

2018年5月，经过中组部考核，产品规划及项目部部长、总经理助理尤峥和总经理助理、移动出行办公室主任兼移动出行公司筹备组组长孙志洋得到提拔：尤峥升任东风汽车党委常委、副总经理，孙志洋升任一汽党委常委、副总经理，主管营销和出行业务。原东风汽车有限公司执行副总裁雷平调任一汽集团党委常委、副总经理。

这一轮调整还成立了安全环境保障部，将集团办公厅、发展制造部、研发总院等机构的相关业务部门整合到一起；设立集团公司信息化数字化办公室，体系管理及IT部与信息化、数字化办公室以及改革办实行“一个机构，三个名称”，负责集团的信息化、大数据与信息安全等业务。

2018年6月，中央任命原新兴际华董事长、党委书记奚国华出任一汽集团总经理、党委副书记。

至此，一汽集团终于重新有了完整的领导班子。党委常委班子共9人，分别为徐留平、奚国华、秦焕明、王昭翩、王国强、邱现东、曾祥新、雷平和孙志洋。按照徐留平的说法，终于把领导班子搭起来了，否则以前分工都不好办。

在全球汽车业发生剧烈变革的当下，在一汽集团进行巨大改革的背景下，一个稳定强大的高层干部队伍架构至关重要。

一场现代化的立体战争

“因为梦想，所以焦虑；同样，因为焦虑，所以才能够成就梦想。”2018年5月11日上午，徐留平在第10届中国汽车蓝皮书论坛上发表演讲称，当下汽车产业正处在一个告别旧时代、迈向新时代的关键时期，而一系列不确定的东西，使我们面临了一系列焦虑。

此前，徐留平带领核心团队在北京进行了连续三天的关于未来新业务的业界专家闭门研讨会。

徐留平说，汽车业的转型恰恰和整个社会的经济、政治转型相一致，导致汽车产业面临的话题既是汽车产业的问题，又是社会问题，它们的双重叠加增加了人们的焦虑和困惑。

如何在这个转折时期寻找未来的方向，他认为，无论是原来做汽车的，还是转行来做汽车的，都不能绕开这个关键话题。

2018年7月下旬，一汽集团继2017年11月战略研讨会后，再次举行年度例行战略研讨会。

徐留平说，这个研讨会原本打算在5月份召开，但是由于陆续新进领导班子成员，必须要让新进的同志有一个熟悉业务的过程，所以推迟到7月份。

上一次战略研讨会更多的是商议2018年要落地的工作，这一次开会更重要的是研究面向未来的战略，尤其是讨论近三年的工作该如何做的问题。

“未来3年是极其关键的。”徐留平强调，所有的战略必须落地，在这个过程中，大家要“努力到不能再努力，创新到不能再创新”。

红旗现在聚焦研发和营销，面向未来还有更重要的一个方向，就是开展新业务。红旗小镇和移动出行就是一汽着力强化的两个正在到来的未来方向。

“现在汽车行业转型，未来不只是造车的逻辑了。造车只是入门的一课。”王国强说。

他认为，红旗造车的基础没问题，现在要做的就是转型赋能，“自己能为整车赋什么能呢？这需要创新”。

红旗小镇就是一种重要的赋能行为。

2017年12月，徐留平在一次外地考察中，萌发了在全国关键地方建设红旗小镇的思路。回到长春，他要求集团战略管理部出方案。作为核心商业秘密，这个计划一直到2018年4月17日吉林省支持中国一汽改革发展暨红旗品牌建设推进会召开那天才正式公之于众。

当今中国，特色小镇经济风起云涌，经营的特色多种多样，有民俗的，有旅游的，有文创的，有时尚的，还有产业的。安徽蚌埠的玻璃小镇、浙江龙泉的青磁小镇都是属于比较有名的产业小镇。

最早出现的汽车小镇概念是2016年8月乐视准备投资近200亿在浙江莫干山建设的汽车生态小镇。按照乐视的说法，这个汽车生态小镇将不仅仅是生产工厂，还是一个融入乐视体育、乐视音乐和影视生态以及主题游乐元素的旅游目的地，但后来并没有真正落地。

对红旗小镇这种模式，现在负责人董海洋尽管是摸着石头过河在干，但是他异常兴奋，对未来充满期待。

他认为，特色小镇不是行政区划单位上的“镇”，也不同于产业园区、风景区的“区”，而是要结合自身特质，找准产业定位，进行科学规划，挖掘产业特色、人文底蕴，形成“产、城、人、文”四位一体有机结合的重要功能平台。

而对于红旗小镇，则要体现“生产化、生活化、生态化”三化融合，“产、城、人、文”四位一体，“主题化、创新化、体验化、极致化、体系化”五化归一，由此实现人才、投资、旅游和资源的集聚。

“解决人才和机制问题，是复兴红旗的难点和痛点，也是红旗小镇的使命所在。”董海洋说，红旗小镇要通过机制释放干事创业的激情，以吸引高端人才，留住优秀人才，激活创新型人才，发掘潜力型人才。

他说：“按照徐留平董事长的要求，红旗复兴是大事，小镇一定要为红旗复兴服务，为用户服务。这个业务不是单线态的，而是一个立体生态。”

围绕这个方向，红旗小镇初步设计了5个IP，也就是5种产业形式，包括体现数字化、工业4.0的智能制造与汽车小镇，体现品质生活、优美生态的红旗工坊小镇，体现无人驾驶的智慧城市与交通小镇，体现创新、创造和创业的红旗小镇，还有最核心的在长春的总部小镇。

最核心的是长春红旗小镇，将通过产城融合的建设模式，以一汽现有制造业基地为基础，引进高科技产业，升级制造业，搭建创新创业平台，改善居住和配套环境。

董海洋说，长春红旗小镇的总体规划有二：其一，汽车制造小镇“腾笼换鸟”，依托原有风貌打造工业旅游区，形成独特城市名片；其二，汽车文化小镇“筑巢引凤”，吸引留住高端人才，为一汽自主事业提供坚实屏障。

当下，长春的红旗小镇总部正以红旗智能工厂、文化体验、新兴产业为重点，以历史保护建筑为特色，以优化文博为内涵，打造长春新红旗生产基地，建立工业旅游引领区。

其中，历史保护建筑、红旗生产升级改造基地占地3万平方公里，包含94栋历史保护建筑、红旗工厂以及按照5A级景区标准建设的一汽历史博物馆、红旗博物馆和解放博物馆，另外还要新建体验中心、接待中心及对厂房进行升级改造。

2018年7月15日，一汽集团五号门附近的红旗工厂外环境量化工程经过两个半月的施工正式完成，这是红旗总部小镇完工的第一个小项目。它就像大众的德累斯顿工厂一样，走进现场不像是生产车间，而像是艺术和工程技术结合的空间，并且具有很高的智能化水平。

董海洋说，红旗小镇的建设将以一汽为主导，拟通过一汽创新发展基金作为引导基金，成立平台公司，汇聚各方力量，在全国包括长春在内的七个地方布局，形成“北斗七星”格局。

“红旗新梦想，小镇大战略”，红旗小镇真正建成之后，对于红旗品牌、生产和销售乃至出行生态都有极高的价值，将对新红旗打造成“中国第一和世界著名的新高尚品牌”有极大的支撑作用。

徐留平和他的同事们现在一致的看法是，随着无人驾驶的出现，消费者自己要独占一辆车的概率在下降，到2030年，60%的人会选择私人汽车出行，而40%的人会转向出行服务市场。他们要买的是服务，而不是一辆车。为此，一汽希望打造成为“中国第一、世界一流”的出行服务公司。

同时，他们认识到，汽车制造业的利润正在转移。原来汽车制造业的利润基本都集中在主机制造环节。现在汽车在工厂被制造出来后，利润已经被分散到包括服务在内的13大类环节里。

因此，如果一汽必须要转型成“中国第一、世界一流”的移动出行服务商，他们认为，未来出行服务带来的营业收入至少要占到集团公司营收的1/3以上。

那么，怎么干这件事？一汽集团最年轻的副总经理孙志洋说，要构建移动出行生态。这个生态不是一个网约车公司或者一个分时租赁公司，而应该包括九件事。

第一件事是做传统网约车的线上平台和线下运营。“这个原来一汽也没有，需要重新建设。当然这种建设是很开放的，我们不会从头来，一定会找到资源，尽快把它建完。”孙志洋说，但要掌控在自己手里。

第二件事是进行定制车研制。孙志洋说：“围绕出行需求进行代工，这是我们的强项。目前没有一辆车是专门为出行开发的，全是私人市场的车直接用于出行，私人市场和专车市场消费者的诉求完全不一样。所以这个车，一定要按照出行市场的场景重新开发。这是我们应该做，而且马上要做的事。”

第三件事是开发车上服务。孙志洋认为，如果推行免费的移动出行，成功的概率会比较大，但不收消费者的钱，就一定要有个挣钱的价值链，把成本消化掉。“目前统计，一个人一天在车上的时间大概是 48 分钟到 1 小时。时间就是金钱，你要能开发出真正的车载服务，你就挣钱了。”

第四到第六件事就是要参与三大类基础设施建设。第一类是实物基础设施建设，包括停车场、加油站、高速公路自动支付设施等；第二类是数字基础设施建设；第三类是能源基础设施建设。

第七件事是构建周边生态，最有代表性的就是支付。“这个产业链上每天都流动着大量的资金，但这个资金不在我的银行里，多可惜啊。”孙志洋说。

第八件事是打造一体化交通，这是未来的理想出行状态。孙志洋说：“比如从北京到长春，就要把公交、地铁、高铁、轮船、飞机全都组合进来。我会给你三个出行解决方案：第一个是最快的，第二个是最经济的，第三个是最舒适的，你自己选。”

第九件事是打造智慧城市。智慧城市里的智慧交通，各地政府更希望由央企来做，因为涉及国家数据安全，有的信息不能开放，而这就是一汽集团的机会。

2018 年 5 月 17 日，中国一汽移动出行有限公司旗下主要运营分时租赁业务的“开开出行”项目启动仪式在长春第一汽车服务贸易有限公司举行，到 2018 年年底，运营车辆要在长春拓展到 400 辆。2018 年上半年，中国一汽已经成立各类出行公司七家，而 2018 年徐留平给孙志洋用于各类出行服务运营的车辆数将达到 1 万辆。

2018 年 7 月中旬，一汽与东风汽车、长安汽车正式签署移动出行意向协议书，确定合资组建 T3 出行服务公司，这是一个将投资数百亿元人民币的巨无霸出行公司。它为一汽成为中国第一、世界一流出行公司增加了想象空间。

“这么短的时间，这么多事情，这么多新的事情，都在快速而有节奏地进行，有的已经落地，有的在路上。”红旗品牌发言人杜晓东说，“真是了不起！”

2018 年是中国改革开放 40 周年的年份，也是一汽建厂 65 周年和红旗诞生 60 周年的年份。作为一汽的第 10 任领导者，徐留平发誓要带领中国一汽做国有企业和中央企业改革的排头兵。

“只有改革才能够让中国一汽所拥有的资源能量完全释放出来。”徐留平说，“未来一汽一定能做好，新红旗一定能插遍全中国，插遍全世界！”

一汽或者红旗，在新的历史条件下，重新有了想象的空间，而且是巨大的想象空间。

附　录

附录一

为什么她要 33 天建店

文 / 钱亚光

> **什么叫奇迹，就是所有人都认为不可能，但我把它做成了，那就叫奇迹。**
>
> ——沙晓曼

1

2017 年 10 月 29 日，新红旗 H7 交车仪式在中国一汽大本营长春文化广场隆重举行，125 辆新红旗 H7 正式交付给解放品牌经销商投资人。

在交车仪式上，在近 50 名一汽解放投资人中，就有来自河北保定的沙晓曼，一位儒雅、满身书卷气的中年女子。她的保定中冀汽车贸易集团有限公司从 1997 年创立之初，就与一汽解放结下了不解之缘。

这次一汽红旗希望解放品牌经销商推动红旗 H7 的销售，沙晓曼没有丝毫犹豫。此次交付的红旗 H7 中，就有中冀集团的两辆。

当天，长春的气温几乎降到了当月的最低点，最高气温零摄氏度，最低气温零下四摄氏度，还刮着北风。现场的许多经销商都在抱怨天气恶劣，但中国第一汽车集团公司党委书记、董事长徐留平发表了热情洋溢的讲话，并一直坚持在现场给红旗站台。

沙晓曼对徐留平的印象特别深：一个南方人，穿得很单薄，感觉脸都快被冻僵了，但对经销商非常热情。这让沙晓曼和她的总经理——身材魁伟的燕赵大汉李超都非常感动，他们感觉有如此作风的领导，红旗一定有希望。

在回酒店的路上，沙晓曼就对李超说："我要开一家红旗店。"此前一天，红旗已经正式启动新一轮面向全国范围的全新4S店招商计划。

沙晓曼收到红旗建议开店的意向书后，当场就签了字。在成都，红旗召集经销商开会时，时任红旗销售公司总经理况锦文呼吁："以前我们卖了那么多车，但卖的不是我们国家自己的车，现在终于有机会卖自己品牌的车，这是汽车人最应该做的事情。"

这一席话让沙晓曼感觉到，卖红旗车有一种国家和民族的责任感，而徐留平冒着严寒亲自交车，况锦文分区域、小范围地和经销商细心交谈，让她看到了红旗的希望。

正式签约已经是2017年12月初，通过与红旗的沟通，沙晓曼和李超了解到建店需要50天左右，考虑到2月有春节，工人要回家，所以决定最好在1月底完工。

沙晓曼这时想起了在红旗博物馆参观时，看到的1958年一汽用33天打造出第一辆红旗CA72轿车的故事，她琢磨着是不是也用33天把红旗体验中心建起来。后来她与总经理李超一合计，这个疯狂的想法就被确定了下来。

在接下来的落实过程中，遇到了不少障碍。当时中冀的基建工程部长说，肯定做不完，不愿接这个活儿。招投标时，几个供应商也不敢接，最后是一位军人出身、很喜欢红旗品牌的建筑商接下了建店的工作。

李超说："33天这个工期，其实体现了一种红旗精神。明明知道有困难，我们唯一能做的就是定了目标，就想办法完成它。要像徐留平董事长说的那样，努力到不能再努力，创新到不能再创新。如果33天真完不成，我们也可以接受。"

2

建店过程中的困难超出了预期。

比如天气的问题、环保的问题、供应商的问题，等等。红旗体验中心的层高标准是3.8米，由于以前的施工图纸找不到了，预计楼板的高度是3.9米。以为没有问题了，可拆掉之后，发现层高只有3.7米，只好又将地面向下挖了0.1米。

建店时遇到了保定最冷的天气，冬天装修施工的困难众所周知。由于预定的空调是美国生产，交货时间长，在空调未到之前，为保证室内的施工温度，必须在室内取暖，于是他们在现场把小推车改造成火炉，保证24小时不停工。

当时感人的事情也有很多，比如上海供应商发过来的灯具少了一支，打过电话后，供应商连夜开车亲自把灯具送了过来。

空调调试那天，正赶上保定下鹅毛大雪。供应商的工程师在发高烧，中冀的现场管理人员就没好意思和他说必须调好。但供应商得知空调没调好会影响工程质量，硬是让那位工程师输完液，夜里12点又开车回到工地，把空调的管线全部接好。

当时负责工程进度的是现在的中冀集团总经理助理郝佳，他从早上7点开始就在现场盯着，如果工人干活儿慢了，他会一直等着，经常等到凌晨两三点钟。负责施工的老板，每天在其他工程完工后都要来这里转一圈。沙晓曼和李超每天也会抽空过来看看。

就这样，一个个节点如期完成。第1天，原展厅拆除；第15天，木工基础部分完成，水电、油漆等其他工序重点推进；第30天，家具进场，收尾……

2018年1月25日，在工程启动后的第33天，保定中冀华达红旗体验中心顺利竣工，创造了红旗4S店建设史上的新纪录。

这个33天建成的红旗店，不只是得到了厂家的认可，在中冀集团内部也传递了一种力量、一种精神。这，就是红旗精神，让他们把很多不可能变成了可能。

李超把这次建店时体现的红旗精神总结了一下，就是设定一个疯狂的目标，像疯子一样坚持，凭借逢山开路、遇水搭桥的气势，一定会创造奇迹。

况锦文听说了33天建店的事，不太相信，没有提前通知，就亲自来到了施工现场。看到店面大局已定，他非常吃惊，说："当所有经销商都在观望的时候，中冀率先开启了这样的风气，相信红旗，相信主机厂，起了很好的引领作用。"

3

中冀从1997年创业起经销一汽解放车，后来又经销了一汽系的合资及自主乘用车，现在经营着多达20多个品牌的商用车和乘用车。

2006年红旗做了一阵HQ3，后来店都没了。2013年又开始搞红馆，只有一款H7在卖，其他的产品一直没有跟上。大多数经销商对红旗的未来不太确定，对于红旗4S店招商计划，也多持观望态度。

沙晓曼也是如此。

然而，2017年8月，徐留平接手一汽之后提出总部运营红旗，然后展开了一系列令人眼花缭乱却又惊心动魄的改革举措。

沙晓曼觉得，徐留平大刀阔斧的改革给她带来了信心，而他为红旗制定的品牌战略让她也吃了定心丸。

徐留平在品牌战略发布会第二天接受媒体采访时说的这句话——我改革的

最大阻力就是我改革的决心，让她更加感受到了一种不可动摇的决心。

李超也是这种想法。

这位1979年出生的“70后”感觉中国人失掉民族自信，是从他们这一代人开始的。小时候，好东西都是外国的，比如随身听、冰箱、电视、洗衣机。但他心里总是有一种游荡的感觉，一看到中式的、传统的东西，就有一种特别温润、安静的感觉。

现在随着国力的强大，家电、手机等产业的崛起，人们开始接受中国品牌，认为国货也不差。这时，新红旗出来了，加上传承的一些特质，腾飞的机会真的来了。

现在的“85后”“90后”对国产货有自卑心态的其实已经很少了，红旗天然就具备豪华车的基因，如果产品、服务再做得精致一些，和国人的需求贴得更近一些，一定会提升中国人对自主品牌的信心。

4

中冀是沙晓曼的家族企业，但只有她和弟弟两个人。她之前在政府公办幼儿园当了很多年的老师，后来做管理，当了13年园长和书记。

2011年，由于弟弟身体不太好，公司管理有些混乱，她过去帮忙，但不参与经营。2013年年底，弟弟身体不行了，她才全盘把公司接手过来。

沙晓曼原先不是汽车行业的，入了行才与各个主机厂的领导进行沟通，了解一些优秀企业的经营理念、经营状况和团队氛围，向这些企业学习，缩小与他们的差距，在运营能力、企业精神、文化、价值观等方面进行改变。

2014年正是汽车行业发展的关键时期，如果不提升管理能力，公司可能真的经营不下去了。而当时的中冀，人们在一起不是谈经营，谈公司的短板，而是在谈谁谁是我大哥，谁上台，谁下台，关心的是企业政治而不是企业发展。

沙晓曼接手企业后，做了一系列的改革。过去创业的元老中，那些拉山头的、搞派别的，基本上都被清出去了。公司的高管，包括4S店的店长，从头到尾换了一遍。

李超就是那时被她招到麾下的。李超2002年大学毕业后就来到中冀，后来因为一些小摩擦离开了，后在长安汽车4S店一直做到总经理。

沙晓曼来公司后，就在找曾在中冀干过的、现在又干得不错的员工，看看有没有再回来的可能，结果找到了李超。两人只聊了20分钟，李超就心甘情愿地回到了中冀。

用人一定要用价值观趋同的、接近的。她认为，新领导在用人时，会考虑尽量不伤原有的团队，但有的人实在跟不上，也不能因为一个人影响干事的效率和节奏。

在33天建设红旗店的过程中也存在这个问题。比如中冀基建部部长，按照他的思维，任务就是完不成，摆出了很多困难。

其实，这时领导们要的就是遇到困难一起想办法把它解决的人。沙晓曼说："什么叫奇迹，就是所有人都认为不可能，但我把它做成了，那才叫奇迹。我让那位基建部长退出了，不参与这件事情。"

后来沙晓曼和李超找来了郝佳，他对基建没有任何经验，但交给他什么任务，他都不拒绝，说可以试一试。

郝佳过去做过电脑维护、市场等多方面的工作，没有太高的学历，也没有很多的管理经验，但是目标和沙晓曼一致，认准的事情一定要做成。当时的郝佳从早晨7点到施工现场，晚上12点甚至更晚才走，非常辛苦，但最终不负使命。

5

当年用红馆卖车的时候，很多汽车经销商集团都把能力比较弱的人调去，从主观上来说，就是根本不重视红旗的销售。现在，建红旗 4S 店不一样了，好些集团都是举集团之力，把最好的人才派来卖红旗车。

沙晓曼说，现在的红旗体验中心大概 30 多人，其中配件经理、服务总监、技术经理都是从各店抽出来的优秀人才，服务是专业的，我们着重打造服务品质。

中冀为红旗体验中心挑选的人，不一定是集团做得最好的，但精神状态和跟随度是最高的，就像郝佳一样，认可领导交代的事情，愿意 100% 地去完成它。

在试营业的时候，与客户进行沟通，做宣传，做各种活动，大家都不分上下班地工作。李超说，基本上没有和领导谈工资待遇的，大家都相信把事做好，将来公司好了，红旗团队好了，个人自然也就好了。

但做领导的沙晓曼和李超，一直考虑着大家的感受，提出了薪资上的保证，在不知能卖出多少车的情况下，大大提升了整个团队的士气。

沙晓曼觉得，自己不是纯粹的生意人，投资不是说一定要多长时间拿到多少收益。做事情，很多时候还是建立在事情本身上。只要把事情做好，投资的成本在后期肯定会收回来的。

其实，她明白，现在做红旗，未来的投资收益率要比其他车高得多。首先，红旗是个高档品牌，溢价能力绝对比普通自主品牌强得多；其次，现在车和车之间，在基本配置、用材方面其实差不了多少，只有豪华品牌才有溢价能力。

因此，中冀从建店开始，就为红旗的经销做了大量的准备工作，比如联系很多当地媒体，对红旗进行宣传推广。在试营业前后，中冀还在保定投了很多户外广告牌，当时并没有厂家的支持。

在红旗 H5 上市前，全国任何一家保险公司的数据库中都还没有红旗 H5 的信息。中冀的合作伙伴燕赵财产保险股份有限公司保定支公司的刘莉副总经理亲自盯着，让省里总公司的录入人员第一时间把红旗 H5 的相关信息输进数据库，让中冀的红旗 H5 率先上了保险，在全国第一个上了牌照。

6

红旗代表了中国的民族品牌，代表了民族精神。红旗车上应该既有从古至今引领民族发展的一系列民族符号，还要有时尚和现代科技，是传统文化和现代科技的结合。

现在买红旗这样的中国经典汽车，情怀还是很重要的。许多购买红旗的老板，确实是出于家国情怀和民族自尊心的考虑。

作为开业一个月卖出 40 多辆红旗的体验中心总经理，李超说一定要研究中国人，研究中国的文化，不落入俗套，跟上时代的节奏。

红旗 H7 的购买群体中的一部分人对毛主席的情感比较深，另一部分人集中在政界和商界，就是那些经常和政府打交道的商人，以及一些有情怀的退休干部。

红旗H5的购买群体会年轻一些，像李超那样对中国文化有信心的人会买，另外，还有一些新生代的年轻人也会买。

红旗体验中心开业的时候，有一位退休的当地体育局长提着现金来买红旗，并要求上台讲话，说一定要为红旗站台，为红旗宣传。中冀的红旗客户中，有很多这样有家国情怀的人。

沙晓曼和李超也常在想，前期有这样有情怀的客户的支持，这批人买过之后，应该怎么办？

一方面，需要主机厂在产品技术方面下功夫，不管是质量，还是性能，一定要匹配汽车行业对豪华车的定位。

另一方面，他们认为，一定要靠经销商的贴心服务。因此，中冀在主机厂服务政策的基础上，又增加了自己的内容，提供超出客户预期的服务质量。

卖车时，中冀提出了深度试驾的方案，只要签个协议，交个押金，就可以把车开走几天，感觉一下车子合适不合适，再开回来。这种销售策略的成功率非常高。

中冀还建立了一个红旗出行公司，准备了 10 辆红旗车备租，一方面提高红旗的曝光率，另一方面也让大家体会到红旗车本身的风范。

在 4 年内，红旗车在中冀保养是不花钱的，但出了事故修车怎么办呢？中冀和燕赵财险合作，推出一个 4 年连保产品（买三送一），只要在 4 年之内，车出事故，修车也不用花钱。

他们深化了“红旗心服务”，提供了很多附加增值性服务，如直赔保险和贷款，并成立了“燕赵旗仕团”，方便车主进行交流。

一旦出了事故，中冀会提供同款的红旗代步车，在委托书上签个字就可以开走，等车修好后再开回来取车。这种服务也体现出了红旗作为豪华车品牌的与众不同。

每次修车、保养后，中冀都会免费对红旗车辆进行内外精洗，而在保定，精洗一次起码要 120 元，贵一点的甚至要超过 200 元。

附录二

从来没有怀疑过

文 / 钱亚光

中国人崇尚的价值观在红旗车上都有体现，比如，担当、传承等。

——颜立茗

在河南关注红旗品牌的人心中，郑州大展红旗汽车销售有限公司是一个神圣的存在。

2013 年，作为河南唯一一家、中国第六家红馆，郑州大展成立。最早只有 5 个员工，在只有红旗 H7 一款产品的情况下，年均能卖出 200 多辆车，不但在全国名列前茅，而且一直在盈利。

这样的业绩让其他经销商，甚至是集团内部其他品牌的经营者刮目相看。郑州大展取得这些成绩的秘密就在于他们锲而不舍地营造和培养人们对红旗品牌的认同感。

1

郑州大展有两位关键人物。

一位是颜立茗，是公司执行董事，在调来负责红旗业务之前，是河南大行集团公司董事长助理、宝马4S店的副总经理。她从2013年起与红旗结缘，曾一手打造郑州红馆，并指导了目前大展红旗体验中心的建设及布置。

另一位是李慧燕，郑州大展总经理，2003年加入集团，曾经在一汽马自达、一汽—大众奥迪、一汽丰田、北京现代、华晨宝马等经销店干过，2013年调来红馆组织销售团队之前，是河南大行集团宝马4S店的副总经理。

颜立茗是孔门七十二贤之首、儒家五大圣人之一颜回的第78代传人，河南省儒学文化促进会第一届理事会副秘书长。

她曾多年从事艺术及教育事业，热衷于对传统文化的传承和宣传，非常热爱和珍惜红旗品牌，致力让传统文化与红旗品牌有机结合。

在她看来，国车和国产车是两种概念。红旗是国产车，更是国车，它承载了太多的文化。她坚信红旗是一定要做起来的。

从2013年就开始卖红旗，她对红旗车、对红旗品牌从来没有怀疑过。即使是在一汽原董事长徐建一出事之后，她也没有怀疑过红旗。

为什么不怀疑？她从来没有只把红旗汽车当商品看。她认为，如果红旗都没有希望了，还有什么品牌能有希望，国家是不会放弃这个品牌的。

颜立茗对红旗的这种坚信和执着也影响着店里的其他员工。

李慧燕表示，没有考虑过红旗是不是能做下去，只是想红旗什么时候能度过困难期。一方面是受投资人和颜立茗的感染，另一方面也觉得国产品牌的发展需要有一个过程，

红旗不容易，做红旗的人压力也很大，特别是在2013—2014年做市场开拓的时候，郑州大展付出了很多的努力，但整个团队对品牌的信心、对品牌的热情没有减退。

颜立茗曾说："别的经销商可以怀疑，信心可以打折扣，但我们大展不能，我们必须扛起全国的这面大旗，引领全国的经销商把红旗的品牌做起来。"

郑州大展的员工多是从大学毕业就来店里，一直发展到现在，也没有怀疑过红旗会成功。

员工是心甘情愿地付出，觉得红旗的事就是每个人的事，是中国人的事。

“谁不希望自己国家好，国家好了，自己也会觉得扬眉吐气。”颜立茗说，他们要把这个店作为激发国人爱国情怀的平台，让人们到了这里，看到红旗，爱国情怀油然而生。

2

颜立茗负责做品牌的文化和品牌的趋势；李慧燕则要联合社会力量，把颜立茗说的概念落地，而销售团队就是要把服务做好。

如果说红旗品牌的营销像培养一个人的话，颜立茗要做的是确定要培养什么样的人，李慧燕做的是将人的形象展现出来，销售团队则是要具体表现出来这个人的礼貌、涵养。

颜立茗更关注的不是具体产品的情况，而是大的趋势。她的主要工作是利用自己的人脉，把文艺界的、大学的，包括她的学生等能发动的文化圈的社会力量全部发动起来，让人们从思想上认同红旗的价值。

李慧燕则把精力放在企业家圈的社会资源，比如企业家俱乐部、EMBA的群体。通过组织慈善公益活动、自驾游、文化之旅、体育活动等，与社会团体去结合，借助他们的论坛、集会，把车开过去，在活动现场做一些展板，发一些资料，进行宣传。

如果活动中碰到有人对红旗感兴趣，她们会邀请他到店里，深入了解红旗的品牌和文化，包括产品，然后再做试乘试驾，进入销售环节。

郑州大展先是从红旗的文化内涵宣传做起，让人们在价值观上认同红旗，把一帮志同道合的人汇聚在一起。他们认可红旗，更看重红旗的价值而不是表面的价格。

李慧燕说，现在整个社会比较浮躁，买红旗的人相对来说，内心是比较安静的，需要什么自己很清楚，不太受客观环境的影响，更加实干。

如果认同这种价值观，然后发现车开着还不错，口碑就会传播得特别快。我在休息室碰到的一位客户，一家人开了三代红旗。

来买红旗的，肯定是冲着这个品牌来的。与郑州大展合作的艺术家武马，2014 年买车前，他连车都没看，只是听颜立茗简单说了说，没到店就订了红旗 H7。

李慧燕说："很多车主来了大展 4S 店就感觉和其他店不一样，在参加了公司组织的活动之后，就越来越感到我们的唯一性和不可复制性。"

当时，红馆做了一个红旗形状的展板，放到展车后面，街上的好多人进来，看到红旗就流眼泪，有的人甚至进来就要写诗。

颜立茗说："中国人不爱口头说爱国什么的，但内心的爱国情怀都是有的。"

现在，红旗在河南声名显赫，所有省级的、国家级甚至国际级的接待活动，一定要用红旗车作为接待用车，接送贵宾。

颜立茗说自己不是商人出身，是搞艺术的，对于行业中很多东西也不了解。但她知道，艺术是讲究用心、用效果来评价努力的。

3

前几年，一些大型汽车经销集团因为对红旗没信心，往往是把能干的员工、较好的资源都配置到其他好卖的品牌经销点，但在大展这里正好相反。

李慧燕和颜立茗都是老板从宝马经销店调过来的。几年前，李慧燕在宝马店担任副总经理，负责客户管理工作；而颜立茗不仅是宝马店的副总，还是集团公司董事长助理，并担任着宝马爱心大使。

郑州大展的员工也都非常出色，而且对红旗、对大展有着非常深的、难以割舍的感情。

黄光辉就是其中的代表。他 2013 年大学一毕业就进了红馆，是红馆最早的一批员工。他 2015 年出任销售总监，后来因业绩突出被调往集团宝马 4S 店任销售总监，得知红旗要开新的体验中心，不惜降职回来。

刚毕业时，黄光辉是一张白纸，集团的企业文化对他的影响非常大。进公司时，他首先从李慧燕那里学到了公平，又从颜立茗那里学会了对客户的关爱。

回到红旗，是综合各方面的考虑。家庭原因是一方面，而红旗的品牌文化理念也是吸引他回来的重要原因。

黄光辉在红馆的时间比较长，受红旗文化影响比较大。在与客户沟通时，他不光沟通价格，沟通车辆信息，还沟通车以外的很多东西。但是在宝马，更多的是纯商业的利益关系，在宝马有很多想法没有机会实现。

他说："在宝马并不是不能融入其中，但和自己真正的追求有差异。卖宝马好像是在为别人打工，而卖红旗好像是在经营自己的事业，心里比较开心。"

4

很多经销商太注重车本身，总觉得红旗销量小，做不下去。可是郑州大展这么多年做下来，一直是盈利的，全国排名也一直都是前几名。

郑州大展的精力都用在如何做好市场、做好服务、做好文化上。领导层的认识是，大展只是销售，不是造车，控制不了的就不去想。只要这个店还在，就要把它经营好。

2017年，大展卖了200多辆红旗H7，表面上看，量很小，但以一款而论，销量并不少，而且利润并不低，在其他品牌利润只有1%～2%的时候，红旗最少能做到9%，远远超过其他品牌。

其他品牌一个月卖200辆，一年2000多辆，而红馆一个月只卖20辆左右，一年200多辆，但其他品牌是所有车型加在一起的销量，有的品牌光试驾车就有20多种。

因此，一个车型一年卖200多辆，利润起码9%的，还真不多。所以，郑州大展一个月卖20多辆红旗H7，是能赚钱的。

由于车型少、销量小，所以郑州大展针对客户的服务就非常豪华。大展的精力也都放在如何做好经营上。后来，红旗H5一出来，大展店里出现了人等车的现象。

以前，郑州大展一直在做市场、做文化，从人心、价值观上来分析红旗品牌。现在同价位的车，论配置、论空间、论安全，不能和红旗比，所以李慧燕称，大展越做越自信。

5

徐留平在人民大会堂对品牌“新高尚、新精致、新情怀”的定位，让颜立茗感到非常贴合。而靳东做红旗的代言人，更让她对红旗车有了一种新的感受。

红旗正在把“老”，化为“经典”，化成“珍贵”。郑州大展制作的红旗H5视频，吸引了很多年轻人，甚至是小朋友。

网上有人嫌红旗老气，但没有人说红旗H5老气。李慧燕相信，随着车型的不断丰富，人们对红旗的印象会越来越好。

颜立茗认为，中国人崇尚的价值观在红旗车上都有体现，比如，担当、传承等。

她说，“红”是中国红，代表了太多的东西，象征着中国的吉祥喜庆、向上的力量、憧憬美好生活的力量，是中国的主色调；“旗”是旗帜、引领、领先的意思，如果做不了旗帜，就没有领先的意识，没有向前走的意识，怎么能做“红旗”呢？

红旗代表着一种领先，是一面积极向上的旗帜。“这样把品牌的意义做出来，和客户沟通还很难吗？”颜立茗说，“作为中国人，肯定不难沟通。”

对于红旗的改革发展，颜立茗说，一个人的成长也不容易，所以不能怨天尤人，而是尽量做好自己的事。

2018 年 5 月，郑州大展红旗体验中心开业，当月销量是 71 辆，加上 4 月的销量，交付车辆超过百辆。5 月 5 日上市的红旗 H5，5 月销量为全国第一。

“我们河南省可不是最富裕的省，但我们的车卖得最好。”颜立茗如是说。

附录三

红旗开上圆石滩

文 / 贾可

我认为一个国家的民族品牌应该得到重视。

—— 黄宗敏

在全球最为著名的圆石滩（Pebble Beach）车展68年的历史上，2018年对于中国车迷或者中国汽车，或许才是最有意义的。

这一次，两台红旗轿车CA72和CA770首次来到了美国加州蒙特雷圆石滩，这也是圆石滩车展历史上首次有中国经典老车出现，双双开创了历史。

1950年11月5日，圆石滩车展首次举办。20世纪90年代以来，圆石滩车展时间基本就固定在了每年8月份的第三个星期选择一天举行。2018年的圆石滩车展时间是8月26日。

同其他很多车展不一样的是，圆石滩车展主要在高尔夫球场草地上举行。接下来几十年中，除了1960年天气恶劣车展取消，以及1963到1965年间长期大雨磅礴导致参展草地损坏车展地点变动外，圆石滩车展一直都在圆石滩高尔夫球场临近海滨的第18洞举行。

圆石滩车展最具看点的就是经典车优雅竞赛（Pebble Beach Concours d’Elegance）。它由评委根据车型的修复程度、稀少程度、可靠性、技术优势和设计风格进行判断，然后再根据品牌、车型、制造商、原产国或生产时期等方面分类，分别评出每一类车型里一、二、三等奖，最后评出全场大奖，此外还有诸多特别奖项。

首次车展只有30辆车参加，展出车辆被划分成了战前、战后及全新概念车三大类，如今圆石滩车展依然按照这种分类方法展出，只是车型被分得更加细致。

20世纪80年代开始，参展车辆的数量已经超过了200台，而为了让评委有更充足的时间仔细评价每一辆车，从2005年开始，组委会对参展车型进行选择，只有审核通过后的车型才能参展。

一旦参展获得批准后，在之后的10年中，获得参展权的车辆便不能再次参展，这样做的目的就是为了每次车展，参展的车型都能与之前不同。当然，如果出现原参展车个人所有权更变、原参展车被重新修复或原参展车极其稀少三种情况，可以继续参展。

2018年，从全球将近2000辆候选的稀罕汽车中选出了209辆车正式参展，它们来自17个国家和美国的31个州。

首次参展的两款红旗轿车，其中两排座的CA72来自中国成都三和老爷车博物馆，它的生产年份是1965年；而另一台三排座的CA770则是2008年美国黑鹰汽车博物馆以藏品“奔驰一号”与成都三和老爷车博物馆交换过去的，生产年份是1974年。

由于交易和修复、收藏名贵汽车需要很大的资本，所以圆石滩车展被认为是只有腰缠万贯的藏家、骨灰级车迷才会参加的活动。这次圆石滩车展，酷爱汽车的影视明星吴彦祖就来到了现场，他专门在社交媒体上发文感慨红旗轿车出现在圆石滩上。

圆石滩优雅竞赛拥有全世界同类活动最多的赞助商，劳力士、兰博基尼、宝马、奔驰、法拉利等都是多年的赞助品牌，在现场可以看到很多这些品牌的广告，而汽车企业则会在圆石滩车展外场展示自己当下最新的产品。

比如2018年7月刚刚在德国纽博格林北环身披伪装打破圈速记录的兰博基尼新款超跑Aventador SVJ也卸下伪装，在这次圆石滩车展上正式发布；比如奔驰带来了向自己的经典赛车W25银箭致敬的作品，一款纯电动超跑概念车，名为EQ Silver Arrow；再比如劳斯莱斯带来了它们的超级SUV库里南。

奥迪也在圆石滩车展上正式发布一款全新的纯电动概念跑车PB18 e-tron。它是一款纯电驱动系统的超跑概念车，其命名代表着新车发布的地点和时间：PB为圆石滩（Pebble Beach）的缩写；18代表着发布的年份为2018年。

中国造车新势力拜腾（Byton）汽车成为最新的赞助商，它在圆石滩车展入口处搭建了自己的舞台，展出了2019年将要量产的新车M Byte，同时在外场展出了其轿车的概念车K Byte。它同内场参展的红旗可谓首尾呼应，而更有意思的是，这两个品牌除了都是来自中国的品牌，还在股权关系上有着内在的联系。

因为圆石滩车展上出现的车型都是价值连城的古董老爷车及未来的豪华概念车，所以它还有“全球最豪华汽车展”的别号。

实际上，与其说圆石滩车展是车展，不如说它是一个以展示经典老爷车为主的聚会，男男女女、老老少少盛装出席，宛如进入了美国电影《了不起的盖茨比》中的场景。

而且，除了圆石滩车展当天的展出和经典车优雅竞赛外，组委会还会在车展前后几天举行一系列拍卖、巡游、比赛等活动，所以整个聚会可以称之为圆石滩复古车节（Pebble Beach Retro Auto）。

回顾历史，圆石滩车展是伴随着1950年加州卵石湾汽车公路赛（Pebble Beach Road Race）而诞生的。加州卵石湾公路赛是由美国运动车俱乐部举办的封闭式汽车公路比赛，参赛的车型主要是一些量产的跑车。在比赛间隙，30 辆古董车进行了展出。

加州卵石湾公路赛在 1956 年因为一名车手的丧命而正式停止。但是，圆石滩车展却延续了下来。后来，伴随着车展又有了老式跑车的比赛，有了苏富比拍卖，有了古董车市集等系列活动。

在 2018 年圆石滩拍卖会上，最大的明星非 250 GTO 莫属。这台法拉利 1962 生产的 GTO 车型的开山之作以 4400 万美元的价格被成功拍卖，它成为了迄今为止全球售价最高昂的汽车。如果算上 10% 的拍卖手续费，买主还要付出 440 万美元之多。

《汽车商业评论》记者全程参与了这次圆石滩车展和系列活动，感受到了西方浓厚的汽车文化，但同时又非常欣慰中国的经典汽车红旗也有资格参加这样的车展（恐怕也是迄今为止中国汽车乃至亚洲汽车中唯一有资格参加的品牌）。看着红旗轿车和车身上悬挂的五星红旗在圆石滩上迎风飘扬，你会有一种历史与现实、经典和未来、东方与西方互相交错的的奇妙感觉。

对于三和集团董事长、三和老爷车博物馆馆长黄宗敏来说，这种感觉更为复杂，他从最初来看圆石滩车展至今已经有十多年时间。2016 年，他首次带来劳斯莱斯参展，一举获奖。这次，他同时带来了用两年时间修复的另外一辆劳斯莱斯和红旗 CA72，而他内心关注的是国车“红旗”首次登上圆石滩这个国际最高经典车评选舞台，到底会得到国际业界怎样的评价和认同。

8 月 26 日早上 5 点钟，他就已经来到了现场，驾着红旗 CA72 兴奋入场，随后便是忐忑不安。他的劳斯莱斯获得了组别的一等奖，他没有兴奋。当红旗 CA72 边上的凯迪拉克开走后，他的内心焦虑了，难道红旗无缘圆石滩奖项了吗？

下午 4 点 30 分，红旗 CA72 终于开上了前往领奖台的道路。黄宗敏盛装坐在左后排，频频向外招手，抑制不住心中的激动。他在领奖完毕后回到后台，拿起一块三明治大口吃了起来。为了等待这个奖项，他连中饭都没有顾得上。他对《汽车商业评论》说：“这次要是红旗没有获奖，心里就不是滋味。”

这台1965年生产的红旗CA72获得的是圆石滩经典车优雅大赛特别奖项——主席杯（Chairman’s Trophy），这是历史上中国车型第一次登上圆石滩颁奖台。

1959年3月，第一汽车制造厂按照“边设计，边试制，边定型”的方针，装出了第一辆红旗CA72定型车。1959年，红旗CA72参加了新中国成立10周年庆典；1960年，接连参加莱比锡博览会、摩洛哥展览会和大马士革展览会，一时声名鹊起；1964年，正式定为国家礼宾车。

作为一汽自行设计车身的初步尝试，红旗CA72内外造型体现了民族风格，水箱面罩采用中国扇子型，保险杠防撞块为云纹形，尾灯仍采用宫灯形。同时，仪表板和窗框均采用精选的木纹材料装修，使用福建大漆赤宝砂工艺上色。将这一中国民间工艺在汽车内饰上使用，在世界汽车历史上尚属首例。

受限于当时中国极低的汽车制造水平，一汽就是靠匠心完成了各种不可能的任务。比如，现在几秒钟就可以压出来的一部车身，那时要靠第一代轿车钣金工人们用一把剪刀、两个锤子（木锤和铁锤）敲打数天甚至十多天才能完成；在苏联专家认为搞不出的情况下，一汽研发出了压缩比为7.5、容积为5.6升、马力为200匹的V8发动机。

黄宗敏酷爱红旗，虽然他从未做过红旗的经销商，但是1998年为红旗专门盖了个玻璃展厅，放了3辆红旗CA770在里面。

他说，现在想要收到一辆红旗CA72几乎不可能了。事实上，自2017年8月徐留平执掌一汽，开始集团总部运营红旗的大举措后，红旗经典车的价格突然开始飙升。2018年4月，红旗首次独立参加北京国际车展。这一次，红旗首次参加圆石滩车展。

圆石滩经典车优雅竞赛组委会主席桑德拉·巴顿女士在颁奖坡道上给黄宗

敏颁发主席杯。圆石滩优雅竞赛主席杯设立于 1983 年，由竞赛组委会主席亲自甄选并颁给当年最具意义的参赛车。

为在圆石滩展现红旗的国粹面貌，黄宗敏还特意从国内请来了两次梅花奖得主、著名川剧表演艺术家陈巧茹，以川剧脸谱和戏装为 CA72 烘托气氛。此举和西方男女复古服装搭配在一起，显示出中国人深度融入世界的意味。

他说，为这一次红旗参展，他准备了十几年。银魂（2016 年获奖，是一款 1923 年的劳斯莱斯汽车）是铺垫，幻影 3（与红旗 CA72 同时获奖的一款 1938 年的劳斯莱斯敞篷版汽车）也是铺垫，把红旗拿过来，才是我（这个）做了一辈子汽车的人不后悔的事。2018 年是非常有纪念意义的，60 年的红旗，60 岁的黄小毛。”

黄小毛是黄宗敏的小名，他是中国最早的汽车经销商之一（参见《汽车商业评论》2007 年 2 月期的文章《黄小毛的汽车家园》），“和气、和谐、和睦”是公司名字“三和”的由来。

红旗 CA72 获奖的当天晚上，他接受了《汽车商业评论》的专访，谈到了他对红旗的感情，对老爷车事业的喜爱和为人处世及经商的态度。

他说：“一个人最可贵的是要受人尊重，如果得不到尊重，再有钱，也没有意义。”

“这不是眼光的问题，是情怀的问题”

《汽车商业评论》：红旗 CA72 什么时候收的？

黄宗敏：十几年前在四川收的，CA72 产量本来就很少，现在更难收到了。

今天红旗获奖你有什么感受？

圆石滩车展的入选门槛很高，现在决赛现场看到的这200多辆车是从初赛环节超过2000台报名车辆中遴选出来的。今天我们拿劳斯莱斯战前组第一名的幻影三，前后花了两年时间翻新修复，它的车身设计是当时唯一的一辆，很特别。不过今天我最高兴的还是红旗能获奖，如果不获奖，心里会很不是滋味。

我认为一个国家的民族品牌应该得到重视。今天，我们的表现堪称完美，当组委会通知获奖车辆准备开往领奖台时，我看到同组别的车开走了，很焦急，以为没戏了。最后没想到会给我们颁发“主席杯”这样一个如此重量级的特别奖项。实话讲，圆石滩组委会对我们中国车辆第一次参加圆石滩是非常重视的。

我看到你领奖时穿的衣服很有特点。

这是北京一名非常著名的服装设计师，得知我要来圆石滩代表咱们中国藏家参赛专门为我定制的，衣服上的刺绣与红旗里的中国元素相得益彰，我想用这样的方式向世界展示中国文化。

我从1977年开始做汽车，到2018年已经41年了。我母亲教育我，一辈子能专注地做好一件事，把自己能够驾驭的事情做好就可以了。

我就是受的这种教育，所以你看我做了41年，只做汽车这一件事情。

2017年，我一个朋友送了一副对联给我：“一生只做一件事，一世只怀一颗心”，横批：“工匠精神”。我这些年就只做汽车这一件事。

一个企业应该如何做事？

一个企业想做的不要太多。因为每一个人的时间、精力、知识都是有限的，当我们把有限的时间、有限的技术、有限的管理做到最好，中国一定会是最好的。

对老爷车的喜爱，国内经销商中恐怕你是第一人。

很多年前，媒体和业内人士就送了一个绰号给我，叫“车痴”，像我们这次把咱们国车红旗拿到圆石滩来，花了多少精力、多少钱，真的不可细算，但对我来讲，能够做这样一件让我们中国老爷车、中国汽车文化得到关注的事，这一切都值！

1998年，我的汽车修理厂建设完成后，我专门盖了个玻璃展厅放了我当时收藏的3辆红旗CA770在里面。有一天，一个北京国宾车队的老司机看到这些车激动得掉眼泪，第二天就来拜访我，说没想到在成都还有对红旗车如此有情怀的人。

今年2018年，整整20年了，我不仅在成都修建了中国最大的民办老爷车博物馆，还将红旗带到了美国圆石滩，得到了“主席杯”这样的大奖，对我来讲，这就是幸福。

今天的荣誉只是个开始，我希望能有越来越多的中国汽车爱好者、老爷车藏家能够加入圆石滩这样的评选舞台，让世界看到我们中国是有汽车文化的，有汽车历史的，我们对汽车的热爱，没有国界。

致谢

这本书背后有很多人的贡献。

它的主要信息来源是我进行的个人访谈。我在《工人日报》《环球企业家》《新汽车》和《汽车商业评论》工作以及撰写本书时，采访了许许多多的人。他们牺牲了宝贵的时间同我交流，有的人或许已经不记得我们之间曾经有过交流了，有的人也已经去世了。在这里，我对他们表示由衷的感谢。

此外，部分采访内容来自《汽车商业评论》口述历史栏目。本书附录一和附录二的撰稿工作由我的同事钱亚光完成。我的同事周信进行了录音整理。

还有一些信息来源于包括一汽集团在内的诸多企业的微信公众号和一些汽车行业人的微信朋友圈。

本书中出现的图片，除了一汽集团提供之外，还有张学东拍摄并提供的耿昭杰相关图片，其余所有照片均由我本人和孙兆鹏拍摄。

在此，我对以上所有惠及本书写作的朋友们以及可能未能提及名字但对我本书的写作提供了帮助的人，一并表示感谢。

另外，我要感谢中国工人出版社的董宽和习艳群，感谢推动力传媒的赵岷、焦静、郭梦康、雷蕙语、张萌，感谢张学东、潘成，感谢博海升印刷厂毕艳萍、包丽秋，感谢所有支持我这本书的朋友。

我还要特别感谢我的家人。为了支持我写作这本书，他们忍受我长时间脱离家庭生活，并给予我最大的理解和支持。

为了阅读简洁，本书中出现的所有“红旗”，均指红旗品牌的汽车，文中不再每处都加双引号。本书中出现的“解放”两字，有些是指解放商用车，但也未加双引号。

特此说明。

本书主要采访对象

前言

主要访谈对象：郑焕明、徐留平、顾民、张晓亮。

第一章

主要访谈对象：徐留平、秦焕明、胡汉杰、况锦文、董修惠、柳燕、张晓亮、贾延良。

第二章

主要访谈对象：史汝楫、刘经传、吕彦斌、贾延良、李刚、冯克、程正、杨建中、华福林、范恒光、王振、李中康、郭栖栗、孟运。

第三章

主要访谈对象：李刚、智百年、范恒光、蔡诗晴、陆林奎、史汝楫。

第四章

主要访谈对象：竺延风、哈恩（Carl H. Hahn）、董海洋、郭德强、胡汉杰、吕征宇、常冰。

第五章

主要访谈对象：秦焕明、雷霆生（Truls Thorstensen）、郭世君、常冰、徐世利、张丕杰、贾延良、宋立恭、徐平、安铁成、邱现东。

第六章

主要访谈对象：徐留平、秦焕明、王国强、孙志洋、李冲天、陈辑、徐世利、董修惠、安立波、李鹏程、友亚宝。

第七章

主要访谈对象：徐留平、秦焕明、王国强、荆青春、常冰、张晓亮、徐长明、李想、沈海寅、肖明超、张辉、王丰斌、孙勇、常晓南、赵智、刘彤、朱力威。

第八章

主要访谈对象：徐留平、秦焕明、王国强、邱现东、孙志洋、张丕杰、尤峥、董海洋、况锦文、徐世利、杜晓东、张明、白鑫。

第九章

主要访谈对象：徐留平、秦焕明、王国强、邱现东、孙志洋、张丕杰、胡汉杰、柳长庆、尤峥、董海洋、刘亦功、田青久、杨大勇、杜晓东、郭德强、叶檀、柳燕。

附录一

主要访谈对象：沙晓曼、李超、刘莉。

附录二

主要访谈对象：颜立茗、李慧燕、黄光辉。

附录三

主要访谈对象：黄宗敏。

参考书目

[1] 中国第一汽车集团公司党委宣传部、企业宣传处．红旗的故事 [R]．长春：中国第一汽车集团，1997.

[2] 中国第一汽车集团公司史志编纂室．一汽史资料红旗轿车专辑 [R]．长春：中国第一汽车集团，1998.

[3] 中国第一汽车集团公司．郭力同志纪念文集 [M]．北京：人民出版社，2001.

[4] 张茅．饶斌传记 [M]．北京：华文出版社，2003.

[5] 中国第一汽车集团公司．一汽创业五十年 [R]．长春：中国第一汽车集团，2003.

[6] 中国第一汽车集团公司党委办公室．竺延风总经理讲话汇编（1999—2003）[R]．长春：中国第一汽车集团，2004.

[7] 陈家彬．孟少农纪念文集 [M]．长春：吉林科学技术出版社，2005.

[8] 贾可．中国汽车调查 [M]．上海：上海交通大学出版社，2005.

[9] 中国第一汽车集团公司、中国汽车报社编．吕福源与中国汽车事业 [R]．长春：中国第一汽车集团，2006.

[10][美] 卡尔·H. 哈恩．我在大众汽车 40 年 [M]．上海：上海远东出版社，

2008.

[11][德]马丁·波斯特.上海1000天：德国大众结缘中国传奇[M].北京：中信出版社，2008.

[12]王少辛.摇篮的节日[M].长春：吉林人民出版社，2010.

[13][英]阿诺德·汤因比.历史研究[M].上海：上海人民出版社，2010.

[14]一汽轿车股份有限公司.精神的图腾编[R].长春：中国第一汽车集团，2013.

[15]葛帮宁.红旗[M].北京：中国工人出版社，2017.

[16]顾民.南汽六十年：中国轻型汽车工业旗舰沉浮录（1947—2007）[M].北京：电子工业出版社，2017.

贾　可

江苏张家港人，1970 年 11 月生，本名余勇，中国人民大学博士，著名汽车观察家，推动力传媒集团 CEO。职业生涯开始于《工人日报》，曾获中国新闻奖特别奖；参与创办中央电视台“对话”栏目，为第一任总策划；后服务于《南方周末》经济部和《环球企业家》杂志。

2006 年创办以推动中国汽车向前进为宗旨的《汽车商业评论》杂志；2017 年联合创办“懂车的人都在这里”的汽场汽车 APP。2008 年来先后创立中国汽车蓝皮书论坛和轩辕奖、金轩奖、闻轩奖、益轩奖、铃轩奖等中国汽车界著名论坛和权威奖项。

著有《中国汽车调查》《强者的法则》；主编“中国汽车人口述历史丛书”三部曲——《拓荒》《红旗》和《东风》，以及《盛世危局》《榜样》《汽车四化》等图书。

图书在版编目（CIP）数据

新红旗：重启中国第一豪华汽车品牌之路 / 贾可著.——北京：中国工人出版社，2018.6
ISBN 978-7-5008-7036-4
Ⅰ.①新…Ⅱ.①贾…Ⅲ.①汽车工业－品牌战略－研究－长春 Ⅳ.① F426.471
中国版本图书馆 CIP 数据核字（2018）第 165123 号

新红旗——重启中国第一豪华汽车品牌之路

出 版 人　王娇萍
责任编辑　习艳群
责任校对　赵贵芬
责任印制　栾征宇
出版发行　中国工人出版社
地　　址　北京市东城区鼓楼外大街 45 号　邮编：100120
网　　址　http://www.wp-china.com
电　　话　（010）62005043（总编室）
　　　　　（010）62005039（出版物流部）
　　　　　（010）62382916（职工教育分社）
发行热线　（010）62005996　（010）82075964（传真）

经　　销　各地书店
印　　刷　北京博海升彩色印刷有限公司
开　　本　710 毫米 ×1000 毫米　1/16
印　　张　19.25
字　　数　260 千字
版　　次　2018 年 12 月第 1 版　2018 年 12 月第 1 次印刷
定　　价　98.00 元